ヤマケイ文庫

ヒマラヤの高峰

8000メートル峰14座 初登頂の記録

Fukada Kyuya
深田久弥

Yamakei Library

目次

地図製作　米山芳樹

ヒマラヤ山脈全図

ンルン山脈
0 100 200 300km
中華人民共和国
N
チベット（西蔵自治区）
タンラ山脈
チャンタン高原
ンディセ山脈
ジリン・ツォ
拉普公路
ニェンチェンタンラ
7162
ラサ
カンジェラルワ
6612
ジュムラ
サキャ
ヤルン・ツァンポ
ガネッシュ・ヒマールⅠ峰 7429
ダウラギリⅠ峰
ジョムソン
ランタン・リルン
シガツェ
8167
マナスル
シシャ・パンマ
ギャンツェ
8091
8163
シガール
アンナプルナⅠ峰
8027
チョ・オユー 8188
クーラ・カンリ
7554
ポカラ
ヒマルチュリ
7234
エヴェレスト 8848
7893
ローツェ
マカルー 8485
チョモラーリ
7315
8586
8516
バイラワ
カトマンズ
ルクラ
カンチェンジュンガ
ティンプー
ネパール
シッキム
ガントック
ブータン
ガンダキ川
ダージリン
ゴラクプール
シリグリ
ビラトナガール

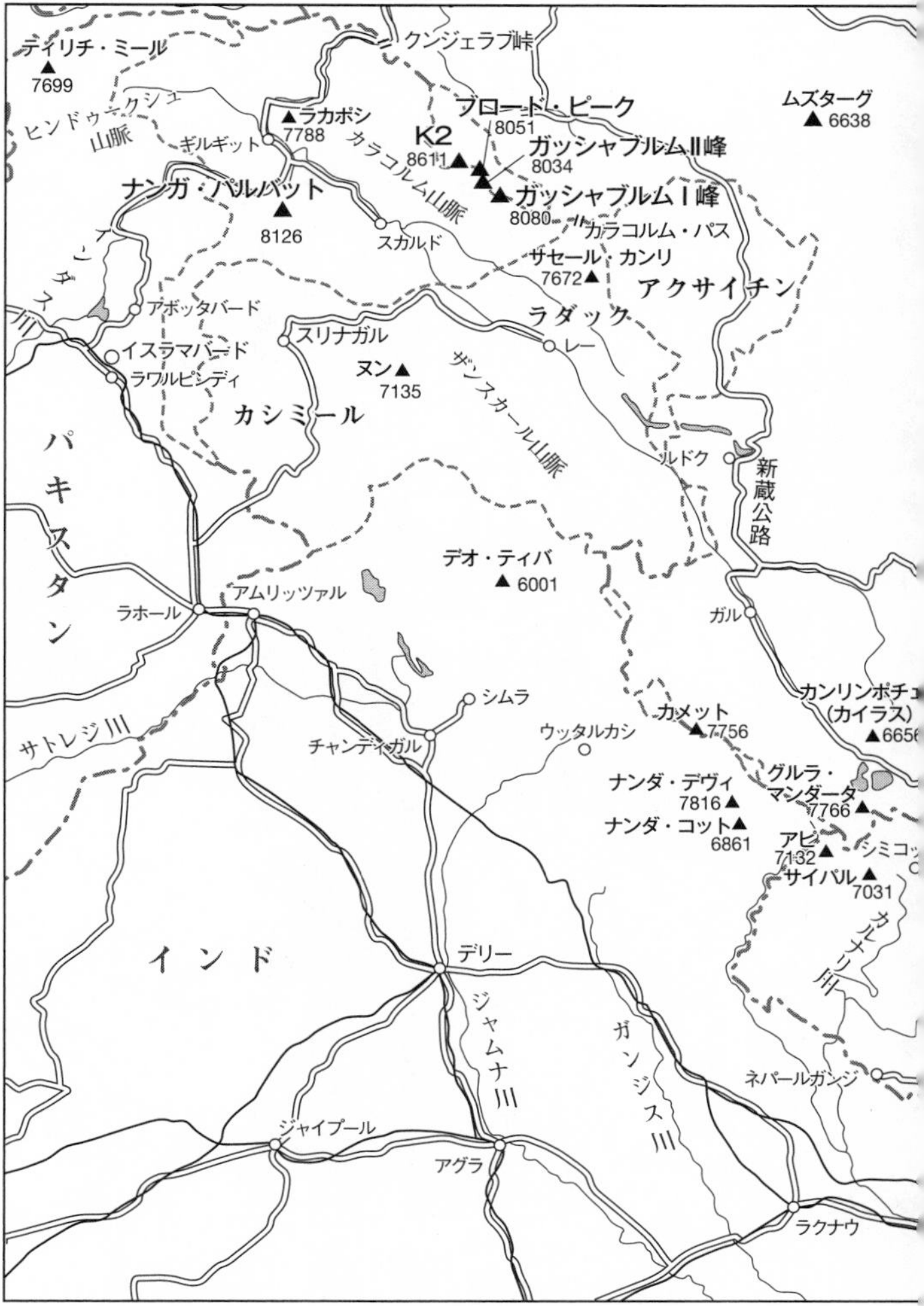

ティリチ・ミール
7699
ヒンドゥークシュ山脈
クンジェラブ峠
ラカポシ
7788
ギルギット
ブロード・ピーク
8051
K2
8611
ガッシャブルムⅡ峰
8034
ガッシャブルムⅠ峰
8080
カラコルム山脈
ナンガ・パルバット
8126
スカルド
カラコルム・パス
サセール・カンリ
7672
ムズターグ
6638
アクサイチン
インダス川
アボッタバード
イスラマバード
ラワルピンディ
スリナガル
ヌン
7135
ラダック
レー
ザンスカール山脈
カシミール
ルドク
新蔵公路
パキスタン
デオ・ティバ
6001
ラホール
アムリッツァル
ガル
シムラ
サトレジ川
チャンディガル
ウッタルカシ
カメット
7756
カンリンポチェ
(カイラス)
6656
ナンダ・デヴィ
7816
ナンダ・コット
6861
グルラ・マンダータ
7766
アピ
7132
サイパル
7031
シミコット
インド
デリー
カルナリ川
ジャムナ川
ガンジス川
ネパールガンジ
ジャイプール
アグラ
ラクナウ

ヒマラヤ概観

巻頭についている概観とか概説とかいうものほど、読者にとって無味乾燥なものはない。しかし大体の概念が頭に入っていないと本文の理解が十分に行き届かなくなるから、厄介でもこの関門は通過しなければならない。

ヒマラヤという言葉は、サンスクリット語の複合語で、ヒマ（Hima）は雪、アラヤ（Alaya）は居所、つまり、「雪の居所」という意である。正しく読めばヒマーラヤ（Himālaya）である。インドの平原から眺めて、北方に輝く気高い雪の峰を、素朴に「雪の居所」と呼んだのは、信仰深い住民の当を得た名付けかたといえよう。英語ではHimalayaと書き、第二と第三のシラブルにアクセントをおき、最後の'a'は発音されないこともある。ネパールでは、ある人たちはヒマール（Himāl）と呼んでいる。

どうしてヒマラヤができたかという科学的な問題は、私の最も不得手とするところだ。しかし、省くわけにもいくまい。ごく大まかな説明で許していただこう。

大昔、ヒマラヤはなかった。その代わりに、インドとチベットの間に浅い海が横たわっていた。ところがチベットから非常に大きい力が動いてきて、それがインドの古い堅い地殻でせき止められたため、その圧力で中間の海の沈積物が盛り上がり、それが現在のような大山脈となった。だから今日でもヒマラヤの六〇〇〇メートルの高地に、大昔の海の生物が化石になって発見される。世界中の大山脈の中で、ヒマラヤは一番高いが、また一番年齢が若い。今もなお、ヒマラヤの枢軸《すうじく》は盛りあがりつつあるという。最高峰エヴェレストの八八四〇メートルという標高は、一八四九〜五〇年の測量の結果だが、最近ではそれより高く、八八四八メートルとなっている。

この数字の増加は、エヴェレストの高さの自然成長を示している。ヒマラヤは最後の氷河時代以来、つまり約二万年このかた、一五〇〇〜二〇〇〇メートル盛り上がったという数字が出るそうで、これを計算すると一年約七・五〜一〇センチの増長となる。いずれにせよヒマラヤが年々高くなりつつあるということは、われわれ山岳宗徒にとっては、思うだけでもたのもしい現象である。

普通ヒマラヤと呼ばれている山脈は、西はインダス河の大曲がりから、東はブラマプトラ河の大曲がりに至るまで、約二五〇〇キロにわたる大きな弧《こ》を描いている。この二つの河は、大山脈が盛り上がったため、その両側を大きく迂回《うかい》して海に注ぐようになった。またインドからチベットへ通じる幾条かの要路は、深い渓谷を通過する。その道がヒマラヤの大きな壁を横断している地形に、私ども素人はおどろくが、これらの河流も、徐々にヒマラヤが盛り上がる間に、その河床を切り拓《ひら》いていったのである。

ヒマラヤの大きさを判りやすく示すために比較をとると、もしその西端をロンドンにおけば、東端はモスクワに達する。わが国でいえば、ほぼ青森から鹿児島に及ぶ距離になろう。東西に延びたこの大山脈を屏風《びょうぶ》にして、北と南では、気候や植物が全く趣を異にするのは当然であって、インド側は湿度に富み植物が繁茂しているが、チベット側は乾燥して不毛の地が多い。ヒマラヤ登山記の大部分は、まずインドの暑熱にうだるところから始まる。それから熱帯植物の群がる湿潤なテライ地帯を突きぬけて、ようやく爽涼《そうりょう》の気の動いている高地に着いてホッとする。そこからヒマラヤの山脈に近づくと、もう住民はチベット系になる。彼等は山脈上の高い峠や、あるいは山脈を横切る深い渓谷を辿《たど》って、こちら側に侵入してきたのである。

ヒマラヤは便宜上その地形によって幾つかに区分されている。その区分の仕方は人によってまちまちであるが、私は次の六つに分けるのを適当と思う。さらにその各区分は幾つかに分けられるが、煩瑣《はんさ》になるからそれは省略する。まず東の方から始めよう。

アッサム・ヒマラヤ

これはヒマラヤの一番東の地域で、ブラマプトラ河の大曲がりからブータン東境までの山脈をいう。ヒマラヤの中で一番知られていない地であって、その理由は、住民の部落と山脈との間に幅の広い密林の帯があり、山に取りつくまでが容易でなかったからである。その密林帯には首狩りの蛮人が住んでいると噂された（事実は平和な種族であった）。その上、ベンガル湾からのモンスーンを受けるもっとも近距離にあるので、極端に雨が多い。そんないろいろの悪条件のため、この地域の山に登ろうとする人は極めて少なかった。登頂された山はまだ一つもない。試登されたものさえカンドゥ（七〇八九メートル）だけだが、それも頂上まではほど遠かった。最高峰はブラマプトラ河に臨むナムチャ・バルワ（七七五六メートル）であって、ヒマラヤ山脈の東端を成している。この山が発見されたのは一九一二年であったが、その翌年、プラマプトラの対岸にギャラ・ペリ（七一五〇メートル）が発見された。ヒマラヤ山脈は河を越えてまだ続いていたのである。というよりも、ナムチャ・バルワとギャラ・ペリの間をブラマプトラ河が深い渓谷をなして横切っていたのである。探検の十分でないこの地域のことだから、まだどんな山が発見されるかわかったものではない。

ブータン・ヒマラヤ

ブータンの北辺、チベットとの国境を成す山脈であって、ここもアッサム・ヒマラヤと同様、よく知られていない。登頂されたのはチョモラーリ（七三一四メートル）だけだが、これはインドからチベットへ通じる主要道路の近くにあったので、早くから眼をつけられていたためである。しかしそのチョモラーリから東へ続く山脈へ分け入った人は極めて少ない。クーラ・カンリ（七五五四メートル）その他の七〇〇〇メートル峰が幾つかあるが、ただ位置と高さが知られているだけで、それに登ろうと試みた人はまだない。

ヒマラヤは東へ近づくほど、樹木が繁茂し、山容もアルプス的な尖峰が少なくなり、ドッシリと大きい東洋風になる。ブータン、アッサムには日本人好みの山が多い。日本の登山家にとっては、絶好の処女地帯に思われるのだが、現在のところ入国がはなはだ困難であるのは残念である。早くその困難が無くなればいい。

ブータン・ヒマラヤをアッサム・ヒマラヤに含めてしまう人もあるが、その地域の広さからしても、私は二つに分けた方がいいと思う。登山的にはもっとも未開の地だけに、それに対する憧《あこが》れと夢は大きい。

シッキム・ヒマラヤ

ヒマラヤの区分の中では一番小さな区域であって、ブータンとネパールの中間にあるシッキム公国の三方を取り囲む山脈をさす。インドからチベットに行く通路にあたるので、イギリスがいち早く勢力を伸ばして、その支配権を握ったところである。したがって全ヒマラヤ中でもよく知られ、もっとも近づきやすかったのが、このシッキム・ヒマラヤである。首都ガントクまでは車が行き、そこから数日の行程でやすやすとヒマラヤ山中の人となることができた。山地旅行者のために、気持のよい宿泊小屋《レスト・ハウス》の設備もあり、よく探査された地図も整っていた。ところが第二次大戦後の政治的転換で、イギリスの統治から脱して、インド連合の一つとなり、現在では一般的には入国が困難となった。シッキム・ヒマラヤの盟主はカンチェンジュンガ（八五九八メートル）で、それを中心に幾多の七〇〇〇メートル以上の衛星峰が立ち並び、その中にはジャヌー（七七一〇メートル）のような容貌の怪異な山もあれば「世界で一番美しい山」といわれたシニオルチュー（六八九一メートル）のような秀麗な山もある。

ネパール・ヒマラヤ

ネパールの北方を画する山脈であって、ヒマラヤの全延長の約三分の一を占め、八〇〇〇メートル以上の高峰が七座までここに集まっている。一九四九年のネパールの開国は、全世界のヒマラヤニストにとって、宝の山が開かれたような喜びであった。ネパール・ヒマラヤこそヒマラヤのもっとも豪華な部分である。しかも長い間の鎖国のため、そのほとんどが未知の境であった。いたる所に処女峰があり、戦後各国の登山隊は争ってその八〇〇〇メートル峰にいどんだ。現在最も入国が容易なので、ヒマラヤ遠征の大半はこの地域の山が選ばれる。ケニス・メースンはネパール・ヒマラヤをその水系によってさらに三分し、コシ地区、ガンダキ地区、カルナリ地区に区分している。

ガルワール（クマウン）・ヒマラヤ

ネパールの西国境から、インダス河の一支流サトレジ河までの区域をいう。この地域を横切るヒマラヤ主軸の北方に、支脈ザスカール山脈が延びていて、これがチベットとインドの国境をなしている。ヒマラヤの中でも比較的入山がやさしかったため、早くから開けた土地で、ほとんど全体にわたって測量され、正確な地図が作られている。八〇〇〇メートル峰こそないが、登りがいのある六〇〇〇、七〇〇〇の山に多く恵まれており、戦前もっとも登山隊の賑《にぎ》わった区域である。最高峰はナンダ・デヴィ（七八一七メートル）で、わが国最初のヒマラヤ遠征であった立教隊のナンダ・コット（六八六七メートル）もここにある。主な山は登りつくされた感があるが、それでもティルスリ（七〇七四メートル）その他の未登峰がいくつか残っている。ただ近年入国が政治的に困難になったのは残念である。

パンジャブ・ヒマラヤ

パンジャブ・ヒマラヤはサトレジ河からインダス本流の大曲がりまでにわたる山脈をさす。パンジャブとは「五つの河」の意で、インダス河の五大支流中の四つ——ジェルム、チェナブ、ラヴィ、ビース——が、この地域の中を流れている。ここの山脈上の二つの大きな山は、ヌン・クン（七一三五メートル）とナンガ・パルバット（八一二五メートル）である。ナンガ・パルバットはネパールおよびカラコルム以外にある唯一の八〇〇〇メートル峰で、ヒマラヤ山脈西端の最後の王座としてその偉容を誇っている。この山とヌン・クンを繋《つな》ぐ山脈上には六〇〇〇メートルを超える山すらない。しかしカシミールの首都スリナガールから近かったので、イギリスの統治時代には、登山家や旅行家や狩猟家が多くこの地域へ手軽に入った。現在は中国とインドの国境紛争のため、一部を除いては入国至難である。

以上が、厳正な意味でヒマラヤと呼ばれる地域であるが、そのほかにカラコルムがある。カラコルムをヒマラヤにいれるかどうかについては多くの議論があった。ある人はこの両山脈がインダス河上流によって（正確に言えばその支流のシオーク河によって）はっきり分かれているので、別個の取り扱いをする。しかしまたある人は、ヒマラヤとカラコルムとは地理学的に見ても形態学的に見てもその差異はごくわずかで、両者を分ける必要はないと主張している。それはいずれにしても、現在広義にヒマラヤという時には、カラコルムも含めている。われわれが通常ヒマラヤ遠征という時には、カラコルムも入っている。各国にあるヒマラヤ委員会はもちろんこれらを総称している。

カラコルムから西へ続くヒンズークシ山脈をも、広義のヒマラヤの中へ含めていいだろう。私の「ヒマラヤの高峰」はそれだけではなく、さらにパミール、天山山脈、コンロン山脈、大雪山脈をも包含する。つまり中央アジアの高峰のすべてを網羅《もうら》したい所存である。地球上には、この中央アジアの高地を除くと、七〇〇〇メートルを超える山は一つもない。ところがここにはそれが無数に存在する。しかも未探検の地がまだまだたくさん残っている。もしヒマラヤという言葉を原義通り「雪の居所」と取れば、これらをすべて含んでいいはずである。ヒマラヤに関する唯一の機関誌"Himalayan Journal"は、アジアの高峰全体を対象としている。

カラコルム

カラコルムという名は、主山脈から東に離れたところにあるカラコルム・パスからきた。トルコ語族の言葉で、カラは黒、コルムは小石の意で、峠の上には実際黒い石屑が転がっていたのでこう名づけられた。しかしこの山脈には昔からムス・タークという名称があった。ムスは氷、タークは山の意である。その名の示す通り、ここには七六〇〇メートルを超える氷雪の山が、ずらりと十九座も並んでいて、その中の四座は八〇〇〇メートル以上である。その上すばらしいことには、大氷河が五つもある。東からあげると、シアチェン（七二キロ）、バルトロ（五八キロ）、ビアフォ（五九キロ）、ヒスパー（六一キロ）、バトゥラ（五八キロ）で、これら世界で有数の氷河が長蛇のごとく流れ、その両側に氷雪の鋭峰が並び立っている壮観は、山男の心を揺すぶらずにはおかない。カラコルムはネパールとともに、ヒマラヤ信者の憧憬《しょうけい》の地と言っていいだろう。カラコラムかカラコルムか。いろいろ議論があるが、私はディーレンフルトやロングスタッフの説に従って、カラコルムを採ることにした。メースンはカラコラムと書いている。

ヒンズークシ山脈

ヒンドゥ・クシュと書いた方がより正確かも知れないが、一般の常例に従ってヒンズークシとしておこう。ヒンドゥはインドの意、クシュは連山の意だという。カラコルムから西へ延びた山脈で、その境界はバトゥラ氷河の源頭とされている。そこはパキスタンとアフガニスタンとの国境でもある。アフガニスタンの北部をこの山脈は西へ向かって走り、その末は幾つかの支脈に分岐して次第にその高さを減じる。中央アジアの高地の西の果てで、もうこれから先には七〇〇〇メートルの山は無くなる。

ヒンズークシ山脈には七〇〇〇メートル以上の山は、ティリチ・ミール（七七〇〇メートル）を最高として、約十座数えられる。その主な峰は戦後各国の登山隊によって登頂された。

アフガニスタンの首都カーブルからこの山脈の低部を越えて北側に出、そこに流れるアム・ダリア（オクサス河）に沿って新疆《しんきょう》省へ抜けるルートは、古くからシルクロードとして有名である。

しかしソヴェトとの接触地なので、その興味ある道を辿ることはむずかしい。

パミール高地

「世界の屋根」という言葉は、もとはこのパミール高地をさしたのである。ここを中心にして、中央アジアの諸山脈が分岐するので、Pamir Knot（パミールの結び目）と呼ばれる。すなわちこの高地の北縁から東へ延びるのが天山山脈、南縁から南東に向かうのがカラコルム山脈、東へ走るのがコンロン山脈、それから西へ向かってヒンズークシ山脈が派出している。

パミール高地は、アライ山脈、トランス・アライ山脈（ここにソ連最高のコミュニズム峰やレーニン峰がある）、サリコール山脈、カシュガル山脈等から成っている。カシュガル山脈は中国の古典にしばしば出てくる葱嶺《そうれい》で、その中にムスターグ・アタやコングール等、七〇〇〇メートル級の山が並んでいる。

天山山脈

天山山脈はパミール高地から出て、タリム盆地の北を限って東北に延び、次第に高さを減じてゴビ沙漠に消える。その氷雪をかぶった山から流れた水は、南麓にオアシスを作り、古来天山南路と呼ばれて東西をつなぐ重要な道路であった。最高峰はハン・テンリ（六九九五メートル）とされていたが、その後それより高い山が発見されてポベーダ峰（七四三九メートル）と命名された。

天山山脈は東へ向かうに従って低くなるが、その途中、旧新疆省の首都ウルムチの付近にボグド・オーラがそびえる。これは高さ五三〇〇メートル前後であるが、昔から聖山として仰がれてきた。天山山脈を横切って幾つもダワン（峠）が通じているが、すべて古い時代からの交易路であり、戦乱の舞台でもあった。

コンロン山脈

コンロン山脈はやはり中国古典に、しばしば現れる崑崙《こんろん》であって、昔は黄河はここに源を発すると信じられていた。パミール高地の葱嶺から東南東へ走る山脈であって、ほぼ新疆省とチベットの国境をなしている。古都ホータンの南方にムスターグ（七二八二メートル）、それに次ぐ七二四一メートルの無名峰、その他六〇〇〇メートルから七〇〇〇メートルの高峰が多数存在する。今までのところまだこれらの高峰に登った人は誰もいない。私たちはただオーレル・スタインの素晴らしいコンロン山脈のパノラマ写真（"Mountain Panoramas from the Pamir and Kwen Lun" 1908）を見て歎息するばかりである。

コンロン山脈は東へ延びて、アルティン・ターグ山脈が北に分岐し、それは青海省の北方に至って天山山脈となる。コンロン山脈およびアルティン・ターグ山脈の北麓のオアシスは、古来シルクロードの南道として有名である。コンロン主脈は東へ延びてアラカ山脈となり、そこにはコンロン最高峰ウルグ・ムスターグ（七七二四メートル）があり、他にも七〇〇〇メートル峰が二座ある。山脈はさらに東へ走って、バヤンカラ山脈や積石山脈に分岐し、積石山脈中には、一時エヴェレストより高いと騒がれたアムネ・マチンがある。これらの山脈の中から黄河や揚子江が発している。

大雪山脈

ヒマラヤ山脈はアッサムの東端で消失したわけではなく、その一部は東方に延びて、西康省や雲南省に及んでいる。それはほぼ東西に走る二脈になり、北にあるものが大雪山脈、南にあるものが麗江山脈である。しかしこれらの山脈は、南流するメコン河、サルウィン河、イラワジ河等によって横断されており、その全貌はいまだにハッキリとわからない。野心のある探検家にとって、これほど興味のある地域はあるまい。

大雪山脈の最高峰はミニャ・コンカ（七五九〇メートル）であって、中国語では貢嘎山と書かれる。その付近には六〇〇〇メートル級の無名峰が数座ある。ミニャ・コンカは一九三二年アメリカ隊によって、一九五七年中国隊によって登頂された。

以上、「雪の居所」すなわち中央アジアの山々についてその概略を述べたが、何しろ広大な範囲であるから、大要だけでは読者の首肯《しゅこう》を得ないかもしれない。その中の主な高峰はたいてい全集（『深田久彌・山の文学全集』朝日新聞社刊）「ヒマラヤの高峰」各巻の中に出てくるから、細部は各説についてご覧願いたい。

カバー・本文デザイン＝エルグ（小林幸恵）

カラ・パタールから見たエヴェレスト(撮影=佐藤孝三)

第1章
エヴェレスト
Mt.EVEREST　8848m

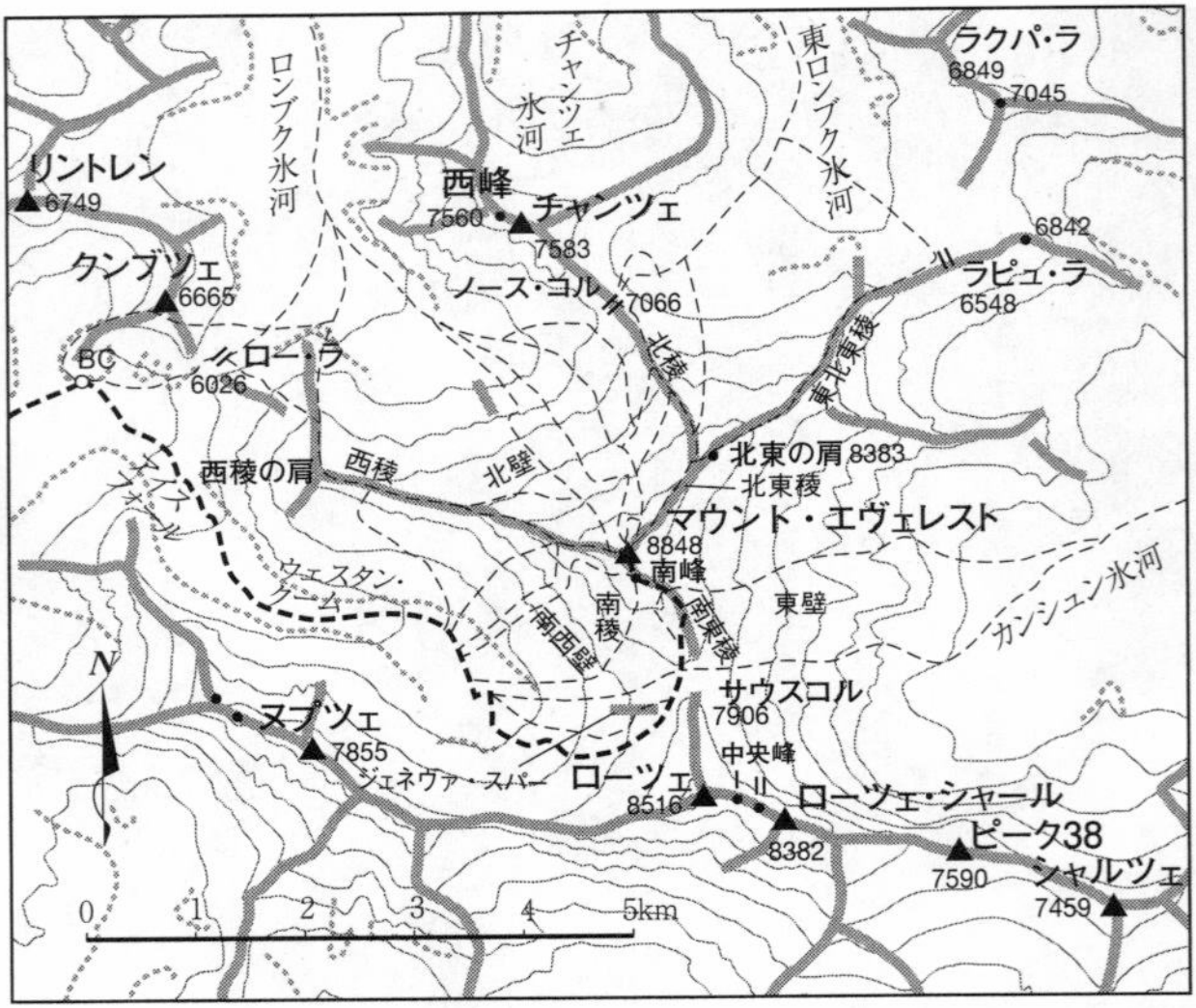

マウント・エヴェレスト

1953年5月29日　イギリス＝ニュージーランド隊（ジョン・ハント隊長）のエドマンド・ヒラリーとテンジン・ノルゲイが南東稜から初登頂

（注）本書所収の地図の標高は現在のもの。地名は現在一般的に用いられているものにした（以下同）

エヴェレスト　八八四八m

北極、南極についで地球上の第三の極地といわれた、世界の最高峰エヴェレストは、一九五三年五月二十九日、イギリス登山隊によって登頂された。この報告が本国に達したのは、ちょうどエリザベス女王戴冠《たいかん》式の前の晩だった。これほど大きな贈物もなかっただろう。

このニュースに沸いたのはイギリスだけではない、全世界がそうであった。何しろ世界最高峰がいつその頂上を人間に許すかということは、多年注視の的だったからだ。しかしその登頂を知って内心ちょっと気落ちした者も無いわけではなかった。それは何より山登りが好きで、わけてヒマラヤに一番関心を持っていた男たちである。彼らには、世界の最高峰はそう早く落ちてほしくないという気持が、心のどこかにひそんでいた。決して妬《ねた》みからではない。最終のものはできるだけ後まで残しておきたいという気持であった。

しかしこれでいい。八〇〇〇メートル峰なんて早くみな登頂されてしまって、先陣争いめいた競争意識が無くなってしまった時、本当のヒマラヤの山登りの楽しみが始まる、と言ったヒマラヤのヴェテランがいる。どうしても八〇〇〇メートル峰に登らねばならないという、あの大組織のさわがしい登山隊よりも、気のあった仲間だけでそんなにさわがれない山へ登りに出かけた方が、はるかに幸福であり、山の醍醐味《だいごみ》に接したと告白している有名なヒマラヤニストもいる。ヒマラヤには六〇〇〇メートルや七〇〇〇メートルでも、もっと困難な山もあり、また大がかりな遠征隊でなくても、立派な登山をした人々が幾らもいる。

しかし世間の物見高い興味は、何といっても最高峰のエヴェレストであった。私の乏しい書架だけでも、エヴェレストに関する書物は、何もかもいれて、ゆうに五十冊は超えている。その中で物語式のものは、たいてい次のようなドラマチックな挿話でそのページが始まっている。

一八五二年のある日、デラ・ドゥンにあった現地インド測量局の長官の部屋へ、インド人の測量計算主任が飛びこんで、息せき切って叫んだ。

「閣下、いま世界で一番高い山を発見しました」

今までPeak XVという記号で表されていた一峰が、測景データの整理中、八八四〇メートルあることがわかったのである。

一八四九年にはまだ、世界最高峰はカンチェンジュンガと思われていた。その年インド平原からネパールの高峰に向かって、その高度と位置を決定する測量が行われた。まだ山の名前がわからなかったので、それらに数字の番号が付せられた。Peak XV もその一つだった。この峰は六つの違った場所から測量された。その結果が一八五二年になってやっと計算され、この劇的場面が生じたわけであった〔著者注1〕。

こうして発見された世界最高峰に、インド測量局の方針としては、山名に人名を冠しないことになっていたが、Peak XV には在来の固有名がどうしてもわからないので、唯一の例外として前任の測量局長官であったジョージ・エヴェレスト卿《きょう》の名前が採用された。それから数十年たってから、この山にはチョモルンマという歴としたチベット名前が昔からあることがわかった。しかしそれに取り換えるには、あまりにエヴェレストが確固としてしまっていた。チョモルンマとはどういう意味かという詮索《せんさく》には、さまざまの議論がおこったが、ここではただ「国の女神」という説を採っておこう。チベットの人々はこの山を、国を守る女神と仰いでいたのである〔著者注2〕。

エヴェレストの発見された一八五二年には、ヨーロッパにようやく登山の趣味が起こりかけたばかりであった。モン・ブランの登頂されたのは一七八六年だったとはいえ、今日のような形式の近代登山が始まったのは、一八五七年イギリスの山岳会が誕生してからだと言われている。アルプスの山々がどんどん登られ、そこで獲得した岩登りや氷雪技術をもって、その後彼等はアルプス以外、すなわちコーカサスやニュージーランドやアンデスへ出かけるようになった。一部の人々の間に、エヴェレストが登山対象として考えられだしたのは、前世紀の末であった。そして一九〇七年イギリス山岳会の第五十周年記念に、事実その提言がなされた。しかしイギリスの支配するインド政府はそれに反対した。ちょうどロシアと条約を結ぼうとしていたので、疑いの目で見られるような行動はすべて避けたのである。それにチベットやネパールも外国人が国内に入りこむことを嫌がった。それらの小独立国の意志を尊重するのが、当時のインド政府の政策でもあった。

エヴェレスト登山の機が熟したのは、第一次世界大戦が終わってからである。一九一九年三月、ロンドンの王立地学協会の例会で、ノエル大佐が講演をした。それは彼が戦前エヴェレストの方へ向かって秘密旅行をした時の報告であった。ところがそれが終わってディスカッションになった時、突然山岳会長のファーラーが立ち上がって画期的な声明をした。山岳会としては是非エヴェレストに登りたい、今こそその時期がやってきた、というのである。近頃の言葉で言えばこれこそ爆弾的動議であった。いきなり世界最高の山に登るということは、当時の多くの人々には想像を絶していたからである。しかしその動議は熱心に迎え入れられた。そしていよいよ具体的な計画が進められることになった。ちょうどヤングハズバンドが王立地学協会の長を継ごうとしている時であった。彼は三年間の会長の年期に、このエヴェレスト登山を一番大きい仕事にしようと決心した。チベットやインドに関して豊富な知識を持っている彼にとって、これは打ってつけの仕事であった。そこで彼が王立地学協会長に就任すると、協会と山岳会の代表者から成るエヴェレスト委員会を作って、彼自身その委員長を兼ねた。このエヴェレスト委員会は、後にヒマラヤ委員会と名が変わったが、数回にわたるイギリスのエヴェレスト登山は、すべてこの委員会の裁量の下におかれた。

準備は着々と進行した。一九二〇年、ハワード・バリーがインドへ行って、インド政府（もちろん当時はイギリスの支配下にあった）の副王に会って援助を乞うた。シッキムの政務官であったチャールズ・ベルがチベットの首都ラサにおもむいて、ダライ・ラマからエヴェレスト登山の許可を得ることに成功した。必要な資金も集まり、隊員の選定も終わった。そしていよいよ一九二一年の春壮挙をおこすことになった。

一九二一年の隊は五月十八、十九日の両日に分かれてダージリンを出発した。この年の登山隊のおもな任務は、まずエヴェレスト山麓までの道を探し、ついでそれに登り得るルートがあるかどうかを見ることであった。隊長はハワード・バリー大佐で、その下に数名の科学者と四名の登攀《とうはん》隊員がいた。エヴェレストはダージリンの西北、直線距離にして一〇〇マイルほどであったが、そこへ行くには廻り道をして三〇〇マイル以上もあった。まずシッキムから峠を越えてチベットに入り、高度約四〇〇〇メートルの荒涼たるチベット高原を西進して、ようやく山麓に達するのである。

このチベット行進中、登山隊は最初の打撃を受けた。有力な登攀隊員であり、かねてヒマラヤには最も経験の深いケラス博士が、病気のため亡くなったのである。皮肉にも博士の死の翌日、一行は初めてエヴェレストを望見した。ケラスの遺骸《いがい》は、彼のあこがれであったそのエヴェレストの見える、小山の斜面に手厚く葬られた。ヒマラヤの初期登山家として、ケラスは幾多の立派な成果を残している。その彼が、三十年にわたるイギリスのエヴェレスト登山史の第一ページを、死をもって飾ったことは深く記憶されてよい。彼はその年の初めからシッキムに入って、この登山隊の前準備となる登攀を試みていた。そしてその調査からダージリンに帰るや、すぐまた今度の旅行に加わったのであった。

一行はさらに旅程をつづけ、最後にチングリという部落について、そこに本部をおくことになった。科学者たちはそれぞれ専門の仕事に出かけ、登攀隊員は十数名のポーターを連れて登路探索に出発した。登攀隊員は初め四名だったが、ケラスが死に、もう一人病気になったため、今はマロリーとバロックの二人だけだった。マロリーは当時イギリスでも最も優秀な登山家にかぞえられ、登山技術のみでなく、その人格の立派さからも、大きな信頼を寄せられていた。二人はまずエヴェレストの真下から出ている氷河に踏み入った。これはロンブク氷河と名づけられたが、二〇マイルも真っすぐに流れている長大なものだった。エヴェレストはこの氷河の突き当たりに、三〇〇〇メートルを抜いて立っていた。その物凄い絶壁を見ただけで、北面から直接のルートのないことがわかった。

エヴェレストの大たいの形を会得するには、三つの面をわかつ三つの山稜を持った、大ざっぱなピラミッドを想像すればいい。北西稜、北東稜、南東稜の三つである。北面に立つマロリーたちはまず北西稜に注目した。それは向かって右へ、頂上から非常な急峻さで下っていて、その岩と氷の長い尾根伝いは、ルートとして最も好ましからざるものであった。マロリーはその北西稜の一鞍部《あんぶ》（ロー・ラと名づけられた）に登ってみた。南面にルートがありはしないかと探ってみたかったのである。しかし彼がその鞍部から反対側（ネパール側）に見おろしたものは、世にもすさまじい険悪な相を呈しているアイス・フォールであった。彼はネパール側からの登攀はおそらく不可能であろうと断じた（しかし三十年後、そのアイス・フォールを乗り切って、エヴェレスト登頂に成功したことはあとで述べよう）。

マロリーの位置からは南東稜は見えなかった。そこで残るのは北東稜である。彼はその山稜に一鞍部を見つけた。その鞍部に達することができれば、そこから比較的ゆるい北東稜を伝って、頂上まで行けそうに思われた。問題はその鞍部に達することである。ロンブク氷河から、つまり西側からはその鞍部へ登れそうもなかった。東側からは？　そこで東側に廻ってみることになった。マロリーたちは約一ヵ月にわたるロンブク氷河の偵察を切りあげてもとに帰り、そこから大迂回《うかい》してその鞍部の東側へ出ることにした。後でわかったことだが、そんな大迂回をしなくても、ロンブク氷河の末端近くから、まっすぐその東側へ通じるルートがあった。それは後に東ロンブク氷河と名づけられた支氷河だが、その入口があまり狭かったため、つい見落とされたのであった。

一行は北を廻って幾つかの峠を越え、アルン河上流のカルタという所に着いた。すでに科学者たちがこの地域で仕事をしていたので、ここで全隊員が再び一緒になった。次の六週間はエヴェレストの東部の探検に費やされた。科学者たちはその綿密な測量をした。そしてエヴェレスト東面もまた登攀不可能なことが証せられ、唯一の望みは、かの北東稜の鞍部の東側に達することだけになった。マロリーとバロックの偵察によって、いま新しい本部の置かれているカルタの谷を、源頭まで詰めて、約六七〇〇メートルのラクパ・ラ(ラは鞍部あるいは峠の意)を越えれば、目的の場所に達しられることが明らかになった。

もう九月の下旬になっていた。マロリーたち偵察隊は数名のポーターを連れて、そのラクパ・ラを越え、鞍部の東側の麓《ふもと》におりた。そしてそこで一夜を過ごした後、九月二十四日午前十一時半、ついにその鞍部の上に登った。この鞍部はノース・コルと呼ばれ、その後数回のエヴェレスト登山の前進基地となった。ノース・コルの上に立ったマロリーは、そこから北東稜に沿って頂上まで行くことの可能を認めた。彼等は疲れている上に、怖ろしい風に襲われて、そこから元の道を引き返したが、しかし任務は立派に果たした。エヴェレスト登頂のルートは発見されたからである。

翌一九二二年、いよいよ登頂を目的とする登山隊がイギリスを出発した。ヒマラヤ登山に一番適した時節は、冬から春にかけての烈風が終わって、モンスーンが始まるまでの、すなわち五月初旬から六月初旬までの一ヵ月間とされている。それに間にあうためには、四月の末までにベース・キャンプに着いておらねばならず、そうするには、三月末にはダージリンを発たねばならなかった。C・G・ブルースが隊長に選ばれた。彼はインドのグルカ連隊の准将で、多年ヒマラヤ地域に在職していたので、土着民の間に信望が厚かった。五十六歳という年は、登攀隊に加わるには少し老いすぎていたが、その寛大な人格は統率者としてはもってこいだった。前年ルート発見の功を立てたマロリーをはじめ、隊員はそのほとんどすべてがすぐれた登山家だった。

五月一日、登山隊はロンブク氷河の末端近くに、ベース・キャンプを設けた。付近に有名なラマの僧院があって、あらたかな年老いた僧正が君臨していた。一行は僧正から謁見を賜《たま》わりその祝福を受けてから、登山にかかった。第一キャンプ（五四八〇メートル）は東ロンプク氷河の入口に、第二キャンプ（五九三〇メートル）はその氷河上に、第三キャンプ（六四〇〇メートル）はノース・コル東側の麓に、それからノース・コルの氷雪の大斜面を苦労して登り、鞍部の上に第四キャンプ（七〇〇〇メートル）を設営した。ここが前進基地の役を果たした。

ノース・コルから先は前人未踏の地である。五月二十日、四人の登攀隊員は九人のシェルパをつれて第四を出発した。朝はおだやかに晴れていた。しかし、二、三時間登るうちに、天気は怪しくなってきた。寒気と酸素稀薄のため進行は遅々として、ついにその日は予定よりも三〇〇メートル下に第五キャンプ（七六〇〇メートル）を張ることで満足せねばならなかった。シェルパを帰し、四人はそこで一夜を明かしたが、眠ることができなかった。しかし彼等は楽天的であった。天候にさえ恵まれれば明日一日で頂上に立てるかもしれぬという希望を抱いていた。事実はそう簡単ではなかった。翌朝四人が出発すると間もなく一人が落伍《らくご》し、あとの三人も登るに従って苦しくなってきた。頂上はおろか、北東稜の肩に向かうことさえむずかしかった。とうとう高度計が八二二五メートルを示す地点で引き返さざるを得なくなった。しかし八〇〇〇メートルの線を越えたのは、人類でこれが最初だった。しかも酸素器も持たずに。その戻り、急な雪の斜面をトラヴァースする時、疲労のあまり一人がスリップした。他の者もそれに引きずられた。彼等が東ロンブク氷河の断崖へ真っ逆《さか》さまに落ちなかったのは、先頭にいたマロリーの機敏なザイルの確保のおかげだった。消耗しつくして第四キャンプに帰り着くと、そこには誰もいなかった。湯を沸かそうにもその鍋《なべ》さえ持ち去られてしまっていた。

こうして第一回のアタックは失敗した。第二回は五月二十五日、隊員フィンチ他二人が十二人のシェルパを伴って、ノース・コルを出発した。その日彼等は前回よりさらに高い所に第五キャンプを築いた。シェルパはそこから引き返した。その日から荒れかけた嵐は翌日一日吹きあれて、テントの三人は動くことができなかった。翌二十七日、おそろしい悪天候にもめげず、八三二一メートルまで登りつづけ、そこで引き返したが、あと頂上まで半マイルという距離であった。彼等がそんな高所まで達したのは酸素器のおかげであった。フィンチは最初から熱心な酸素使用論者で、当時酸素を使用するのは登山精神に反するという主張が大勢を占めていたにかかわらず、彼は敢然とそれに反対し、酸素なくしてはエヴェレスト頂上に登れないという説を固持していた。

登山に酸素器を使用すべきか否かは、その後エヴェレストに登山隊を出すごとに問題となった。その得失について、肯定論者と否定論者とが激しく論じあった。酸素の助けなど借りるのはアルピニズムをけがすものだ、よろしく自分の肺と心臓とで登るべきだ、という純枠論のほかに、当時の酸素器具は故障が多く、それに目方が重いという欠点もあった。事実、戦前七回のエヴェレスト登山で、実際に酸素が登山に用いられて効を示したのは、このフィンチの場合だけであった。一九二四年の頂上アタックにマロリーとアーヴィンも使ったが、その効力はわからない。二人は帰って来なかったから。それは後で述べよう。八〇〇〇メートル峰に酸素使用が必須のように思われだしたのは戦後のことである。戦前はエヴェレストで酸素が使われたのはたったこの二回だけである。もちろんエヴェレスト以外は、どの高峰へ登るにも酸素は使わなかった。

二回のアタック失敗の後、登山隊は一応ベース・キャンプに引きあげたが、そこで休養の後、三たび頂上攻撃が企てられた。しかしそれは悲劇に終わった。六月七日、ノース・

コルの斜面で行動中、突然雪崩《なだれ》がおこってそれに巻きこまれた。一行は四組のザイル隊に分かれていた。上にいた二組は雪の表面に脱け出ることができたが、下にいた二組は雪崩とともに、高さ一五メートルほどの崖から落ちて、その下のクレヴァスの中へ雪で埋められてしまった。その二組はそれぞれ四人および五人から成るシェルパの隊だった。助かった上の連中は急いで降りてきて、雪を掘りにかかった。次々と死体が出てきた。生きていたのは二人だけで、あとは全部やられた。最後の一人はどうしても見つからなかった。遺骸はシェルパの風習に従って、そのままクレヴァスの中に残された。

一九二二年の登山はこうした椿事《ちんじ》をもって幕を閉じた。

一九二四年のイギリスの第三次エヴェレスト登山は、マロリーとアーヴィンが頂上に向かったまま行方不明という悲劇で、有名である。この年の隊長は前回に引き続きブルース准将であったが、チベット行進中病気で倒れたのでノートンが代わった。なじみ深い道でロンブク僧院に達し、ベース・キャンプを築いたのは四月二十九日。例によってノース・コルの下まで第三キャンプを進めたが、そこで猛烈な吹雪《ふぶき》と寒気に襲われ、コルにも達せず一時退却となった。その途次、ポーターの中に凍傷や骨折や肺炎などの病人が続出し、そのうち二名は死亡というみじめな目にあった。

意気銷沈《しょうちん》したポーターたちの士気を鼓舞するため、ロンブク僧正から効験あらたかな祈禱《きとう》を受けた後、前進キャンプの再建に取りかかった。ところがまたもやノース・コルで障害がおこった。コルの上に第四キャンプを建てたものの、大雪に出あって第三へ避難した時、四人のシェルパが取り残された。それを救出に行かねばならなかったが、そういう危険におもむく技術と勇気とを持っているのは、登攀隊員中最も貴重な存在であるノートン、マロリー、ソマーヴェル三人以外にはいなかった。彼等は頂上アタック要員として、できるかぎり登攀の初期段階には力をセーヴしておかねばならなかった。しかし彼等はシエルパを救うためには、そんなことは顧みなかった。そして実に見事な技倆《ぎりょう》と果敢さをもって、四人を危地から救いだしたのであった。その後ヒマラヤ登山史でシェルパが登山隊員と一心同体となり、あっぱれな献身ぶりを見せるようになったのも、こういうサーブ（隊員）の犠牲的行為が基を築いたのであった。しかしこの救出作業のため隊員たちはひどく消耗し、再びベース・キャンプに戻って休養を取らねばならなかった。

エヴェレスト頂上アタックの舞台は、常にノース・コルから始まる。再びコル上に前進基地を持った登山隊は、第一アタック隊としてマロリーとジョフリィ・ブルース（ブルース准将の従弟）を選んだ。二人は六月一日、九人のシェルパを連れて北東稜を登り、七七一〇メートルの地点に第五キャンプを作った。もっと上まで行きたかったが、烈しい風とシェルパの疲労とのためそこで我慢しなければならなかった。翌日、さらに上へ向かおうとしたが、まだ高地に経験のないシェルパたちはどうしても同行を肯《がえ》んじない。引き返すよりほかなくなった。帰る途中で、新しく登ってくる第二隊に出あった。それはノートンとソマーヴェルで六人のシェルパを連れていた。

第二隊は入れ代わって第五キャンプを占めた。翌朝ノートンは気の進まないシェルパたちを長い間かかって説得し、とうとう第六キャンプ（八一七〇メートル）の地点まで荷をあげさせた。そこまで登った四人のシェルパはその勇敢さを賞せられて「タイガー」と呼ばれた。後年この「タイガー」は制度化されて、最も優秀な働きのあった者に与えられることになった。虎の頭の意匠のついた「タイガー・バッジ」を胸につけることは、シェルパの最高の名誉とされている。四人のタイガーは、ノートンとソマーヴェルのためにテントを張り終わると下って行った。

富士山の二倍以上もあるその高所キャンプで、二人はその夜泊まったが、ノートンは「第一キャンプ出発以来一番グッスリ眠った」というからおどろく。それは、当時の生理学者が人間生存可能の極点と予告した高度を超えていた。翌朝、快晴無風に恵まれて、二人はイエロー・バンド（エヴェレスト北面の上部を帯のように水平に走っている大きな黄色の地層）に沿って進んで行ったが、だんだんと酸素稀薄の影響が表れてきた。それは身体のみならず、精神まで朦朧《もうろう》とさせてしまうのである。それでもなお二人は前進を続けた。

正午ごろ、大クーロワール（エヴェレストのてっぺんから発して、イエロー・バンドをつきぬけ、下の氷河にまでおよぶ大きな岩溝）まで来た時、のどを痛めていたソマーヴェルはついに力尽き、ノートン一人で行くことになった。彼は不安定な粉雪でいっぱいになったクーロワールに入った。慎重に歩を運んで行った。が、戻りに要する時間を考えて、八五七二メートルの地点で前進を断念せざるを得なくなった。しかし彼は自信をもって言っている、「元気に充《み》ちたパーティであったら酸素なしで頂上に達し得る」。先にノース・コルのシェルパ救出作業で力を消耗したことが、今にしてみれば痛かった。ノートンの立った八五七二メートルは、戦後エヴェレストが登られるまで、人間の達した最高地点であった。その後一九三三年の第四次登山でも、三人の隊員が同地点まで達している。いずれも酸素器なしであった。

第一隊で失敗したマロリーは再挙をはかった。相棒としてまだオックスフォードの学生であった若いアーヴィンを選び、オデルが二人を支援することになった。六月六日、マロリーとアーヴィンは八人のシェルパを連れてノース・コルを出発し、第五キャンプに到着して四人のシェルパを帰した。翌日、第六キャンプに入り、残りの四人の「タイガー」を下らせて、いよいよ明日は頂上アタックという緊張した一夜をそこで過ごした。それが彼等の人生の最後の夜であったとは誰が知ろう。六月八日、二人は酸素器を担いで、稜線伝いのルートに向かった。それ以後のことはわからない。二人は帰って来なかったから。わずかにオデルが彼等の行動のほんの一部を知り得たのみである。

二人の支援を引き受けたオデルは、一日おくれてノース・コルを発ち、その夜は第五に泊まった。翌日、すなわち二人が頂上に向かった日、オデルは単身補給の糧食を背負って第六へ登って行った。早朝はよく晴れていたのに、いつの間にか一面霧がかかってきた。おそらくこの霧は下の方だけで、上の方は晴れているに違いない、オデルはそう思い、二人はさぞ元気に頂上への道をたどっていることだろうと想像した。七九〇〇メートルあたりに達した時だった。突然頭上の霧が晴れて、オデルはエヴェレスト頂上の全容を望んだ。その時、遙《はる》か向こうの雪の斜面に小さな物体の動いているのを見つけた。その物体は頂上のピラミッドの下の岩のステップに近づきつつあった。第二の物体がそのあとを追っていた。第一の物体はステップ上に達した。オデルはじっとそのドラマチックな光景を見ているうちに、舞台は再び霧に包まれてしまった。それが二人の消息の最後だった。オデルの見た岩のステップが「第二ステップ」(稜線上にある岩の階段)だすれば、二人の行動はかなりおくれていた。そこへはおそくとも八時には着いていなければならぬのに、時刻は十二時五十分になっていた。

オデルは第六に着き、さらに六〇メートルほど登って、大声で呼んでみた。何の答えもなかった。二時間ほど嵐になり、それが過ぎると、エヴェレスト北面が陽を浴び、上部の岩もはっきりしてきた。しかしマロリーたちの何のしるしも見えなかった。オデルは不安な心で下った。第六キャンプは二人以上泊まれなかったからである。ノース・コルに下ったオデルは、その夜ずっと、上からの信号を待った。がそれも無駄に終わった。翌日オデルは、再び登って行った。その日は第五に泊まり、次の朝一人でまた第六まで登った。テントの中は元のままだった。二人の戻ってきた形跡はなかった。二人の死は確実であった。

この報知はいち早く本国に伝わり、大きな衝撃を与えた。イギリスでは登山隊の帰国を待って、セント・ポール寺院で国葬が執り行われた。国王を初めその一族が臨席され、僧院長自ら弔辞《ちょうじ》を読み、大司教の小演説があった。演説は詩篇の中の一句を引いて、高きを憧《あこが》れる魂をたたえ、二人の登山家の最後に栄光をおいた。

マロリーとアーヴィンは果たして頂上に達したであろうか。これが大きな疑問となった。マロリーの卓越した登山精神とその技術を知っている山岳家たちは、二人が頂上に立ったことを信じた。少なくともそう信じたかった。しかし、いろいろの条件を総合して厳正に判断すると、彼等は頂上へ行く途中でスリップしたのであろうという説が有力になった。

イギリスの第四次エヴェレスト登山が、九年も間隔をおいて、一九三三年に行われたのは、その間にチベットのダライ・ラマから登山の許可が得られなかったからである。その九年の間に、エヴェレスト以外のヒマラヤの登山も活発となって、知識も豊かになり、装備もよくなり、シェルパも次第に優秀になってきた。この年の登山隊の隊長はヒュー・ラットレッジで、その下に新鋭の登山家たちが加わった。ベース・キャンプからノース・コルを経て第五キャンプまでは、前と同じ位置に設けられた。第六キャンプはこんどは八三五〇メートルという高所だった。

　五月三十日、ハリスとウェジャーの二人の隊員が、第一アタック隊として第六を出発した。一時間登った所で、彼等は思いがけなく一本のピッケルを発見した。それこそ九年前のアクシデントを物語るものだった。おそらく登高上、この地点でアーヴィンがスリップし、マロリーがそれに引きずられた。そしてそのどちらかがピッケルを手から放したものであろう、と推察されている。ハリスとウェジャーはさらに進んで、例の大クーロワールまで達したが、すでに二人とも疲労し時間も足りなくなったので、そこで引き返した。

　つづいて五月三十一日、第二アタック隊として、スマイスとシプトンが第六を出発した。二人は登頂の念に燃えて登って行ったが、この日は天気が悪く、新雪が積もって前のときよりは状態がよくなかった。不運にもシプトンははげしい胃の痛みで中途で引き返したが、スマイスは一人で登高を続けた。しかし彼もまた大クーロワールまでしか行けなかった。

　こうして一九三三年の企ては終わったが、一九二四年と同じく八五七二メートルまで酸素なしで登った。しかしそのあたりの高度が酸素なしで人間の達し得る限界ではないかと思われた。でなければ第六キャンプをもっと上に設けるか、さらにもう一つ前進キャンプをふやすかして、最後の頂上にアタックの負担を軽くすべきであっただろう。

　第五次エヴェレスト登山は一九三五年であったが、その前に一つの奇妙な登山が行われた。それは一九三四年の春、ウィルソンという三十七歳になるイギリスの旧軍人が、単独でエヴェレスト登頂を企てたのである。その目的はアルピニズムではなく、一つの信仰からであった。彼は霊的なインスピレーションからエヴェレスト登頂を自分の使命と感じたらしかった。何しろ飛行機をできるだけ高く飛ばして、それを山腹にぶっつけ、あと頂上まで歩いて登るという計画だったというから、いかに彼が登山に無知識であったかがわかる。彼の乗る飛行機はイギリスからインドまでの途中で取りおさえられた。ダージリンに着いたがもちろんチベット入国の許可は得ていない。そこで彼は三人のシェルパを雇い、チベットに潜入、秘密旅行でロンブク僧院に達した。そこからノース・コルの麓に達し、そこにテントを張った。シェルパは彼に、前年の登山隊が残していった食糧の集積場を教えた。ウィルソンは単身ノース・コルへ出掛けたが、この嶮峻な斜面が彼の手におえなかったことはいうまでもない。しかし彼はそれに懲《こ》りず、来る日も来る日も、テントを出発してノース・コルの上に達しようという空しい努力を繰り返した。食糧は十分にあったとはいえ、この峻烈な環境で次第に衰えていき、ついにテントの中で命が尽きた。

その遺骸を発見したのは、翌年の第五次登山隊であった。テントは嵐のために吹きちぎれて、張り綱が残っているだけであった。日記帳があったが、その記述は日ごとに短くなり、終わりになるほど乱れて、最後の記載は五月三十一日になっていた。

一九三五年の第五次登山隊は、ダライ・ラマからの許可が遅く来たので、本格的な登山準備が間に合わず、偵察を主とする隊となった。そのおもな任務はモンスーン間の雪の状態を調べること、新しい登山ルートを探してみること、前に未調査のまま残された土地を探検することなどであった。隊長はシプトンで七人の隊員が参加した。小登山隊とはいえ、その挙げた業績は、エヴェレスト周辺の六〇〇〇メートル以上の峰に二十六も登り、ノース・コルの上にまで達した。もし条件さえよかったら、頂上へアタックすることさえできそうであった。

翌一九三六年の第六次登山隊は再びラットレッジの指揮の下に、強力なメンバーと大がかりの準備がなされた。すなわち十二人の隊員、二十三人のシェルパ、三百頭の荷役の動物、一万ポンドの経費。しかし不運にもこの年は異例的に早く襲ってきたモンスーンのため、隊は深雪に悩まされ、ノース・コルに達したのが登攀の最高地点であった。

第七次登山隊は、これがチベット側からの最後の企てとなったが、一九三八年、ティルマン隊長の下に組織された。彼はかねてから大組織の登山隊には痛烈に反対していた。もっと軽少な機動力のある質素な登山隊が彼の理想であった。そこで隊員としてヒマラヤに経験を持つ優秀な六人を選び、荷物は今までの五分の一、費用も五分の一という徹底した緊縮振りであった。ティルマンは文明利器を軽蔑するスパルタ式の純枠な登山家で、もちろん酸素使用の猛烈な反対者であった。少しでも贅沢《ぜいたく》な食糧はすべて斥《しりぞ》けたので、後で隊員は、生涯あんなまずいものを食ったことはなかった、と述懐したほどだった。この年もまた非常に早くモンスーンが来た。普通モンスーンの始まるのは六月十日ごろとされているが、この年は五月五日に雪が降り始めた。六月の初め全隊員はノース・コルに達した。第五キャンプを設け、それから上は尻まで沈む軟雪に悩みながら前進して、八二九〇メートルの地点に第六キャンプを築いた。そこから六月九日、十一日の二回、頂上アタックが行われたが、深い雪に妨げられて、これまでの最高地点にまでも達せられなかった。

第二次世界大戦が始まって、ヒマラヤ登山はさびれた。そして戦争の結果ヒマラヤ周辺にも政治的変化が起こった。チベットは中国軍の占拠するところとなり、鉄のカーテンがおろされた。その代わりネパールが新しく開国し、今までほとんど未知であったネパール・ヒマラヤの広大で高峻な地域に、登山隊の踏み入ることが許されてきた。エヴェレストも北側のチベット入国が禁じられたので、南側のネパールから近づくほかなかった。その南側へ初めて入ったのは、ネパール開国直後、アメリカ隊で、その隊へティルマンが参加した。この時はわずか六日しか余裕がなかったので、十分な偵察はできなかった。ヒマラヤに経験のあるティルマンとチャールズ・ハウストンが、クンブ氷河を上ったが、約五五〇〇メートルまで達して、アイス・フォールを望んだだけであった。

エヴェレストのネパール側からの可能ルートを発見したのは、一九五一年の秋、シプトンを隊長とする偵察隊であった。シプトン隊がエヴェレスト南麓のナムチェに着いたのは九月下旬で、モンスーンが終わったばかりであった。彼等の任務はエヴェレスト南面に登攀ルートがあるかどうか探ることであったが、一番問題になった難関は途中のアイス・フォールであった。それはかつて一九二一年にマロリーがロー・ラの上から覗《のぞ》いて、通過不可能と認めたものである。しかしシプトン隊はこの難関を乗り切って、前方に西クウムの盆地を見渡し、そこからエヴェレストとローツェを繋《つな》ぐ稜線に、サウス・コルの鞍部を見出し、そのコルからの登頂可能性を認めて引き返した。

こうしてエヴェレスト南面のルートはほぼ発見されたが、イギリスが登山隊を派遣する前に、スイスがネパール政府から一九五二年の登山の許可を得てしまっていたので、順番を翌一九五三年まで待たねばならなかった。その代わり一九五二年イギリスはチョ・オユー登山の許可を得て、やはりシプトンの率いる登山隊がこれに向かった。しかし彼等の目的はチョ・オユーよりもむしろ翌年のエヴェレスト登頂にそなえるための予備行動と言った方がよいだろう。翌年の登攀隊員の訓練や新しい装備の試験がそこで行われた。ヒマラヤ登山でもっとも大切なことの一つに、アクライマティゼーション、すなわち高所順応がある。人間は高く登れば登るほど酸素が稀薄になって呼吸の苦しくなることは、周知の事実である。もし不意に飛行機からエヴェレスト頂上に降ろされたとしたら、立ちどころに死んでしまうだろう。ところがゆっくりと、六〇〇〇メートルに達するまでに数日を費やし、七〇〇〇メートルに近づくまでにさらに数日費やすというふうにして登って行くと、次第に体が酸素の欠乏に馴れてくる。これがアクライマティゼーションである。そしていったんその能力を身につけると、その効果は数年続くと言われている。したがってヒマラヤの高所の経験を持った者の方が新参者よりも、はるかに有利なわけである。一九五三年のエヴェレスト登頂にすばらしい働きを見せたヒラリー、ロウ、エヴァンズ、ボーディロン等、みなこのチョ・オユー登山隊に加わっていた。

さて、一九五二年のスイス隊はデュナン博士に率いられ、登攀隊長にはディッテールが選ばれた。その下に八人の登山家と二人の科学者が加わった。今までイギリスの独壇場であったエヴェレストが、初めて他の国の登山隊を迎えた。一行は五トンの荷物とともに空路スイスを発ち、デリーを経て、カトマンズに着いた。そこで有名なテンジンをサーダー(シェルパ頭)とする二十名のシェルパと百六十五人のポーターを連れて、三月二十九日キャラヴァンの第一歩を踏み出し、十三日間の山麓旅行の後ナムチェ・バザールに着いた。四月二十五日クンブ氷河上にベース・キャンプを築き、翌日第一キャンプ(五二五〇メートル)をアイス・フォールの下に前進させた。アイス・フォールは重荷を負ったシェルパには一日で登り切ることができなかったので、その中ほどに第二キャンプを作った。それから上が、氷塔や氷塊の錯綜《さくそう》したもっとも困難な場所で、最後に廻り道のできない大きなクレヴァスはザイルの橋をかけて渡るという苦闘の末、西クウムの入口に第三キャンプ(五九〇〇メートル)を設けた。

この西クウムは長さ五キロもある氷河の盆地で、エヴェレスト、ローツェ、ヌプツェの山稜に三方を取り囲まれ、人跡未踏の太古の静寂が領していた。その約六四五〇メートルの地点に第四キャンプを置き、その西クウムの突き当たりのローツェの氷壁の下に第五キャンプ（六九〇〇メートル）を建てたのは五月十二日であった。登攀隊はそこから、彼等が「ジュネーヴ人の岩稜」と名づけた岩稜に沿って、一気にサウス・コルに達しようとしたが、その急峻な登りは一日の闘いにはむずかしすぎた。途中で日が暮れ、彼等はみじめなビヴァークを強要された。こういう高所における蹉跌《さてつ》は非常に大きくこたえるもので、そのため登攀隊はコルに達する前にかなりのエネルギーを割かれてしまった。

しかし五月二十六日の昼、ついにサウス・コルに達し、翌日三人の隊員とテンジンがエヴェレストの南東稜を登って行った。これはルート偵察のつもりだったので、一張りのテント以外にはキャンプの用意はしていなかった。テントを山稜上高くまで運んで戻ってくるつもりであった。ところが約八四〇〇メートルまで達した時、テントを張るのによい場所を見つけたので、隊員のランベールはテンジンとともにここで泊まることにし、翌日頂上をねらうことになった。他の二人はコルへ引き返した。この高所で、寝袋もなく、雪を溶かすストーブもなく、ただローソクの熱しか得られずに一夜を過ごしたとは、常人の考えられぬことである。アルプスで鍛えられた有名なガイドのランベールと、シェルパ中での屈強なテンジンの二人なればこそ、この苛烈な野営をする勇気と忍耐を持ったのであろう。翌五月二十八日、この孤独な二人は頂上に向かってのろのろと登って行った。彼等の持っていた酸素器はほとんど役に立たなかった。そのうち天候は悪くなり、風が強く雪が降り出した。彼等は一歩ごとに三回も呼吸をするほど困難な登山を続けたが、ついに疲労の極点に達し八五九五メートルの高度で引き返すことになった。ビヴァーク地点から一五〇メートル登るのに五時間半もかかったのである。しかし二人は頂上まであと高さにして二五〇メートルの所まで肉薄したのである。もちろんこれがそれまでに人間の到達した最高地点であった。続いて五月三十日、第二の頂上アタック隊がサウス・コルのテントに入ったが、それから三昼夜もの凄い烈風が吹き抜けて荒れ狂ったので、登高を断念して退却せねばならなくなった。こうしてスイス隊の春の攻撃は終わった。

同年の秋、スイス隊は雪辱《せつじょく》を期して再びエヴェレストに向かった。こんどはシュヴァレー博士の統率の下に八人の登攀隊員が選ばれたが、そのうち七人はアルプスでガイドを職業としている者で、春の隊に参加した者は、シュヴァレー自身とランベールだけであった。一行がキャンプを進めて、第五キャンプを築いたのは、もう十月の下旬になっていた。そこから「ジュネーヴ人の岩稜」に沿ってサウス・コルへ直登する途中、上から氷の塊りが落ちてきて、数人のシェルパを傷つけ、最も優秀な「タイガー」の一人の顔にまともにあたった。顔じゅう血だらけになって下に助けおろされ、手厚く介抱されたが、やがて絶命した。そのためこの危険なルートは棄てられ、ローツェの山腹をトラヴァースするコースが採られた。第六キャンプ（七一〇〇メートル）と第七キャンプ（七四〇〇メートル）がローツェの氷の斜面上に築かれた。
スイス隊は、翌年のエヴェレストはイギリス隊に予約されているので、この年勝利を得てしまうつもりで、あえて登攀には不利なモンスーン後を意とせずやって来たのだが、冬に近づいたエヴェレストはやはりなまやさしいものではなかった。猛烈な寒気と狂暴な強風に襲われ、第五、第六、第七のキャンプはテントを引き裂かれ、寒さが骨身に沁《し》みた。十一月十九日、ようやくサウス・コルに達して第八キャンプ（七八八〇メートル）を建てたが、自然の苛酷な暴威はそこを地獄のような悽惨《せいさん》な場にした。それでも翌二十日、三人の登攀者は南東稜へと出発したが、時速七〇マイルという烈風と、マイナス四〇度の寒気は、彼等を八一〇〇メートルまで達せしめただけで撃退した。それ以上の前進は自殺行為に等しかった。二日後、彼等はついにアタックを断念した。

そしてとうとう一九五三年、エヴェレスト登頂の光栄がイギリス隊にやってきた。この世紀的な事件についてはは、すでに多くが語られているから、ここではごく簡単に済まそう。イギリスとしては、この年是が非でも登頂せずにはおかないといった気概が、その準備にも表れていた。ハント隊長の下に、登山経験でも技術でも最も強力なメンバーが選ばれ、その計画も慎重細心であった。エヴェレスト登山では常に前者の辛《つら》い経験が、後者の貴い教訓となっている。ハントも今度の成功の半分は前年のスイス隊のおかげだと謙虚に認めているとおり、スイス隊の失敗の理由をつぶさに検討して賢明な方策をたてた。大戦前と後のヒマラヤ登山の最も大きな相違の一つは、装備の進歩であろう。靴、テント、防寒服、その他あらゆる登山用具に、現代技術の粋《すい》を採り入れたが、わけてもイギリス隊が重要視したのは、改良した酸素器であった。こんなふうにイギリス登山界の総力をあげて、エヴェレストに立ち向かったのである。

準備のみではない。山に入ってからの行動を見ても、イギリス人らしく確実で整然としていて、少しも危なっけがない。まず山麓の根拠地シャンボチェに到着すると、数隊に分かれてそれぞれ付近の高地へ、三週間の「アクライマティゼーション期間」を過ごしに出かける。この期間に高所順応を身につけ、兼ねて酸素器の実験をし、それに慣れようというのである。次の段階はアイス・フォールの突破で、これも着々と遂行されて、ポーターのための安全な道が開かれ、大量の物資が前進キャンプをリレーして、西クウムの前進基地第四キャンプに集積される。その間に偵察隊はローツェの斜面に道をつけに行き、大たい前年秋のスイス隊のルートに従って、確実な「高い道路」が作られる。その道路ができあがると、サウス・コル上の第八キャンプへの荷上げである。延べ人数にして二十五名のシェルパが、二回にわたって、登攀の必需品をコルへ運びあげた。

頂上攻撃の万全の用意が整った。そこへ今まで力をセーヴしていたアタック隊員が登ってくる。第一隊はボーディロンとエヴァンズの二人である。五月二十六日、彼等は閉鎖式酸素器をたずさえてサウス・コルを出発し、前年スイス隊の達した最高地点を越え、六時間でエヴェレスト南峰頂上（八七六〇メートル）に達した。しかし状態が悪かったので、慎重にそこで引き返すことにした。この時には、四十二歳のハント隊長自ら立ってシェルパを率い、八三〇〇メートルの地点まで、アタック隊を支援したことは偉とするに足りよう。

第二隊はヒラリーとテンジンであった。テンジンはサーダーであると同時に隊員の取扱いを受けていた。五月二十八日、この二人は、隊員ロウ、グレゴリー、それにシェルパのアン・ニィマの支援を受けて、サウス・コルから南東稜を登って行った。酸素器のほかに各自の装備を持っているので荷は重かった。前年のスイス隊の最高到達点の少し下に、テントを張るのに適した場所があったので、そこを第九キャンプにした。ここまで一緒に来た支援隊の三人は、そこへ荷をおろしてコルへ戻った。ヒラリーとテンジンはそこで一夜を過ごした。

翌二十九日はすばらしい天気であった。キャンプを六時半ごろ出発した二人は、好調に上へ上へと登って行き、九時ごろには南峰の上に着いた。それからいったん下って、主峰につづく稜線に取りかかった。特製の防寒服が二人を寒さから守り、風が雪煙を巻きあげても、身体には何の苦痛も感じなかった。そしてとうとう午前十一時半、彼等はエヴェレスト頂上に立った。そしてテンジンがその世界の最高地点で、ネパール国旗、ユニオン・ジャック（イギリス国旗）、インドと国連の旗をくくりつけたピッケルを片手にさしあげている写真は、世界中に拡がり、山の好きな人なら誰一人知らぬ者もないほど有名なものとなった。

エヴェレストは落ちた。普通ヒマラヤでは一度登頂されるとその山へは振り向かず、他の処女峰へおもむくのが各国登山隊の例だが、この地球上の「第三の極地」だけは別であった。その後もエヴェレストを目ざす隊が次々と現れた。

一九五六年、ローツェおよび再度のエヴェレスト登頂を志す登山隊がスイスで組織された。隊長にはアルバート・エグラー博士が選ばれ、隊員は十一名、パサン・ダワ・ラマをサーダーとする二十二名のシェルパと三百五十名のポーターを率いて、ナムチェ・バザールに到着したのは三月二十一日であった。そこから行動をおこして、五月十八日、世界第四位のローツェに初登頂の凱歌《がいか》をあげたことは「ローツェ」の項に譲るとして、スイス隊はそれからさらにエヴェレストへ立ち向かうため、第六キャンプをサウス・コルに移動した。コルには三年前イギリス隊のおいて行ったコーヒーやチーズや砂糖やビスケットなどが、少しも傷まず残っていた。まだすっかりからになっていない酸素ボンベもあった。スイス隊はすべてそれらのものの恩恵を蒙《こうむ》った。

五月二十二日の朝、シュミードとマーメットの二人が、四人のシェルパを連れて頂上へ向かった。彼等は南東稜の八四〇〇〇メートルまで登り、そこを第七キャンプとし、シェルパを帰して、二人はそこで泊まった。その夜は凄い嵐になって、テントの山側に寝ていたシュミードは、テントが雪でつぶされ動けなくなった。マーメットがようやく掘り起こした。翌二十三日、四時ごろ明るくなった。炊事道具が雪の下になったので、二人は食事も取らず、亢奮剤《こうふんざい》を二錠飲んで、八時半登高にかかった。強い風の中を彼等は進んで行った。南峰には十二時に着いた。さらに亢奮剤を二錠飲んで、主峰に取りかかった。一九五三年ヒラリーとテンジンが苦労した岩場も、コンディションがよかったせいか、苦もなく数分で乗り越えた。そして午後二時頂上に着いた。景色を眺めながら頂上には一時間もいた。雲が取り巻いてきたので、二人は下りにかかった。帰りの途中で、第二アタック隊のライストとフォン・グンテンに出あった。

ライストとフォン・グンテンの二人が第七キャンプに着いてみると、テントは裂け、中にいっぱい雪がつまっていたので、使用する前に雪を掻き出さねばならなかった。やっと寝る所を作ったが、フォン・グンテンの寝袋のチャックが動かなくなった。彼等はみじめな一夜を送った。暁け方、キャンプ用のガス・ストーヴでオヴァルチンを二リットルほど用意し、それを飲んで、六時四十五分頂上へ向かった。何も食べなかった。食糧、装備、二本の酸素ボンベで、彼等のルックザックは、それぞれ四〇ポンド（約一八キロ）もあった。南峰に着く前にボンベが一本からになって棄てたので、荷が軽くなりスピードが速くなって、十一時に頂上に立った。非常に寒かったが、風はなく、二人は晴れた眺望を享楽した。一時間のあいだ酸素を使わなかった。たくさんの写真を撮っているうちに、ひどく空腹を感じてきたので乾燥果実を食べた。午後一時頂上を辞し、二時間の後サウス・コルへ帰った。

その次は一九六〇年のインド隊であった。独立インドに登山の気風を奮いおこしたのは、エヴェレストの英雄テンジンであった。ネール首相の決定によって、一九五四年テンジンの住むダージリンにヒマラヤ登山学校が設立された。それ以後登山技術を身につけた多数の青年が輩出して、一九六〇年まで十数隊の登山隊がそれぞれヒマラヤの六〇〇〇、七〇〇〇メートルの山に登った。中でも一九五八年のチョ・オユーは、初登頂ではないにしても、世界第七位の八〇〇〇メートル峰の登頂としてインド隊の気を吐いた。そしてこの成功に勢いづいて、一九六〇年のエヴェレストが計画された。

ギャン・シン准将を隊長として、十八名の隊員が選ばれた。その中にはかつてシェルパとしてイギリスのエヴェレスト隊に参加し、サウス・コルへ達したダ・ナムギャール、アン・テンバ、ナワン・ゴムブもいた。荷物は約一八トン、それをインド北部のジャイナガールからベース・キャンプまで運ぶのに、約七百人のポーターを使った。十五日のキャラヴァンの後ナムチェ・バザールに到着したのは三月二十二日であった。

インド隊も、イギリス隊にならって、一週間と二週間の二期に分けた高所順応の予備訓練を行った。そしてそれが終わって全員クンブ氷河上約五五〇〇メートルのベース・キャンプに、四月十三日に集結した。それより先に、前進隊はアイス・フォールに取りかかっていたが、四月十日第一キャンプ（五八五〇メートル）、十五日第二キャンプ（六一〇〇メートル）、十七日第三キャンプ（六四六〇メートル）と進めて、西クウムに前進基地の第四キャンプ（六八三〇メートル）をおいたのは十九日であった。

このエヴェレスト南面ルートは、たびたびの登山隊でもうわれわれにはお馴染《なじ》みである。二つの難関はアイス・フォールとローツェの斜面であって、ここを乗り切るために数日の困難な苦闘を強要されている。インド隊の時は特に氷雪の状態が悪かったらしい。ローツェ斜面に第五キャンプ（七三一五メートル）を設けたのは五月二日、そしてそれから一週間後サウス・コルに第六キャンプ建設に成功した。サウス・コルまでの道は拓かれたが、そこからすぐ登頂にかかるわけにはいかなかった。五月十三日まではローツェ斜面に寒風が吹き荒れて、荷上げをすることができなかった。十四日から天候が崩れて雪が降り始めた。待つよりほかなかった。

五月二十日、ついに晴れ上がった。しかし降雪後の雪崩を懸念《けねん》して待機し、二十三日、頂上アタックの第一隊、ナワン・ゴムブ、ソナム・ギャツォ、ナリンダー・クマールの三人が、九人のシェルパを伴ってサウス・コルに達した。翌二十四日は完全に平静な天候だった。アタック隊は七人のシェルパとともに、全員酸素を使用して南東稜を登り、その午後第七キャンプ（八四一二メートル）に達し、シェルパはそこへ荷を置き引き返した。残った三人の隊員（クマール、ソナム・ギャツォ、ゴムブ）は二人用のテントでやや窮屈であったが、いつもよりはあたたかく、彼等は心身ともに好調子であった。

よく眠って翌朝四時前に起きた。朝食を終えてすぐ出発しようとしたが、外は烈しい風だったので、おだやかになるのを待った。七時になってもやみそうもない。決心してテントを出た。稜線は凄い風で、粉雪を顔に吹きつけ、ほとんど視界がなかった。約八六二五メートルの高度まで達して、三人は立ち止まって相談した。退却は好まなかった。しかしこれ以上の前進は自殺を意味した。そこでついに引き返すことにきまった。道がわからなくなったり、酸素器が故障をおこしたりして、後退も容易ではなかった。サウス・コルへ戻り着いたのは夕方の七時であった。

第二アタック隊（モハン・コーリ、ヴォーラ、アン・テンバ）はその日サウス・コルまで登って来ていた。第一隊のひどい消耗ぶりを見ても、彼等の意気はそがれなかった。しかしその翌朝は雪が降りしきり、粉雪を飛ばしていた。翌二十七日の午前十時まで待った。依然として天気の良くなる見込みがない。ついに彼等は登頂を放棄せざるを得なくなった。一九六〇年のエヴェレストはこうして終わった。

エヴェレスト第三登の報は、思いがけないところから来た。それは中国登山隊で、北面の旧ルートから登頂したというのである。この報には全世界がアッと驚いた。しかしその後中国で発表された登頂記録に疑いを持つ者も出てきた。それは後で述べるとして、戦後この北面ルートをねらった登山家は前にもあった。

エヴェレストの単独登山者として、一九三四年にモーリス・ウィルソンのあったことは前に記したが、戦後まもなくまた一人現れた。アール・デンマンというカナダ生まれのイギリス人で、彼は自分の登山経験からエヴェレストはもっと簡単に登れると判断した。しかし差しあたって二つの難関があった。一つは金の乏しいことで手許に二百五十ポンド（約二十五万円）しか持っていなかった。これで装備や食糧を買い、インドまでの往復の旅費を払い、それから登山費をまかなわねばならない。も一つは戦後チベット入国が不可能になったので、非合法的な秘密旅行をしなければならないことだった。

一九四七年二月半ば、デンマンは単身住地のアフリカを出発した。終戦後の船便の不自由なころで、いろいろ苦労をなめて約一ヵ月後ボンベイに上陸し、そこから汽車でダージリンへ着いた。裏通りの安宿をとって、二人のシェルパを探しだした。その一人は後年エヴェレストの英雄となったテンジン、もう一人はアン・ダワ。デンマンが貧弱な装備しか持たず、また十分な賃銀を出してくれそうもないのを見て、初めテンジンはためらった。しかしデンマンが登頂の名誉を二人で分け合おうと、テンジンの功名心を煽《あお》ったので彼は承知した。

三月二十二日、デンマンはダージリンを出発し、二人のシェルパは人の眼にふれて疑いを起こさせないように、途中で一緒になった。荷物はたった五つの袋に納まった。シッキムの最後の部落タンまで来て、デンマンは自分の持ち金を勘定してみた。思ったよりも減っていて、こんな割合で使って行くと、目的地に着くことさえ怪しくなった。彼はテンジンに有りの儘《まま》を述べて「行くか、引き返すか」と尋ねた。テンジンは笑って「行きましょう」と答えた。彼はデンマンのふところの苦しいことを察して、できるだけ費用のかからないように工夫した。案内者としても同伴者としても、この上ない信頼の置ける好漢であった。

この小さな隊はコンラ・ラを越えてチベットに足を踏み入れた。見つかれば逮捕されるに決まっている。彼等は目立つような村を避け、小さな見すぼらしい部落を選んで、こっそり泊まりを重ねて進んで行った。時には危険を感じて、普通なら三日行程のところを一日で歩いてしまうこともあった。いつ果てるともわからぬ、休息のない長い徒歩が毎日続いた。デンマンは何事も念頭になかった。家族のことも肉親のことも。そんなものを彼は持っていなかった。友もなく、後援者もない。言葉で力づけてくれる人もない。

今までこの道を辿《たど》ったエヴェレスト登山隊は賑《にぎ》やかに笑ったり戯談を言ったりしながらキャラヴァンを続けた。彼等には金の心配なく潜行の苦労もなかった。それに較べて、この一行のなんと侘《わび》しく陰鬱《いんうつ》であったことか。三人はほとんど休むことなく、ほとんど話すことなく、荒涼としたチベットの高原を進んで行った。しかし誰も引き返そうと言い出す者はなかった。

　ついにエヴェレスト北麓のロンブクに着いた。その翌日、もう彼等は山へ向かって行を起こしていた。一日の無駄もなく二人のシェルパだけで荷を運び、ノース・コルの下に第四キャンプを、吹きすさぶ暴風雪の中に設けた。ノース・コルの大斜面は雪が風に吹き払われていて、大した障害はないように見えた。しかし彼等が登り出すや否や、それまで静かだった風が全威力をもって襲いかかって来た。コルの途中まで達したがそこから引き返さざるを得なくなった。こうしてノース・コルへも達しられずに彼等の雄図は潰《つい》えた。デンマンは最高到達地点を七一六〇メートルと称しているが、これは誤りである。ノース・コルの上が六九八六メートルであるのに、それより高いはずはない。

　帰途、ロンブクに一日滞在しただけで、四月十六日にそこを出発し、二十八日にはもうダージリンに帰着した。途中馬を利用したためもあるだろうが、こんな迅速な旅行もレコードであった。彼がアフリカに戻った時にはふところに一ポンドしか残っていなかった。

　デンマンは不成功には終わったが、自分の登山方式が誤っていたとは考えなかった。そして翌一九四八年、再び単独でエヴェレストに向かう計画を樹《た》てた。幸いに後援者が現れて、前年よりずっと充実した準備を整えることができた。ただチベット入国は絶対不可能になっていたので、再び密行の手段を採るよりほかなかった。同年一月十五日、アフリカを発ち、ダージリンに到着すると、テンジンは笑顔で彼を待っていた。しかしデンマンがチベット入国許可証が手に入らぬことを打ち明けると、テンジンの顔から笑いが消えた。彼は最近の緊迫した情勢を話し、国境では厳重な見張りがされていることを告げた。安全な許可証が無い限りそういう危険な旅行に加わりたくないというのだった。テンジンはデンマンを助けようとしても如何《いかん》ともできなかった。恨《うら》みを呑んでデンマンは装備をテンジンの許に残して、空しくアフリカへ帰った。

一九五三年のエヴェレスト登頂の報をデンマンはアフリカでラジオを通じて知った。彼はテンジンの成功を心から喜んだ。テンジンの方は初登頂にデンマンから貰った古い毛の帽子をかぶって行った。志を得なかった情熱家に対してせめてものねぎらいであったのだろう。

一九五一年、第三人目の単独登山者が現れた。R・B・ラルセンと呼ぶデンマーク人で、彼の行動は欧州では全く知られていなかった。ただ現地から簡単な報告があっただけで、彼が如何《いか》なる人物か、彼の登山計画はどんなものであったか、詳細はまだわからない。

彼は四人のシェルパをつれて、一九五一年三月三十日にダージリンを発った。途中でさらに三人のシェルパが加わり、シッキムから国境を越えてネパールに入った。彼等は非常に軽装備で、本当に要る品だけをぎりぎりに用意していた。食糧はその土地土地で間に合わせた。一行は幾つかの谷や峠を越えて、ナムチェ・バザールに四月二十五日に着いた。

其処からロブジェ・コーラを溯《さかのぼ》って西クウムへ行こうとしたが、中途で撃退された。恐らくラルセンはサウス・コルに達するつもりだったのだろう。が、もはやその気も失《な》くなったらしくナムチェに引き返した。

今度は方針を変えて、ボーテ・コシの谷を溯り、ナンパ・ラを越えて、チベットへ入った。このラ（峠）はチベットとネパールを結ぶ峠で、高度五八〇〇メートル、恐らく世界で一番高い交易路ではなかろうか。土着民にとって、交易路であると同時に、ロンブク僧院への巡礼路でもあった。

ネパール側からこの峠を越えたのは、白人としてはラルセンが最初であった。それは五月の初めで、峠にはまだ雪が深かった。そのため大いに苦労してチベットに潜入した。彼も入国許可証を持っていなかった。人眼を避けてロンブクに到着したのはナムチェを出てから六日目であった。僧院のラマ僧は大変親切で、チベットの警察から彼をかばってくれた。

ロンブク僧院からノース・コル下の第三キャンプまで進み、そこで荷物の到着を待つため四日停滞し、五月七日いよいよコルへ向かった。コンディションは上々だった。ただ物凄い寒風が吹いていていた。寝袋は不十分なものだったし、食事用のプリマス（焜炉）さえ持っていなかった。それでシェルパたちはコルの上へ行くことを拒み、ラルセンとの約束に背《そむ》いてさっさと降ってしまった。彼等は十分な報酬を受けていたが、前もってラルセンの不成功を察し、誠実に尽くそうとしなかった。

ラルセンは彼等を責めたが、断念するほかはなかった。帰途は往路を引き返したが、それは驚くほど短時日の強行軍であった。ともあれ、ウィルソンにしても、デンマンにしても、ラルセンにしても、その登山方法はオルソドックスではなかったが、その意気と気力は誰も容易に真似のできないことであろう。

一九五二年の秋、ソヴェト登山隊が北面からエヴェレストに向かった。三十六人のそれぞれの専門家を含む一行は、五台の飛行機でラサに到着し、そこから山麓に達して、六人の頂上アタック隊は、八二三〇メートルまで大した困難もなく登ったが、それ以後消息を絶ったと伝えられている。しかしこれについてソヴェトは何も発表していないので、確実なことはわからない。

一九六〇年の中国登山隊はもちろん北面からであった。中国では国際意識から決してエヴェレストと呼ばず、ジョモ・ルンマと呼んだ。史占春を隊長として、各種の職業に携わる総計二百十四名の隊員（その三分の一はチベット人）は、ラサを経由し、本隊は三月十九日、ロンブク氷河の末端にあるベース・キャンプに到着した。そして堆石《モレーン》の丘に数十の大テントが張られ、北京と直接交信できる無電台や、設備の整った気象観測所が建設された。それより先に先進隊はノース・コルの下の第三キャンプまで、豊富な装備や食糧を運んでいた。

三月二十五日快晴、全員がベース・キャンプの広場に集合して、国歌斉唱の裡《うち》に国旗が掲揚され、そして登山の本隊が山へ向かって出発した。登山計画は四期に分かれ、初めの三期は高所順応、第四期が頂上アタックに当てられていた。その第一期高所順応のため、本隊は、先進隊によって作られた道を辿って、二十七日第三キャンプに到着し、翌日ベース・キャンプへ引き返した。

その日六名の偵察隊は、ノース・コルの探査に出かけた。大斜面の途中（六六〇〇メートル）で仮泊し翌日「氷のチムニー」を通ってコルの上に出た。こうして最初の関門への道を拓いた。

第二期の高所順応は、四月六日から十四日までで、その間に本隊がノース・コルの上へ達し、そこから八〇〇〇メートル以上の地点までのルートを偵察することになった。事実は偵察隊は七三〇〇メートルまでしか達しられなかったが、そこから先のルートを見極めて帰った。

第三期は四月二十五日に始まった。登山隊はベース・キャンプを出発して、五日後、ノース・コルを後にしてさらに高きへ向かった。その日（二十九日）は素晴らしい朝であったが、七四〇〇メートルに近づいたころ急に強風が吹きはじめ温度は零下三七度に降った。夕方になって天気はいっそう悪くなり、寒気はいよいよ厳しくなった。その夜は七四〇〇メートルにキャンプし、翌日は烈風のためそこに停滞したが、三日目さらに前進して主稜線上の岩壁の下（七六〇〇メートル）へ達した。翌五月二日、隊長史占春と副隊長許競は二人のチベット隊員とともに頂上のルート偵察に赴《おもむ》き、夜中に八一〇〇メートルに達してテントを張った。すぐ後に他の数名の隊員もそこへ到着した。翌朝早く史隊長ほか四名はキャンプを出発して八五〇〇メートルに達し、三名はそこへテントを張り、史隊長と王鳳桐の二人はさらに登高を続け「第二ステップ」の下まで来た。この垂直の岩壁を乗り切るためむずかしい登山技術を使って、二人はついにその上に立った。「第二ステップ」の上に、高さ三メートルの垂直の一枚岩があった。すでに暗くなっていたので、二人はその一枚岩の下に小さな穴を掘って一夜を明かした。翌早朝、一点の雲もない快晴でエヴェレストの頂上はすぐ眼の前に立っていた。そのルートを見極めて二人は降り始めた。

この偵察は素晴らしい功績であった。登頂隊の下地を作ったと言ってよいだろう。しかし五月中旬は天気が悪かったので、五月十九日から二十五日までを登頂の時期と決めた。五月十四日から悪天候を冒して補給隊がベース・キャンプを出発、八五〇〇メートルのキャンプへ食糧や装備を荷上げした。

五月二十四日、北京時間の九時三十分、王富洲、屈銀華、劉連満、チベット人のコンブ、この四人がアタック隊として八五〇〇メートルのキャンプを出発した。彼等は史隊長の発見したルートにより「第二ステップ」を登り、三メートルの垂直の一枚岩の下に達した。この岩は非常な難所で容易に登ることができず、ようやく劉連満の肩の上に載《の》って屈銀華はその上に達した。そして屈が上から垂らしたザイルによってあとの三人もその上に出た。この三メートルの一枚岩を登るために三時間もかかった。

この時、酸素器の中身は残り少なくなっていた。劉連満は非常に弱って、八七〇〇メートルで、ほとんど動けなくなった。他の三人は相談の結果、劉をそこに残して、できるだけ早く頂上へアタックすることに決めた。だんだん暗くなってきた。日のあるうちに帰るつもりだったので、灯りを持っていなかった。星の光と雪の反射を頼りに、三人は疲労のため非常にのろのろと、時には四つン這《ば》いになって進んだ。

八八三〇メートル辺りまで来た時、酸素が全く切れた。彼等は顔を見合わせた。進むか、退《しりぞ》くか。行こうと決めた。進行の度はさらに落ちた。一メートルの岩を越えるのに、三十分以上もかかった。それにも屈せず互いに励まし合って執拗《しつよう》に前進を続けた。東へ向かって雪の斜面を横切り、それから北へ岩の斜面を捲《ま》いて登高を続けた。そしてついに三人はジョモ・ルンマの頂に立った。それは五月二十五日、北京時間で朝の四時二十分であった。十九時間の間、朝食にひと切れの乾燥羊肉と朝鮮人参《にんじん》のスープを摂ったほかは何一つ口にしなかった。

薄暗い払暁《ふつぎょう》の明かりで、屈銀華はルックザックから五星旗と毛沢東の小さな石膏《せっこう》胸像とを取り出し、それを一つの岩の上に載せて小石で押さえをした。王富洲は日記帳を取り出し、登頂記念の文字を記し、その一頁をちぎって白い毛糸の手袋に包んで小石の堆積の中に埋めた。彼等は一台のシネ・カメラを持っていたが撮影するには暗過ぎた。頂上に十五分いて降りについた。八七〇〇メートルまで戻った時、明るくなったので屈銀華は数枚の写真を撮った。三人は劉が待っている場所まで降ると、彼は犠牲的精神から自分の酸素を倹約していて、それを登頂者たちに提供した。三人は非常に感動した。

五月三十日、北京時間の午後一時半、彼等は他の登山隊員とともに安全無事にベース・キャンプに帰った。こうして中国隊のエヴェレスト登頂は成功したが、その後諸国の登山家からこの登頂に対して疑いの声があがった。それをここに述べるには長すぎる。八六ページの〔著者注3〕を見ていただきたい。

一九六二年の春、やはり北面からエヴェレストに登ろうとする奇妙な小登山隊があった。四十三歳のアメリカの大学の哲学教授ウッドロー・ウィルソン・セイアー（前大統領ウィルソンの孫だと言う）が隊長で、隊員は、三十八歳のボストンの法律家ノーム・ハンセン、地質の学生のロージャー・ハート、それにスイス人の学校教師ハンス・ピーター・ダトルが加わった。四人とも山には大して経験がなかった。医者も連れず、酸素も持たず、費用も総計で一万ドルであった。

ウィルソンは久しい以前からエヴェレストに登りたいと思っていた。しかし組織的な大遠征隊は彼のような者を参加させてくれない。それに南面からのエヴェレスト登山は、ここ数年各国登山隊に予約済みで介入する余地がない。そこで彼は小登山隊を作って北面から登ろうと計画した。ネパールから北側のチベットへ出るにはヌプ・ラ（五九一三メートル）を越えようと考えた。この峠はエヴェレストの西方直線距離にして一五マイル（約二四キロ）、ギャチュン・カン（七九二二メートル）の南にある国境稜線上の鞍部で、一九五二年のイギリスのチョ・オユー探査隊のほかはまだそれを越えた者はなかった。ウィルソンの一行はギャチュン・カン登山の許可を取ったが、それには登らずにエヴェレストへ向かったのである。

ニュー・デリーからカトマンズへ飛んだのは三月二十六日、そこで半トンの荷を運ぶために二十二人のポーターと二人のシェルパを雇って、四月三日キャラヴァンの途に就いた。二十一日の行程の後、彼等はギャチュン・カンの麓のベース・キャンプ（五〇三〇メートル）に到着し、リエゾン・オフィサーと二人のシェルパと一人のキチン・ボーイを除いて、ポーターを解雇した。

まずぶつかったのがヌプ・ラへの嶮峻な登りであった。約三〇〇〇メートルに近いアイス・フォールは、クレヴァスと氷塊で混乱していた。その間に約三〇〇メートルの垂直の壁が二つもあった。二週間かかってこの障害を征服した。この格闘で彼等は登山技術を大いにみがいた。

峠の上で二人のシェルパに別れを告げ、三十日以内には帰って来るだろうと伝えた。そして彼等四人だけでエヴェレスト北面まで重い荷を運ばねばならなかった。峠から西ロンブク氷河へ降り、荷をリレーしながらノース・コルの下へ到着するまでに十九日かかった。一日休憩の後、コルへ取りかかった。前に幾度も述べた通り、これはエヴェレスト北面の難関であったが、彼等は悪戦苦闘の末、ついにコルの上にテントを建て、八日分の食糧を運んだ。ウィルソンは言っている「ベース・キャンプから此処《ここ》まで約三〇マイルの距離を、すべての荷を四人だけで運んだとは、何と素晴らしい手柄だろう」。全くその通り、驚くべきエネルギーである。彼等はシェルパも連れず、前進キャンプの中継も置かず、もちろん酸素も使わなかった。

ノース・コルへ着いたのは五月三十日、そこから頂上へ向かって、六月一日第一キャンプ、六月二日第二キャンプ、その翌日七六二〇メートルまで達したのが最高地点であった。その間の苦闘ぶりをここに詳述する余裕はないが、常識では信じられないような冒険をしている。

帰途も容易ではなかった。すでに予定の三十日は過ぎ、モンスーンが始まっていた。西ロンブク氷河の後半では、四人には一本のピッケル、一本の杖、一本のスキー・ストック、一本の竹杖があるだけで、ザイルさえなかった。十一日かかってヌプ・ラの上に戻ってきた時、幸いにも往きに残しておいた食糧と予備のザイルを見つけた。それらが無かったら、おそらく生きて還《かえ》ることはむずかしかったろう。降りのアイス・フォールは形を変えていたので、ルートを見つけるのに暇がかかった。一日でベース・キャンプまでおりるつもりだったのに三日もかかった。そのため何も食べるものがなくなって、空腹のまま険しい崖を降らねばならなかった。

もとのベース・キャンプ地に辿り着くと、そこに待っているはずのシェルパもリエゾン・オフィサーもいなかった。予定を十一日も超過したので、彼等はテントを取り払い全部の荷物を持って引き揚げてしまったのであった。四人にはまた危機が来た。なにも食べずに二日歩かねばならなかった。ようやくクムジュンの部落に着いて、この長い冒険に満ちた旅は終わった。そこからカトマンズに電報を打ってヘリコプターの救援を求めた。ヘリコプターはすぐ四人を病院のある所へ運んだ。隊長ウィルソンは一二キロも目方が減り、赤痢にかかり、肋骨《ろっこつ》を一本折っていた。カトマンズの病院で三日間の診察を受けた後、ニュー・デリーへ飛んだ。

一九六二年の春、インドはエヴェレストの再挙をはかった。隊長ジョン・ダイアス以下十四名、サーダーはヒマラヤのヴェテラン、アンタルケー、約二〇トンの荷を七百名のポーターで運ぶという、前回以上の大遠征隊であった。

ベース・キャンプに到着したのは三月下旬、それからローツェ斜面の下に第四キャンプをおき、サウス・コル攻略にかかった。ローツェ斜面の上部はクレヴァスに妨げられて適当なルートが無かったので、かつてスイス隊が採ったルート、すなわちクーロワールを直接に登るルートを選んだ。スイス隊はこのクーロワールの上部で、落下してきた氷塊のためシェルパ一人を失った。そこで翌年のイギリス隊はもっと安全な道を進んだのであった。インド隊のシェルパ、ナワン・ツェリンはこの危険なルートで大きな落石を腹に受けて、手当てのかいもなく死亡した。

サウス・コルの上に第六キャンプを建設したのは五月二十三日。いよいよ頂上攻撃を開始するため、アタック隊とサポート隊がベース・キャンプから登ってきて第六へ入ったのは二十六日であった。二十七日は天気が思わしくなく一日停滞、酸素無しの二十四時間は辛かった。

翌二十八日、サポート隊のハリ・ダンは七名のシェルパ（その中にアンタルケーもいた）を連れて先発、アタック隊のモハン・コーリ中尉、ソナム・ギャツォ、グルディアル・シンの三名がゆっくりその後を追った。サポート隊のシェルパ、ニマ・トンジュップはすでにコルの上で六晩も過ごしていたので、衰弱のため落伍《らくご》、彼の生命は危ぶまれたが、無事に下まで運びおろされた。

アタック隊のグルディアルも登高途中身体の調子がよくないのでコルへ引き返し、その代わりをサポート隊のハリ・ダンがつとめることになった。アタック隊に加えられたことは彼の名誉であったが、その代償にひどい凍傷を受けた。三人のアタック隊は約八四三〇メートルの狭い岩の上に第七キャンプを設けた。前回のインド隊の場所の真上にあたっていた。イギリス隊の時と同じくもう一〇〇メートルほど上に設けるつもりであったが、時間が足りなかった。

翌二十九日は風と雪のため動くことができなかった。予定が一日延びたのでその夜は酸素無しで眠った。翌朝は快晴、勇躍《ゆうやく》出発、九時までに約二〇〇メートルを快調で登ったので、この分では登頂疑いなしという確信を得て、三人とも陽気だった。

南峰へ導く雪の斜面の下で、半分使った酸素を帰途のためそこへ残し、新しい酸素ボンベで再び登り始めた。しかしそれから上は雪が軟らかになって、登高が困難になった。南峰はすぐ手の届きそうな所にあった。しかし稜線を掠《かす》めて吹く風がはげしく、凄い雪煙が彼等を包んだ。ソナムが勇敢に先頭をつとめたが、雪はますます深く、ついに午後二時半、コーリがあとの二人を説いて後退に決した。南峰まであと約三〇メートルの地点であった。

帰途は容易ではなかった。風が足跡を消し、吹きまくる雪が視界を暗くした。すでに八時間も働いた上に、酸素も残り少なかった。しっかり確保はしていたが、ルートを間違えたりして、時間を余計に使った。やがて夜が来た。雷鳴がとどろいて頭上に閃光《せんこう》が走った。寒さと疲労のため腰をおろすと睡魔が襲ってくる。感覚が鈍って方向がわからなくなり、テントのありかを求めることが困難になった。もう夜の十時になっていた。テントかと思うとそれは岩であった。幾度もそんなことにだまされて、ようやくテントを探しあてた。その晩再び酸素無しで眠った。

翌日、三人は疲れた身体に鞭《むち》打ってサウス・コルへ下り、そこであたたかく迎えられた。コルではアタック隊は遭難したものとあきらめていたので、その喜びは尋常ではなかった。こうしてインド隊の第二回目も登頂はならなかったが、八四三〇メートルの高所で三晩も過ごし、しかもあとの二晩は酸素無しというのは、おどろくべき頑張りの新記録であった。

一九六三年のアメリカのエヴェレスト遠征隊は、空前の大規模な編成であった。隊長のノーマン・ディーレンファースは一九六〇年から計画を立てていた。隊員を集めるのに苦労はしなかったが、金が無かった。アメリカでは登山に熱が無かった。そこで学術調査を加えることにして、ナショナル・ジオグラフィック・ソサイエティからの大口の資金を貰い、その他の学術団体からも援助を得て、ついに出発にまで漕《こ》ぎつけた。

隊長はもちろんディーレンファース、副隊長兼学術班長は物理学者のウィリアム・シリ。その下に十九名の隊員が揃った。費用は四十万ドル、荷二七トン、これを運ぶのにポーター九百九名を要した。その輸送指揮にはイギリスのロバーツ大佐が任じられた。ほかにシェルパ三十二名。カトマンズを出発したのは二月二十日、バネパまでジープとトラックを利用し、そこからキャラヴァンに移った。総勢約千名、その列の長さは四マイル（六キロ強）にも及んだ。

カトマンズを出て一ヵ月後、クンブ氷河にベース・キャンプ（五四二五メートル）を設けて荷物を集積した。科学調査の器具、衣類、食糧、登山用具――五十二張りのテント、三〇〇〇メートルのナイロンザイル、二百十六本の酸素ボンベ等があった。

ベース・キャンプから難関のアイス・フォールにかかったが、ここで一人の犠牲者を出した。隊員ジョン・ブライテンバッハが登高中、氷壁が崩れてその下敷になり、その遺骸を探し出すこともできなかった。そのため一時行動は停頓《ていとん》したが、再び続行された。アイス・フォールの途中に第一キャンプ（六一六〇メートル）、ウェスターン・クウムに第二キャンプ（六五一〇メートル）を設け、ここをアドヴァンス・ベースとした。

続いてローツェの斜面の下に第三（六九八〇メートル）、斜面上に第四（七五九〇メートル）、そしてサウス・コルの上に第五キャンプ（八〇〇〇メートル）をおいて、頂上アタックの態勢がととのった。四月三十日、最初の攻撃隊――二人のアメリカ人と二人のシェルパがコルを出発して、南東稜八三七〇メートルに第六を建てた。

向きあった二つのテントで強風の一夜を明かして、翌五月一日朝六時半、ジェームス・ウィッテカーとナワン・ゴムブ（シェルパ）がテントを後にし、四十五分おくれてディーレンファースとアン・ダワ（シェルパ）がそのあとを追った。満四十五歳になろうとしていたディーレンファースは頂上まで行けるとは思わなかったが、南峰の上まで達して先行のアタック隊が登頂する様子を映画に撮るつもりであった。しかし風で巻きあげる雪のため視界はなかった。酸素も尽きようとしていた。

「バラ・サーブ、登りましょう」とアン・ダワが言った。
「いや、おりよう」。隊長は限界を知っていた。彼の年齢で、しかも隊長の身で約八六〇〇メートルに達したのは、おどろくべき頑張りであった。

ウィッテカーとゴムブが南峰に達したのは十一時半、反対側の鞍部へいったん下って、主峰の稜線に取りかかる。右手は雪庇《せっぴ》、左手は岩の断崖、その中間をゆっくり登って行った。一九五三年ヒラリーとテンジンが登った時「ヒラリーのチムニー」と名づけられた難関の垂直の氷壁も、年月の変化で今は何でもなくなっていた。十年前のヒラリーとテンジンのコンビと同じく、ウィッテカーは遠征隊員中の最長身で六フィート五インチ（一九六センチ）、ゴムブはそれより一フィートも低かった。

二人は並んで頂上に立った。正一時。風は強く、寒気ははげしかった。国旗を結びつけたアルミニュームのポールを立て、写真を撮った。東側だけが頂上から吹く雪煙に妨げられたが、あとの三方はよく見えた。彼等より以前に登頂したイギリス隊、スイス隊、中国隊の痕跡は何一つ残っていなかった。酸素の持参量を誤ったため、頂上でそれが尽きたので、二十分で下山についた。登りしなに酸素ボンベを置いた地点に着くまで、三時間半もそれなしで済ましたばかりでなく、水筒《すいとう》が凍ってまる一日一滴も飲まなかった。夕方五時五十分、ディーレンファースの待っている第六へ辿り着いた。

ヒマラヤの高峰で五月一日という早い時期の登頂は異例であった。続いてすぐ第二のアタック隊が出る予定であったが、天候が悪くなったので、隊員はベース・キャンプへ下った。普通ならこれで登山は終わりになるところだが、アメリカ隊は大きな野心を持っていた。まだ登頂要員も食糧も残っていた。何よりも時日が十分にあった。そのたっぷりした余裕で再度の登頂を試みることになった。しかも今度は、サウス・コル側から一隊、西稜（北西稜）から一隊が登って、あわよくば頂上で握手を交わそうという、ヒマラヤでは破天荒の計画であった。

これまでヒマラヤの登山は、往路から登頂して、同じ道を引き返してくるだけで精いっぱいであった。帰路を別に採ることは全くなかった。かつてナンダ・デヴィでそういう試みがなされたが成功しなかった。アメリカ隊はみごとにそれを果たした。しかもそれが世界最高峰のエヴェレストにおいてである。しかも全然未踏の西稜から登頂して、反対側のサウス・コルへ下ったのだから、おどろくべき新記録と言わねばならない。

西稜からの登頂は初めからプランに入っていた。そしてすでに早くから偵察が行われ、アドヴァンス・ベースから急斜面を登って稜線に取りつき稜線上七六五〇メートルまで達していた。しかしそれから先へは進まなかった。五月一日の登頂隊の方に主力がそそがれたからである。しかし今や西稜パーティに番が廻ってきた。と同時にサウス・コルのパーティも準備を始めた。西稜組の構成はウィリアム・アンソールド、トーマス・ホーンベーン（革新的な酸素マスクを考案した博士）、バリー・コルベー、リチャード・エマースン、アレン・オーテン。サウス・コル組は、この前登頂の機を失ったバリー・ビショップとルーサー・ジャースタッド、そのサポート隊としてデヴィッド・ディングマンとギルミ・ドルジェ（シェルパ）。

天候がよく西稜パーティは順調に進んで、七二五五メートルに西第三キャンプ、そして偵察の時達した最高点七六五〇メートルに西第四キャンプを設けたのは五月十六日であった。ところがその夜から朝にかけて物凄い嵐が吹き荒れてテントはめちゃくちゃになり、翌日西第三まで辛うじて逃げた。この被害は大きかった。テント用品や装具の補充を下からするには時日が無かった。初めの計画は西第四の上にさらに二つのキャンプをおき、二人ずつの二組のアタック隊を出す予定であったが、その余裕が無くなったので、キャンプを一つに減らし、一組だけの攻撃にきまった。五月十八・十九両日は西第三で休養し、二十日再び第四キャンプへ上って、その被害地に新しいテントをたてた。

翌二十一日、アタック隊のアンソールドとホーンベーン、それをサポートする残り三人の隊員と五人のシェルパは西第四を出発した。これから先は全く未踏のルートである。これを西稜ルートと呼ぶのは厳格に言えば正しくはない。というのは、それからの登高の大部分は西稜を離れて、エヴェレストの北面（チベット側）を辿ったからである。その北面を斜め上に向かって長い溝が入っている。それに拠《よ》って進んだ。溝の中には緊《し》まった雪があったのでその上を行ったが、時々溝の外の岩のスラブを辿らねばならなかった。そこは雪が薄く敷いているだけで、しかも岩層が下向きになっているので、足許が不安定で危険だった。約二時間でこの斜登が終わって、雪のつまった大きなクーロワールの下へ出た。クーロワールは真っすぐ上に延びていた。サポート隊が先に立って、その急な堅い雪の上にステップを切りながら登って行った。

エヴェレスト北面には約八二〇〇メートルのあたりに、イエロー・バンドと呼ばれる黄褐色の岩の帯が水平に走っている。大クーロワールはそのイエロー・バンドに横切られていた。そのバンドの下部に達して、そこに二人用のテントをおくだけの雪の平を見つけたので、そこを西第五キャンプ（八三〇五メートル）とした。サポートは運んで来た荷をそこへおろして西第四へ下り、アタック隊の二人は地を拡げてテントを張り、その中へもぐりこんだ。いよいよ明日は頂上攻撃である。

一方、サウス・コル隊は五月二十日コルに到着し、翌二十一日南東稜上の第六キャンプ（八三六五メートル）へ進んだ。二人のシェルパがそこまで荷を運んでコルへ下り、ビショップとジャースタッドが残った。この組もいよいよ明日は頂上である。

歴史的な五月二十二日の朝が来た。南東稜上の二人は五時に起きて何か熱いものを飲むためにブタン・コンロをともした。椿事がおきた。コンロに新しいガス管をつけかえようとした時、突然炎が燃え上がって隊員のひげを焦《こ》がし、テントの中を煙でいっぱいにした。火は消しとめたが、そのため予定より出発が二時間もおくれ（八時）しかも朝食も取らずに出かけた。

天気はよかった。風はあったが晴れていた。進行はのろのろだった。ビショップは身体の調子がよくなかったので、ジャースタッドが先頭を続けることになった。十一時ごろ南峰を眼前にして、岩の上に休んでキャンディの一切れをたべた。それがその日食べたものの全部であった。

透すような青空の下、南峰の頂《いただき》に辿りついたのは午後二時、風は強かった。携帯電話器に故障があったので彼等は持って来なかった。南峰からの下りでちょっと迷ったが、すぐ引き返して主峰への正常なルートについた。一歩一歩苦しい登りであったが、一歩一歩頂上へ近づいた。

突然、先に立ったジャースタッドが立ち止まってビショップを振り返って手をあげた。追いついてみると、前方にアメリカの旗がひるがえっていた。三週間前に第一登頂隊の立てたものが、そのまま残っていたのである。二人は並んでそこまで進んだ。そして抱きあった。三時三十分であった。

二人は酸素を止めて頂上に四十五分いた。ジャースタッドは映画を撮った。エヴェレスト頂上では最初のことである。吹き飛ばされそうな強風の中で、彼等は西稜を見おろしていた。しかしいくら見つめても西稜隊の姿は現れなかった。四時十五分、二人は酸素のスイッチを入れて下山についた。

南峰を越えて、急な斜面の下りで酸素が切れた。二人は疲労でクタクタになり、よろめき倒れそうであった。しかし休まず下りを続けた。日が暮れるのは早かった。暗くなっては第六キャンプの小さなテントを見つけるのは困難になるだろう。七時半最後の余映が消えて、空は冷たく黒くなった。突然、その闇の中で、風かと思われる遠い音が聞こえた。それは人間の声だった。第六キャンプのデヴィッド・ディングマンとギルミ・ドルジェが探しに上ってきたのだろうか。しかし声は上からした。

それではアンソールドとホーンベーンが西稜から頂上を越えて下って来たのだ！ 声はだんだん近づいてくる。「なぜ電池をつけないのだ？」と上から怒鳴《どな》る。しかし下の二人はそれを持っていなかった。仕方なく声で道案内をしつづけた。上の二人がおりて来るまで二時間もかかった。九時半やっと暗闇の中から二人の姿が抜け出てきた。あまり暗いので手を伸べて触れただけでは誰かわからなかった。

「君は誰だ？」

「ホーンベーンだよ」

そのあとからアンソールドが着いて、さも疲れた風に雪の上に尻をおとした。

その日の朝七時ごろ、西第五キャンプを出た二人は、アンソールドを先頭にして、雪のクーロワールを登り始めた。雪は堅かったが粒状でアイゼンが利《き》かず、ステップを切らねばならなかった。二人とも酸素ボンベ、食糧その他で、四〇ポンド（約一八キロ）の荷をかついでいた。約四五度の傾斜で休む場所もなかった。

一五〇メートルほどの登りに四時間もかかって、やっとイエロー・バンドの中の脆《もろ》い岩の領域へ着いた。急峻な岩の上に雪のあるのがよくなかった。粉雪だったので、体重で滑り落ちる危険があった。ルートを探した。一つの垂直の小さな岩壁さえ突破すれば、その上は灰色の岩で、今二人のいる脆い黄色な岩よりも、安定があり登りやすそうに見えた。そこでその垂直の壁にピトンを打ちこんで、みみずのはうようにやっとその上に出た。

イエロー・バンドが終わったので、腰をおろして休んだ。もうとっくに正午は過ぎていた。これからの登りも時間を食うだろう。引き返そうか。しかし雪のクーロワールの下降は最も危険だった。前進するより他ない。そこで再び上へ向かった。灰色の岩はずっと登りやすくなった。四時半ごろ、突然エヴェレストが手の届く所に見えてきた。二人はルートを検討の結果、西稜の方へ戻り返すのが一番有望だときめて、雪の上を斜めに登りつづけた。

天気はよかったが、強い風が吹き始めていた。西稜へ着く前に、今まで経験したこともないような腐った岩を通過せねばならなかった。やっと稜線の上へ出た。からになった酸素ボンベを棄てると、一三ポンド（約六キロ）の減量はおどろくほど楽になった。

稜線を辿って行くと、小さな雪のドームが見えた。頂上はその背後にあった。しかしもう遠くはなかった。前を行くアンソールドが立ち止まって手をあげた。ホーンベーンが追いつくと、一〇メートルあまり先にアメリカの旗が夕日を受けて、ハタハタと風に鳴っていた。そこが頂上だった。二人は抱きあった。何を言ったかおぼえていない。六時十五分だった。

夕方の写真を撮って十五分の後南東稜の下りにかかった。二人にとって未知のルートであったが、幸いに数時間前の登頂者の足跡が残っていた。主峰と南峰の鞍部で暗くなりかけ、南峰の下りの岩場でとうとう足跡を見失ってしまった。それからの慎重を要する暗闇の下りには暇がかかった。二人はヤッホーを始めた。しばらくすると微《かす》かにその答えがあった。彼等もまた、ディングマンとギルミが迎えにきたものと察していた。

両隊の出会いの喜びも束《つか》の間、あとに辛《つら》い仕事が残っていた。酸素は全くなくなり、ホーンベーンの持っていた唯一の電池も消えかけた。ピッケルとアイゼンの足探りで危険な瘦《やせ》尾根を下って行かねばならなかった。踏みはずさないのが不思議なくらいだった。歩みは遅々として、二時間かかって一〇〇メートルほどしか下らなかった。第六キャンプははるか下だった。

彼等は疲れ切っていた。夜中の十二時半、ルートのわかりにくい所へ来たので、そこでビヴァークすることになった。傾いた露岩の上に座りこんで暁を待った。約八五〇〇メートルの高度で、テントも寝袋も酸素もなく、身を寄せ合って辛い一夜をあかした。神の加護は風のないことだった。

朝が来た。エヴェレストは金と赤に染まった。こんなすばらしい景色はまたとなかった。五時、四人は立ち上がって危険な道を下り始めた。しかしホッとしたことには、下からディングマンとギルミが酸素を持って迎えに来るのに出あった。この二人は第六キャンプで過ごし、今日は登頂の予定であったが、四人をサポートするために、惜しげもなくその計画を棄てた。第六へ、サウス・コルへ、ローツェ斜面へ、アドヴァンス・ベースへ、彼等は下って行った。エヴェレストの登山の大詰めであった。

ベース・キャンプからナムチェ・バザールまで、凍傷にかかったアンソールド、ビショップ、ジャースタッドは、ポーターの背中で運ばれた。ナムチェからカトマンズまで、アンソールドとビショップの二人は、呼び寄せたヘリコプターで運ばれた。カトマンズに着くと、二人の妻が彼等の胸に飛びこんできた。凍傷は重症だった。病院にはアメリカから医師や医療品が届いていて、彼等はあらゆる手当てを受けた。後になって二人とも足の指を失い、その上ビショップは両手の小指の一部を失った。

エヴェレストの物語が長くなりすぎたが、この世界最高峰に集まる人々の興味は尽くることがあるまい。今後も相ついでいろいろなタイプの登山が行われることであろう。一九六六年日本からも登山隊が出ることになっている。エヴェレストはいつまでも新しい話題を生んでいくに相違ない。

〔著者注1〕25ページ　エヴェレスト物語の冒頭を飾る挿話として、まことにうまくできているが、しかしこの話には疑いがある。そのインド人の技師はその数年前にデラ・ドゥンからカルカッタへ転任してしまっていた。そして彼はその最高峰の測量に従事したことがないという事実があがっている。実際にデラ・ドゥンの現地測量事務所で、八八四〇メートルという数字を出した、その仕事の責任者はヘネッシィという測量官であった。長官の部屋へ駆けこんだという話にも証拠はない。が、嘘だという証拠もない。

　さらに厳密にいうと、如上の話にも訂正を要する。エヴェレストが観測されたのは、一八四九〜五〇年であった。算定が進められて、Peak XV が他のどの山より高いことがわかったのは、一八五二年ではあるが、その時にはまだ大気差の問題があったので、実際に八八四〇メートルという数字が確認されたのは一八六五年になってからだという。

〔著者注2〕25ページ　一八五二年から六六年まで、この山の名前についていろいろの考慮が払われた末、前測量局長官ジョージ・エヴェレスト（実際は一八四三年に退官していたので、この最高峰の発見には何の関係もなかったが）の功績を記念して、その名前をPeak XV に冠することになった。

　一八五五年、当時の測量局長官のアンドリュー・ウォーがマウント・エヴェレストという山名を提出した時、多年ネパールの政務官をつとめたブライアン・ホジスンが、デヴァドゥンガ（Devadhunga）という土着名のあることを指摘した。しかしその後ネパールへ行った人たちがいろいろ詮索してみたが、デヴァドゥンガという名前を耳にした者がない。結局、ホジスンの思い違いであることがわかった。

　もう一つ浮かび上がったのはガウリサンカール（Gaurisankar）である。この名前を提出したのはドイツの有名な探検家ヘルマン・フォン・シュラーギントワイトで、一八五六年世界最高峰のネパール名はガウリサンカールであると発表した。それが大センセーションをおこした。そしてその名は、すでに決定したマウント・エヴェレストをそっちのけにして、多くの地図に採用され、それが約半世紀も続いた。一九〇三年の『アルパイン・ジャーナル』で、当時王立地学協会の幹事(のち会長となった)であったダグラス・フレッシュフィールドでさえ、ガウリサンカールを正当の名として認めている。

しかしこれも誤りであることが明らかになった。シュラーギントワイトはカトマンズ付近から観察して、エヴェレストとその西方三六マイル(約五八キロ)にあるガウリサンカール(七一四五メートル)とを誤って同一視したのであった。というわけは、その観察地点から、ガウリサンカールは判然と見えるが、エヴェレストは前山に妨げられてほとんど見えなかったからである。

もう一つ、チベットでチョモ・カンカール(Chomo-Kangkar)という名のあることが知れた。文字通り訳すと「女神・白い雪」の意で、それは「白い雪の女神」ということになるが、この美しい名前は一般に拡がることなく、外国の地図にも一時採用されただけで消えてしまった。

一九二一年、初めてエヴェレストに登山隊が送られて以来チョモ・ルンマ(Chomo-Lungma)という名前が取り上げられだした。もっともこの名はすでに一九一〇年にC・G・ブルースが主張していた。ただ彼はこの名を最高峰のみでなく、エヴェレスト山群全体に与えられたものとした。その後いろいろの詮索の末、エヴェレストの固有の名はチョモ・ルンマであることは、もはや動かし難いものとなった。この名前の意味については、実に種々の議論がなされた。Cho はチベットでよく使われる言葉で、神、または精霊の意である。mo あるいは ma は女性の語尾であって、Chomo は女神のことになる。Lung は国、地方、地域の意で、つまり Chomo-Lung-ma は「国の女神」ということになる。これがまず一般の解釈である。

一九二一年、最初のエヴェレスト登山隊がラサの政府から与えられた入国許可証には、チョモ・ルンマではなくチャモ・ルンマ（Cha-mo-lung-ma）と書かれてあった。Cha は鳥を意味し、lung は国あるいは地域を意味し、ma は女性の語尾であるからこれは「鳥の国」という意味になる。チベットの伝説時代に、王様がたくさんの鳥を自分の費用でこの地域に養っていたということから、この名がきたものであろうといわれている。

また、シューベルト博士はこれは Jo-mo-lun-ma と書くべきであって、lun は空気、大気、風の意であるから「風の女神」という意であるといっている。エヴェレストの頂上は風が吹いて白い羽毛のように粉雪を吹き飛ばしている。この吹き飛ぶ白い羽毛がチベット人の想像力を刺激して、山の名前にしたのだという。そして、白い羽毛は想像で鳥とつながる。だから、先に述べた Cha-mo-lung-ma の lung も、風すなわち白い羽毛、すなわち鳥を意味するのであって、この二つのチベット語の山名は根本は同じであると博士は主張している。そして Chu-mu-lang-ma という形の名は、すでに一七一七年の満洲王朝の地図に、チベットのラマ僧によって記入されているそうである。

一九三六年のエヴェレスト遠征の途次、ロンブク僧院のラマ僧正が隊員に小冊子をくれた。それは巡礼者向きのもので、いわば日本の社寺などでよく出している「何々縁起」のようなものであろう。西暦六〇〇～八〇〇年ごろの伝説が書かれていたが、その中に Jo-mo- lang-ma という高い雪の山のことが出てくる。これは「貴婦人の雌牛」(Lady Cow)の意だそうである。

さらに、チベットに経験の深いチャールズ・ベルの説によるとエヴェレストの正確なチベット名は Kang Chamolung あるいは Chamolung Kang だという。Kang は雪の意である。この Kang は Kan-gri(雪の山)の略とみていい。Cha は鳥の意、lung は国の意であるから、全体の意は「鳥の国の雪山」ということになる。Cha を Cho(神の意)とするのは、明らかな間違いだという。

エヴェレストの南麓で生まれて、そこで育ったシェルパのテンジンは、子供のころ母親からチョモ・ルンマという名前を教わったといっている。そしてそれは「国の女神」でも「風の女神」でもなく「鳥も越せないほど高い山」の意である。子供たちはそう教えられたと述べている。

ともかく、その意義やスペリングは違うけれど、はなはだ発音の似たチョモ・ルンマというチベットの名前が、この世界最高峰にすでに古くからあったことは、もはや間違いのない事実となった。しかし名前というものは百年間も使い古されると、もう如何《いかん》とも変更しがたくなる。この根拠のある古い美しいチベットの名前も、エヴェレストという流布された名前に取って代わられ、現在ではチョモ・ルンマはエヴェレスト山群総体をさす名となっている。

ところが現在チベットを支配している中国では、決してエヴェレストとは呼ばず、"Jolmo Lungma"を正式の名としている。一九六〇年、中国はこの世界最高峰に登山隊を送ったが、隊長の史占春ははっきりと「この山の正しい名は Jolmo Lungma で、エヴェレストではない」といっている。

〔著者注3〕65ページ　中国登山隊のエヴェレスト登頂の報を私が初めて知ったのは、南アルプスからの帰り汽車の中で見た新聞だった。全く寝耳に水のように驚いた。そして「第二ステップ」を靴下一枚で登ったとか、飲まず食わずに数十時間頑張ったとかいう記事を読んで、本当かしらと疑いの念の生じたのも事実だった。それは私だけでないとみえて、間もなく『週刊朝日』（一九六〇年六月二十六日号）にG氏が「エヴェレスト中国隊の謎」と題し、続いて『岳人』八月号に東蝶二氏が「エヴェレストの奇蹟」と題し、いずれも中国隊登頂の報道を、常識では考えられないものとした。

日本だけでなく、外国でもその信憑性《しんぴょうせい》を疑う声があがった。まず、インドの週刊誌“Thought”九月二十四日号に、カンティン・ポープという人が反撃文を書いた。そんな週刊誌を私が見たわけではない。その要旨が、スイス山岳会誌“Die Alpen”同年十二月号に転載されているのを読んだ。それらの反対の声をいちいちあげるのは煩《わずら》わしいから要点だけを書くと、

一、中国隊が登頂した五月二十五日は、奇《く》しくも同日インド隊が南東稜八六二五メートルまで達して、悪天候のため退却を余儀なくされた。とすればエヴェレストのチベット側も、悪天候だったはずである。

二、中国の頂上アタック隊は五月十七日、ベース・キャンプを出発して、七日間の困難な登高の後、二十三日に第八キャンプを八五〇〇メートルに設けて、それから頂上に立つまでに十九時間苦闘したという。しかもその日の午後八四七〇メートルのキャンプまで戻り、ほんのわずかのものを食べただけで、その夜も下り続けたという。奇蹟以外にこんな

ことが人間に可能であろうか。

三、エヴェレスト最高部分の地理学的記述があいまいである。ルートもはっきりしないし、頂上付近の写真もない。暗かったから撮影できなかったというが、毛沢東の石膏像を頂上に据《す》えつけるために石を拾い集めたという。それくらいの明るさがあったら、写真は撮れるはずである。

中国隊の最初の報告は、同登山隊に参加した新華社の記者郭超人が『亜細亜通信』二九一二号〜二九二〇号（六月六日〜十五日）に掲載したものであった。幾分誇張があったかも知れない。その後隊長史占春の公式報告が"China Reconstructs"（一九六〇年八月、第九巻八号）に発表された。それが翻訳されて、フランス山岳会誌"La montagne"（一九六一年二月号）に載った。それには九葉の写真が添えられている。その一枚に疑いの眼を光らせたのが、ヒマラヤ研究家のディーレンフルトであった。その写真とは登頂からの帰り屈銀華が八七〇〇メートルの地点から撮った北方の遠望であった。"Die Alpen"一九六一年五月号の巻頭に、ディーレンフルトの抗議が出たのを私は読んだ。彼はその写真を図解して、それはエヴェレストの西約一〇キロの空中から撮影されたものであると断定した。

しかし、これはディーレンフルトの誤りであることがわかった。以前に登頂したスイス隊やイギリス隊が、頂上から撮った北方の遠望写真と比較して、屈銀華の写真はエヴェレストの北面から撮ったものに間違いはなかった。しかし、その撮影地点が八七〇〇メートルからであるかどうかは疑問であった。

イギリスの山岳会誌"Alpine Journal"は一九六一年の前期号に史占春の報告を載せた。見識を重んじるイギリス山岳会も、ついに中国隊の登頂を認めた上での掲載かと思ったが、そうではない。報告文と同じくらい長いノートをつけて、その真偽を追求している。それは次のような理由からである。

一、世界中の多くの有名な山岳誌が登頂を否定している。

二、共産圏の筆者はすべてある程度政治的制約の下にあるので、その報告をそのまま信用できない。

三、宣伝的な意図がみえる。すべて宣伝の文章は疑わしいものである。

四、この報告は、頂上近くのルートその他地形の細部、一番肝腎《かんじん》なことにははなはだしくあいまいである。

五、中国隊が頂上に達したのは暗がりだったという。どんなに経験のある登山家でも、暗闇では、ちょっとしたコブでもピークと見まちがうことがある。まして中国の登頂隊員は極端に疲労し酸素が切れ、食べも飲みもしなかったという状態にあった。

中国隊に高所の写真のないことが、何よりの弱味であった。たとえば「第二ステップ」は絶好のカメラ題材である。史占春の報告によれば、彼を長とする偵察隊が五月三日そこで一夜を明かした翌朝は「一点の雲もない」快晴であった。なぜ彼等は写真を撮らなかったのか。中国隊が絶対に登頂しなかったというのではない。しかしその証拠は貧弱である。ノース・コルより上まで行ったことには間違いはない。しかしそれから先の記述が、余りに悲壮がっているだけで、真実と受けとるには余りに大法螺《おおぼら》すぎる。すべて登頂の報告はもっと実際的で正確なことを要する。中国隊の登頂を確かめる唯一の方法は、この次どこかの隊がエヴェレスト頂上に立って、果たしてそこに毛沢東の像があるかどうか見定めることだろう、と『アルパイン・ジャーナル』のノートの筆者は結んでいる。

それに追い討ちするように、同誌一九六二年後期号に、さらに精密な調査が載っている。それは例の屈銀華が八七〇〇メートルで撮った写真と、一九五三年ヒラリーが頂上から撮った同方面の写真とを、同じサイズに引き伸ばして比較し、正確な算数的計算によって、屈銀華のそれはおおよそ八五〇〇メートルの地点から撮ったものと断定している。この高さは「第一ステップ」とほぼ同じ高さで、中国隊の登頂が真実かどうかを疑う人には興味あるデータである。その写真の決め手は、遠望のカルタ・チャンリ（七〇六六メートル）の見え方によるのだが、それをここに述べるには煩雑《はんざつ》すぎる。

こうなるとヒマラヤでは嘘はつけない。各国に熱烈なヒマラヤ信者がいて、新しい報告には眼を光らせているからである。私に不思議なのは、なぜ中国隊が正確で詳細な報告を発表しないかである。インド政府の宣伝省は、一九六〇年のエヴェレスト登山について“Lure of Everest”という一冊の本を出した。正当な報告書である。同じように国家意識の強い、宣伝上手の中国政府がなぜもっと資料の豊富な記録を出版して、世界の疑いを一掃しないのであろうか。

一九六三年エヴェレストに登頭したアメリカ隊は、頂上に毛沢東の胸像はなかったと報じている。しかし、これは確証にはならない。猛烈な風の吹く山頂では吹き飛ばされることもあり得るからである。登頂の何よりの証拠は、もっと詳しい報告である。

コンコルディアから見たK2(撮影=佐藤孝三)

第2章
ケー・トゥー
K2　8611m

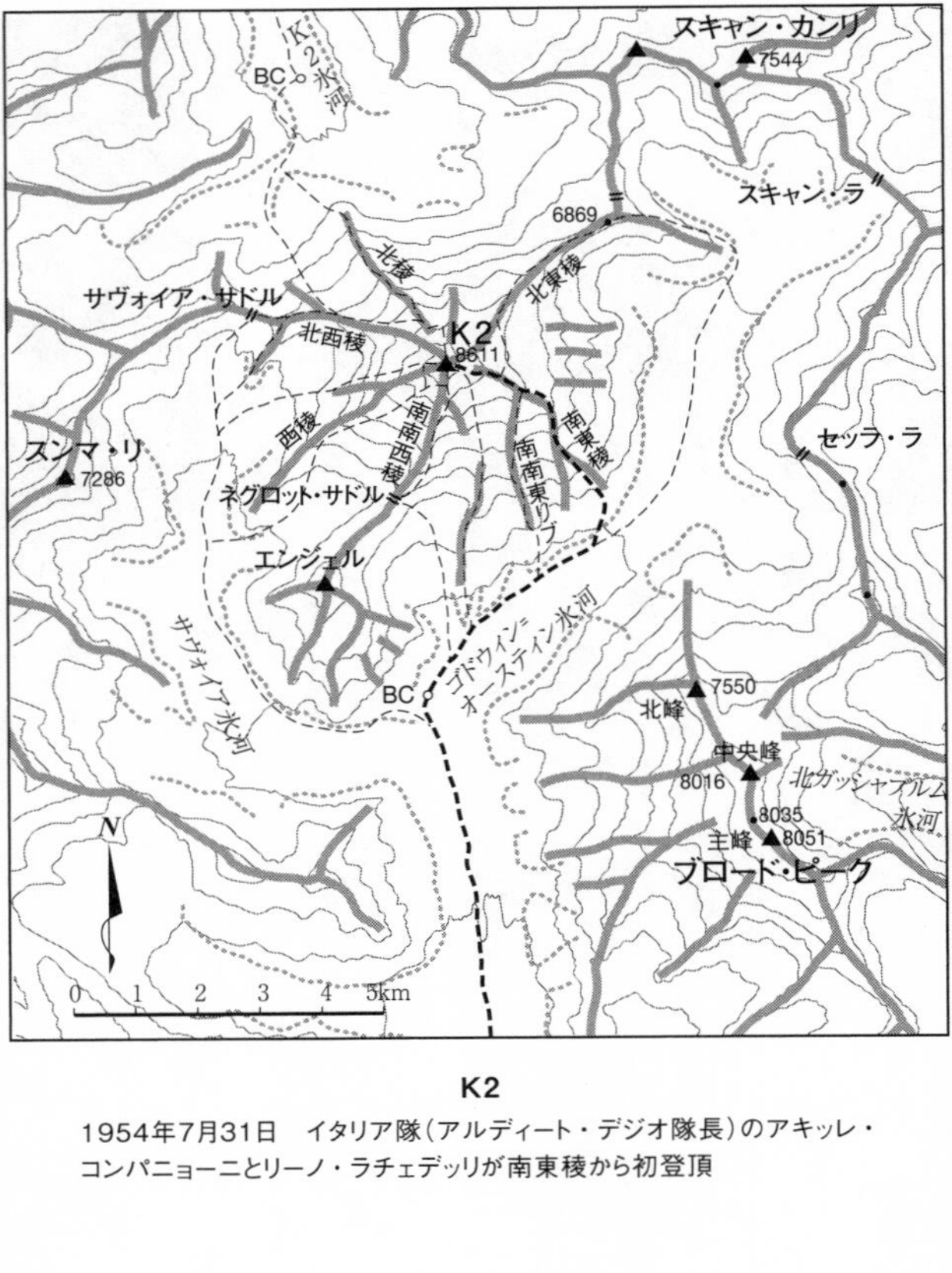

K2

1954年7月31日　イタリア隊（アルディート・デジオ隊長）のアキッレ・コンパニョーニとリーノ・ラチェデッリが南東稜から初登頂

ケー・トゥー　八六一一m

名前というものは人があとからつけたものだが、使っているうちに次第にピッタリしてきて、動かしがたい個性的なものとなるのは不思議である。世界第二の高峰をK2（ケー・トゥーと読む）という。妙な名前だが、慣れてしまうと、この簡潔さもまた独自の風格を持ってきた。いい名である。

もともK2とは名前ではなく、測量の記号であった。インド測量局は、土着の名前の見出せぬ山には、測量記号をつけるだけですました。K2はカラコルム第二号の意である。そのカラコルム第二号が奇《く》しくも世界第二であることがわかったのは、一八五八年であった。エヴェレストと同様、測量の結果を計算しているうちに、八六一一メートルという数字が出たのである。

その測量は、カシミールにあるハラムクという高さ四八七七メートルの山からなされた。そこから遥《はる》か彼方《かなた》に、カラコルムの巨峰群を初めて眺めたのは、工兵士官でありかつすぐれた測量家でもあったモントゴメリー大佐であった。一八五六年のことである。だからK

2を初めて発見した人の名を取って、マウント・モントゴメリーと呼ばれたこともあったが、これは長く続かなかった。世界第二の高峰であることが算出されたのは、それから二年後のことである。

しかしこれは遠距離からの測量の結果であって、実際にその山の領域に近づこうと志したのは、ゴドウィン・オースティンであった。一八六一年、彼はカラコルムに入って、幾つかの大きな氷河を探検し、K2へ達するにはバルトロ氷河を溯《さかのぼ》ればいいことを発見した。彼は偉大な探検家であり山岳家であった。一八八八年にロンドンで王立地学協会の会合があった時、会長はゴドウィン・オースティンの功績を称揚して、K2には彼の名を冠すべきだと提言した。しかし彼はこの山の最初の発見者ではなかったし、大自然に個人的な名前を付すことは避ける方針だったので、その提言は容れられなかった。それでも旧式な地図には、今なおK2の代わりにマウント・ゴドウィン・オースティンと書かれているのを時々見受ける。

世界第一の高峰に、唯一の例外としてエヴェレストという個人名が与えられ、それが動かしがたく一般に流布してしまってから、チョモルンマという土着名が見出されたように、第二の高峰も、後になってチョゴリという土着名のあることがわかった。チョは大きい、リは山、の意である。これはチベットの一方言のバルティ語で、K2がバルチスタン地方にある大きな山であることからいっても、妥当な名前であろう。しかしこの名が採用されるには、あまりにもK2の方が幅を利《き》かしてしまった。それで今では文学的な表現にでも用いられる以外には、チョゴリの名はほとんど使われない。

K2に登ろうとする最初の試みは、一九〇二年であった。それ以前一八九二年に、マーティン・コンウェーの指揮するイギリスの学術探検隊がカラコルムに入り、バルトロ氷河のコンコルディアに達し、そこからさえぎるもののないK2をすぐ眼前に見た。それは足元からてっぺんまで、手に取るように眺められた。しかし荒々しい岩と氷とでよそおわれたその急峻な峰へ人間が登り得ようとは、おそらくその時は考えおよばなかった。ところがそれから十年後の一九〇二年、そのK2に登ろうとする人が出てきたのである。

それはイギリス人のエッケンスタインをリーダーとする一隊であった。彼はその前のコンウェー探検隊にも参加したのだが、その時は病気になってバルトロ氷河も見ずに終わった。こんどはその仕返しである。隊員は、二人のイギリス人、二人のオーストリア人、一人のスイス人から成っていた。皆カラコルムには初見参で、当時としては無理のないことだが、八〇〇〇メートルの岩と氷で装《よそお》われた高峰がどんなものであるか、誰一人委《くわ》しい知識は持っていなかった。それだけにはなはだ楽天的であった。何しろ一九〇二年のことである。カラコルムもヒマラヤも、その遠征にようやく微《かす》かな夜明けの光がさしそめたばかりの頃である。まだそのあたりの山の写真さえほとんど無かった。そんな時代に一挙にK2をねらうなどとは、無謀と言えばあまりにも無謀であった。しかし何も知らないことが、かえってそういう大胆な試みをさせたのかもしれない。

遠征隊は三月三日にヨーロッパを出発して、同月二十日にボンベイに上陸したが、それから途中いろいろ暇を食って、最後の人家のアスコーレを発った時は六月五日になっていた。バルトロ氷河は今でこそ訪れる者が多く、アスコーレからコンコルディアまで四日ほどで達しられるが、彼等はその三倍ほどの日数がかかった。

西から来たバルトロ氷河はガッシャブルムⅣに突きあたり、その突きあたりの平地は、パリの広場の名を取ってコンコルディアと呼ばれている。ここまで来て初めてK2の雄姿が眼前に現れるのである。バルトロ氷河はここで左右に分かれ、左手、K2の山麓へ入りこんでいるのをゴドウィン・オースティン氷河という。一行はその氷河を溯って、K2の足元に第十キャンプをおき、そこを前進基地とした。標高は彼等の計算によれば五七一〇メートルであった。六月二十日のことである。ここで彼等はおくれてくる隊長のエッケンスタインを二週間ほど待った。

最初の計画はK2の南東稜を登るつもりであったが、偵察の結果、それは断念して、もう少し「易《やさ》しくみえる」北東稜を採ることになった。五月の初めからずっと快晴つづきであったが、六月二十日以後は悪くなって、毎日雪が降った。そのためいたずらに日が過ぎるばかりで、十日間にやっと北東稜の下へ第十一キャンプを進め得ただけであった。ここでまた悪天候のため丸一週間留められた。しかしその間に隊員のヴェセレイはゴドウィン・オースティン氷河源頭のコルへ初めて登って、これをウィンディ・ギャップ（現在ではスキャン・ラと呼ばれている。六二三三メートル）と名づけた。「風のあたる鞍部《あんぶ》（Windy Gap）の意である。この時彼はスキーを使用した。彼はオーストリア第一流の登山家であった。

Ｋ２の北東稜へは二回の試登が行われた。その第一回は七月十日で、長い間の悪天候が回復し、一点の雲もない快晴でその日は明けた。隊員のジャコ・ギャルモ（スイス人）とヴェセレイの二人が朝早く出かけた。北東稜中に無名のピーク六八二一メートルがある。まずこれに登って、それから山稜伝いにＫ２の頂上へ達しようというのである。二人は苦労して登って行ったが、そのピーク六八二一メートルまであとわずかの所で、疲労のため引き返さざるを得なくなった。堅い氷の上へ出たのに、うかつな話だが、彼等はアイゼンを持っていなかったのだ。そのため一歩一歩ステップを切って行かねばならなかったので、余計疲れたのであろう。

第二回目は、ヴェセレイと、やはりオーストリアの一流の登山家であったファンルの二人が、今度は北東稜のピーク六八二一メートルとその北にあるステアケース・ピーク（「階段状の峰」〈Staircase Peak〉の意。現在はスキャン・カンリと呼ばれている。七五四四メートル）の間にある鞍部に取りつこうとした。彼等はその鞍部の急峻な斜面の直下にキャンプを設けた。しかしその時天候がまた悪化し、おまけにファンルは病気になった。

彼は気管支炎からまだ十分に治っていなかったのだ。第十一キャンプから医者のジャコ・ギャルモが呼び寄せられた。診断の結果、ファンルは肺浮腫《はいふしゅ》にかかっていた。それからの数日は、病人を下のキャンプへ運ぶことのために費やされた。

その後、荒天と大雪が続き、その上隊員の間に風邪《かぜ》がはやり出したので、ついに総退却ということになった。八月四日、第十一キャンプは引き払われ、バルトロ氷河を休養しながら下って、十九日にアスコーレへ帰った。

こうして一九〇二年のエッケンスタイン登山隊は失敗したが、ともかく彼の望みは大きすぎたのである。さすがに一流の登山家であった二人のオーストリア人は、K2は無理であることを悟って、その代わりにステアケース・ピークへ登ることを隊長に提言したが、容れられなかった。ウィンディ・ギャップからこのピークへの登頂はたしかに可能性があった。もしそこへ全力がそそがれたら成功したかもしれない。そしてその成功は一エポックを画しただろう。当時まだ七〇〇〇メートル以上の山頂に達した者はいなかったのである。

この登山隊はヨーロッパを出発して帰着するまで六ヵ月以上もかかった。隊員のジャコ・ギャルモはその経験を『ヒマラヤでの六ヵ月』という本に書いて出した。この本は、山の標高などに誤謬《ごびゅう》はあるが、しかし今はヒマラヤ文献の古典として珍重されている。K2へのその次の登山隊は、一九〇九年、イタリアのアブルッチ公によって率いられたが、彼はジャコ・ギャルモの著書を読んで、大いに興味をそそられたのだと言われている。

アブルッチ公とはルイージ・アメデーオ・ディ・サヴォイアのことで、イタリア王の従兄にあたっていた。有名な探検家で、すでにアラスカや北極にもおもむき、アフリカではルウェンゾリの初登頂にも成功していた。その彼が多年あこがれの中央アジアに分け入ったのである。彼は実はエヴェレストへ行きたかったのが、政治的理由でそれに近づくことが出来なかったので、その次の高峰のK2を選んだということである。

一九〇九年のこの登山隊は、アブルッチ公指揮の下に有名な地理学者のフィリッポ・デ・フィリッピ、山岳写真家でその作品が今なお珍重されているヴィットリオ・セルラなどが参加し、アルプスの選《え》りぬきのガイドも数名招集された。当時はまだ現在のような有能なシェルパはおらず、ヒマラヤへ行くヨーロッパ人はたいてい御ひいきのアルプスのガイドを連れて行くのが例になっていた。一行は、このガイドをも含めて十二人のヨーロッパ人と、三百六十人のポーターからなる大部隊であった。後年、ヒマラヤの八〇〇〇メートル峰を目ざす登山隊は、たいていこれくらいの組織を持ったが、その大名行列の先例を開いたのが、このアブルッチ公の隊であった。全くプリンスらしい豪華版であった。

登山隊は三月二十六日ヨーロッパを出発した。ボンベイに上陸し、カシミールの首府スリナガールに到着して、そこからキャラヴァンを作って前進、五月の半ばにはバルトロ氷河の入口アスコーレに着いた。一九〇二年の隊が六月中旬から八月にかけて悪天候に悩んだのにかんがみ、アブルッチ公は、五月中にバルトロ氷河に達し、モンスーン前の晴天に登攀《とうはん》を果たそうという計画を立てたのである。

五月二十四日、コンコルディアに着き、二日後、K2の南麓五〇三三メートルの地点にベース・キャンプを設けた。手始めに、二組に分かれて登路を偵察した後、南東に派出している稜を登ってみることになった。それは山稜というより、むしろ岩の骨のような隆起である。K2の南面から東面にかけて、そういう岩の骨が九本ほど数えられる。それに、a、b、c、……g、h、i、と符号がつけられているが、アブルッチ公の選んだ稜はその中のdであった。これら数条の岩の骨は、あるものは途中で消え、あるものは上方で集まって一本になり、南東稜を形成している。この南東稜は後にアブルッチ稜と名づけられ、これがK2唯一の登路となって、その後の登山隊はみなこのルートを採っている。アブルッチ公が最初にこの稜を採ってから四十五年後、イタリア登山隊がその先輩の見つけたルートによってK2の頂上に達したのは奇しき運命である。

しかし一九〇九年には、このアブルッチ稜の半ばまでも達しられなかった。五月三十日、公はガイドとポーターを連れてd稜の麓《ふもと》に行き、そこから岩屑《がんせつ》地帯を登って、その上辺近くの岩壁の下にキャンプした。それから上が困難な岩稜であった。翌六月一日と翌々二日、彼等は出来得る限りの努力をして上へ登ったが、ついにアブルッチ公の命令で断念することになった。最初の一歩から困難には出あったが、絶対に越えられぬ障碍《しょうがい》にぶっつかったわけではなかった。しかしこれから先まだまだ続くこんな嶮しい岩稜を、荷を負ったポーターが行き得るとは思えなかったのである。その到達した最高地点ははっきりしていない。彼等の判断では確実に六〇〇〇メートルを越えたと言っているが、実はおそらく五八〇〇メートルくらいだったろうと想像されている(あるいは六七五〇メートルと見る人もある)。

南東稜を断念したアブルッチ公は、次に、K2の西側にある氷河(この氷河はアブルッチ公の名にちなんでサヴォイア氷河と名づけられた)を溯って六月七日、北西山稜の鞍部(これもサヴォイア・ザッテルと名づけられた)に達して、そこからK2北面の物凄い壁を見ることが出来た。そしてこの方面からの登頂も全く不可能なことが証せられた。

いったんベース・キャンプに引き上げた登山隊は、その次に、一九〇二年のエッケンスタイン隊が探った北東稜を、もう一度よくしらべてみるために、ゴドウィン・オースティン氷河を溯った。氷河上にキャンプを進めて行ったが、途中で大雪に出あったりして、ようやく六月二十四日になって、ウィンディ・ギャップ(スキャン・ラ)の上にキャンプを設けた。そこから登山隊はステアケース・ピーク(スキャン・カンリ)登頂をねらったが、途中の斜面に大きなクレヴァスがあって、それを迂回する方法もなく、ついに六六〇〇メートルの高度で退却を余儀なくされた。この峰はいまだに登頂されていない。

アブルッチ隊のK2登攀の試みは以上のようであった。その貴重な土産として『カラコルムおよび西ヒマラヤ』と題する大冊の本が出版された。たくさんの地図とすばらしい写真のついたこの本は、ヒマラヤに関する多くの文献の中でも、最も名著の一つであろう。

K2は大たい直角に交わる四つの山稜——北西、北東、南西、南東——から成るピラミッド峰であるが、アブルッチ隊に参加した山岳写真家のヴィットリオ・セルラが、各方面から写したK2がこの本の付録についている。約五十年近く経た今日でも、K2の代表的な写真として引用されるのは、たいていこのセルラの作品である。イタリア山岳会には今なおセルラの多数の写真乾板が大切に保存されているそうである。

アブルッチ隊以後、長い間、K2を目ざす登山隊はなかった。バルトロ氷河を溯った隊は若干あったが、直接K2登山を目標とするものはなかった。それはアブルッチ公の遠征の結果、K2は絶対登頂不可能だという印象を世間に与えたためであった。その間に、エヴェレスト、カンチェンジュンガ、ナンガ・パルバット等の八〇〇〇メートル峰に、数回の登山隊が送られたにかかわらず、この世界第二の高峰へは、一九三八年になるまで誰もおもむくことはしなかった。

戦後はそういうことも無くなったようだが、ヒマラヤ登山には一種の仁義のようなものがあって、ある国の登山隊がある山に先鞭《せんべん》をつけ、そしてその山に多くの努力と犠牲を払うと、他の国の登山隊はその山には行かないという礼儀があった。手柄の横取りはしないという気持からであろう。イギリスのエヴェレスト、ドイツのナンガ・パルバットなどが、その好例である。そしてその両峰とも、そのイニシアチブを取っていた国の登山隊が登頂に成功したことは、まず順当と言わねばなるまい。

ある一つの山に払った努力と犠牲の報償として、登頂の栄冠が与えられるものとしたら、K2のそれはアメリカに贈りたかった。何も登山にまで国家意識を持ち出すわけではない。それにアブルッチ公の後輩のイタリア隊がK2登頂を果たしたことは順当とも言える。しかしこの峰の頂上近くまで三回も肉薄し、しかも貴い人命まで捧げたアメリカ隊の功績は、登頂栄冠のかげに色薄れてはなるまい。

一九〇九年以来久しく登山隊を絶っていたK2は、一九三八年になってようやくアメリカ隊を迎えることになった。その隊長はチャールズ・ハウストン、すでにヒマラヤに経験があり、アメリカで最も優秀な登山家で、戦後一九五三年のK2登山の時にも再び隊長となった人である。その下に、四人の熟練したアメリカの登山家と、輸送係としてインド軍隊に勤務のイギリスの一士官が参加した。もうこの時代にはヒマラヤ登山にも経験が積まれ、高所キャンプで率先して働くシェルパも養成されていて、その六人がダージリンから呼び寄せられた。

一行はボンベイに上陸後、スリナガールに行き、そこからキャラヴァンを組んで出発したのは五月十三日だった。アスコーレを過ぎ、バルトロを溯って、六月十二日にはK2の麓に達してベース・キャンプを築いた。ヒマラヤの八〇〇〇メートル峰になると、ただ一回でいきなり頂上に達しられることはめったにない。本当の登山隊がおもむく前に、まず偵察隊の出るのが普通である。ハウストン隊は優秀なメンバーを揃《そろ》えていたが、この年はルート偵察を主な任務とした。ベース・キャンプが定まると、数隊に分かれて登路探求が始められた。K2の四つの稜のうち南西稜は初めからむずかしくて問題にならなかった。北西稜と北東稜は、すでにアブルッチ隊が不可能と認めていたにもかかわらず、アメリカ隊はもう一度自分の眼でそれを確かめずにはおられなかった。しかしその偵察の結果も、やはり同じであった。そこでいよいよ残る南東稜（アブルッチ稜）に全力を傾けることとなった。

偵察のため時日を食って、アブルッチ稜に取りかかったのは、七月に入ってからであった。七月一日、第一キャンプ（五四〇〇メートル）がその稜の下に設けられた。K2が他のヒマラヤの八〇〇〇メートル峰と異なるところは、この第一キャンプの五四〇〇メートルから頂上の八六一一メートルまで、ほとんど平地らしいものがなく、急峻な傾斜で一気に続いていることである。この後の三回の登山隊も、大たい同様のコースを採っているから、読者にはいささか退屈かもしれないが、この登攀を少し委しく述べることにしよう。それはK2がいかに激しい登りであるかを証明することにもなろうから。

前進は常に代わる代わる二人のアメリカ人が先頭に立って登路を偵察し、危険な個所には固定ザイルを取りつけ、その上で荷を負ったシェルパが続くといった順で進行した。第二キャンプ（五八八〇メートル）は七月五日に作られた。次の第三までのルートは困難で、ポーターのための道を作るために数日かかり、何十本ものピトンが打ちこまれ、三〇〇メートル以上のザイルを取りつけ、ようやく七月十日狭苦しい場所にキャンプを設営することが出来た（六三一〇メートル）。第三から上は非常に急峻な脆《もろ》い岩稜で、落石の危険があった。ここで大した事故の起こらなかったのは、むしろ不思議なくらいであった。第三キャンプはこの落石の下に曝《さら》され、そこのテントはその直撃をうけて穴をあけられるという始末であった。七月十三日、第四キャンプ（六五五〇メートル）が高さ二〇メートルのジャンダルムの上に設けられた。

第四から第五まで、わずか一五〇メートルしか登り得なかったことが示す通り、最も困難な場所であった。赤色をした嶮しい岩壁で、そこにほとんど垂直の四五メートルの割れ目が入っていた。この割れ目を隊員のウィリアム・ハウスが四時間かかって乗り切ったので、以後この難所は「ハウスのチムニー」と呼ばれた。第五キャンプは約六七〇〇メートルの地点におかれたが、この両キャンプの間の荷物運搬は全部ザイルで引き上げる始末であった。

嵐のため一日の停滞を余儀なくされた後、翌十八日快晴を得て、第六キャンプ（七一〇〇メートル）が設置され、十九日隊長のハウストンと隊員ペッツォルトはついにアブルッチ稜の上に達した。ずっと急な傾斜を続けてせり上がってきた稜はここで終わってちょっとした台地状をなしている。ここを「肩」と呼んだ。その「肩」の一番上（七七四〇メートル）まで行くには、北東側の角度四五度もある急な蒼氷《そうひょう》の斜面を、足場を切りながら横切って行かねばならなかった。二人はその道を開いてから、追われるように第六へ戻った。その間にほかの隊員もそこへ来ていた。

ここで彼等は最後の決定を迫られた。余された食糧から推して、これ以上の高所キャンプを設けても、それに補給することが不可能だった。その上天候が気遣《きづか》われた。悪くなりそうな傾向がみえた。アブルッチ稜のようなこんな嶮しい長いルートで、ひとたび悪天候に見舞われたらどんなみじめな立場におかれるか、眼にみえている。前進か、退却か。討議の結果、許された安全の範囲内で、行ける所まで行ってみることになった。日数は二日、人員は二名、もしそれでやれなければ、頂上攻撃は放棄するということに決まった。

七月二十日、同僚の手によってアブルッチ稜の上部まで荷が上げられ、その荷を負ってハウストンとペッツォルトは、その日高度約七五三〇メートルまで登り、そこに穴を掘ってテントを張った。これが第七で、この遠征隊の最高キャンプとなった。二人はその晩はよく眠り、翌二十一日勇躍して頂上へ向かって出発した。天気はすばらしく、風もなくあたたかだった。正午頃、二人は一昨日到達した「肩」の一番上に着いた。そこから先頂上のピラミッドの基部までは、氷の破片の散乱した広い雪面であった。二人はそこを通り過ぎてピラミッドの取っつきまで行った。そこの岩の間隙に工合のいい設営地を見つけたが、しかしさらに一夜を過ごす余裕はなかった。ペッツォルトは岩壁を少し上まで登ってみた。彼の到達した最高地点は七九二五メートルであった。そこで二人は頂上に背を向けねばならなかった。これが一九三八年のアメリカ隊のクライマックスであった。

もしこのアメリカ隊が最初登路の偵察に暇取らず、すぐアブルッチ稜に取りかかって、その後打ち続いた晴天を利用していたら、もしさらに強力な食糧の補給があったら、頂上に達したかもしれない。その可能性は非常にあった。ある山岳家は、最後の頂上アタックに彼等がやや慎重すぎて、積極性を欠いたと論じているが、しかし、困難な岩稜の道を切り開いて、Ｋ２のピラミッドの直下まで迫った功績は賞讃に値しよう。ともあれＫ２は登頂し得ることを彼等は立証したのである。偵察の任務を立派に果たしたのである。これを翌一九三九年の第二次アメリカ隊の失策に比較すると、この第一次隊の隊長ハウストンの登山家としての賢明な判断力と処置が、いっそう立派なものに思えてくる。

翌一九三九年、アメリカは第二次登山隊をＫ２に送ることになった。隊長はフリッツ・ヴィスナーで、その指揮の下に五人の隊員と一人の輸送係の士官、九人のシェルパが、登山隊を編成した。どうしたことか、前回参加した隊員は一人もおらず、隊長を除くほか、全部ヒマラヤには初見参であった。

登山隊は五月三十一日Ｋ２の南麓に達し、六月十四日にはもう第一、第二キャンプが設けられていた。天候は前年と打って変わって悪く、そのためしばしば行動が妨げられ、第六キャンプを進めた時は七月五日になっていた。そればかりでなく、隊員の身体に故障続出、三人は行動不能になった。しかしそんなことも知らず、隊長ヴィスナーと隊員ヴォルフは選り抜きのシェルパを連れて、先頭に立って前進していた。十一個の荷が第七キャンプに運び上げられ、二日後にこの二人はさらに五時間半登った所に第八キャンプを立てた。七月十七日、二人はシェルパのパサン・ダワ・ラマを連れて、第九キャンプを七九四〇メートルの地点に設けるために進んだが、深い雪のために行き悩み、ヴォルフは第八に帰り、ヴィスナーとパサン・ダワ・ラマだけが頂上ピラミッドの下の岩場に、小さなキャンプ（七九四〇メートル）を張った。

七月十九日、天気はよく、二人は頂上へ向かった。しかし登攀は非常に困難を極め、岩壁を登る所でパサンは前進を拒んだ。すでに午後六時半になった。ヴィスナーは夜通しでも登るつもりでいたが相手が応じないので、止むを得ず引き返すことになった。その危険な下降の途中、パサンはアイゼンを失くした。第九へ戻ったのは翌朝の二時三十分であった。その日は一日休養し、翌二十一日二人は再び頂上に向かった。前に懲《こ》りてこんどは別のルートを試みたが、アイゼンがなかったために登攀は暇取り、とうとう時間がなくなって引き返さざるを得なくなった。

この登山隊の悲劇は、この二人が第八キャンプまで降りてきた時から始まる。第八にはヴォルフが一人で待っていた。三人はもう一度頂上アタックの食糧補給のため、第七キャンプに下った。その途中ヴォルフがスリップし、ヴィスナーに留められて墜落はまぬかれたが、彼の寝袋を失った。第七キャンプについてみると驚いたことには、中は空だった。

その夜三人はたった一つの寝袋で寝た。翌日ヴォルフがそこに残り、あとの二人が補給品を取りに第六キャンプに下った。ところがそこも空だった。彼等はさらに下った。第二キャンプまでの中間キャンプは全部放棄されていた。二人は第二で惨《みじ》めな一夜を送った後、翌日ベース・キャンプに辿《たど》り着いて事の真相を知った。連絡の不十分と三人の高所キャンプの滞在があまり長かったので、てっきり三人は死んだものと思いキャンプを引き揚げたのであった。

第七キャンプにはヴォルフが一人置去りにされて待っている。これを助けに行かねばならぬ。しかし隊員の中に活躍出来る状態の者はいなかった。第七まで登り得るエネルギーを持った者は四人のシェルパだけだった。七月二十八日、サーダーのパサン・キクリは同僚のツェリンとともに登山史上驚嘆すべき登攀をなしとげた。すなわち彼等は一日で第六キャンプまで約二〇〇〇メートル以上の高度差を、しかも雪と岩との険しい道を登ってしまったのである。途中第四キャンプで待っていた先発の二人のシェルパと一緒になり、四人はその夜を第六で明かし、翌日その中三人が危険な氷の大斜面を横切って第七キャンプに達した。ヴォルフは衰弱し切って、ほとんど立ち上がることさえ出来ない状態にあった。そこで三人のシェルパは彼に食事を作ってからいったん第六に戻った。翌日は悪天候のため救援は果たされなかった。翌三十一日、同じ三人のシェルパがヴォルフ救出のため第七へ出かけた。それが最後だった。彼等は再び帰って来なかった。一人第六に残ったツェリンが急を告げにベース・キャンプに下った。しかし救援に上まで行くことの出来る者はいなかった。行ったところで彼等の死を確かめるだけのことだったろう。

この登山隊はK2の頂上まであと二三〇メートルという地点まで迫った。その手柄は認められていいが、しかし行動や判断には遺憾《いかん》なところがあった。それに反しシェルパの勇敢な働きは高く賞讃された。ことにその中でも勇敢であった、パサン・キクリの無私の行為はヒマラヤ登山史上の美談として、彼の名を不朽《ふきゅう》ならしめた。

一九五三年になって、アメリカ隊は三たびK2に向かった。隊長は第一次の名隊長だったチャールズ・ハウストン、それに六人の登山家と輸送指揮のイギリスの士官が加わり、総計八人の隊であった。大戦後パキスタンが独立したので、ダージリンからシェルパを呼び寄せることが出来なくなった。これは痛手だった。カラコルムの登山にはその土地の者を雇わねばならない。土地の者も訓練次第で有能な高所ポーターに養成し得ることがあとでわかったが、その技術も精神もまだ高峰には慣れていなかった。

一行は六月十九日K2南麓にベース・キャンプを設けた。二十六日から登攀に着手し、前例通りアブルッチ稜にキャンプを進めて行った。第三キャンプから上は、ポーターを使わず、八人の隊員だけで荷を上げた。途中から天気が悪くなり、第八キャンプ設営に成功したのは八月一日であった。攻撃開始以来三十五日経過していた。もうあと第九キャンプを築けば、頂上は目睫《もくしょう》のうちにあった。ところが不運にも、第八に着くと同時にモンスーンが荒れだした。はげしい嵐は二日、三日、四日……と続いた。たった三日の晴天、それさえ得られれば、彼等は勝利の確信を持っていた。吹き荒らされるテントの中で、彼等は無記名投票で頂上アタックの隊員まで決めていた。しかし晴天は来なかった。それのみか八月七日ついに最も惨酷《ざんこく》な打撃が来た。隊員のギルキーが血栓《けっせん》性静脈炎をおこしたのである。状態はきわめて危険であった。登頂か、一人の生命か。問うも愚か、一同は下山に決めた。しかし歩行不能の仲間を、この難路を助け下ろすことは容易なわざではなかった。今まで登頂のために願った晴天を、今度は下山のため願うことになった。が、それがなかなか来なかった。

ギルキーの容態は悪化の一途をたどった。もう猶予は出来ない。八月十日の朝、悪天候のまん中へ八人の隊員が出て行った。ギルキーは寝袋に入れられたまま、ザイルで確保しながらずりおろすよりほかなかった。寒気と吹雪と戦いながら彼等は慎重に下って行った。第七キャンプに近く、新雪で覆われた氷の急斜面を下る途中だった。一人がスリップして落ちた。アッという間に他の者も転落し始めた。結びあっていたザイルがもつれて、皆が引きずられたのである。彼等が奇蹟的に止まったのは、ただ一人転落を免れた隊員がガッチリとピッケルを氷に打ちこんで、ザイルを確保したからであった。我を失った隊員たちもようやく正気に返り、辛《かろ》うじて第七キャンプにたどりついた。ギルキーの体は、すぐあとで助けに来るつもりで、氷に深く打ちこんだ二本のピッケルにザイルで結び留めておいた。しかし彼等がキャンプを整えてから、そこへ戻って来た時には、もうギルキーの姿はなかった。わずかの留守の間に、雪崩は彼の体をピッケルごとさらって行ってしまったのである。

残った七人も惨憺《さんたん》たる状態であった。ある者はひどい凍傷にかかり、ある者は傷を受け、ある者は肋骨《ろっこつ》を折っていた。そしてなおも吹雪の荒れ狂っているアブルッチ稜を下降せねばならなかった。ベース・キャンプにたどり着くまでに五日も要したことをみても、彼等の苦闘ぶりが察しられよう。

一九五四年、K2はついにその不屈の頂上を、イタリア登山隊に譲った。アブルッチ公を先輩に持つイタリア山岳会としては、どうしてもその登頂を自国の名誉にしたく、数年前からその準備に取りかかっていた。そしてパキスタン政府から一九五四年の許可を得た。莫大な費用は国家の補助を受けたが、約一億二千万リラ（一リラは八十銭であるから日本の金に換算すると実に九千六百万円の巨額になる）で前年のアメリカ隊の五、六倍の額になる。隊長は有名な地質学者のアルディトー・デジオで、彼はカラコルムには経験を持っていた。隊員は四人の科学班と、イタリア屈指の山男十一人から成る登攀隊と、それに医師とカメラマンが加わった。

アブルッチ稜に取りかかったのは五月の末であった。例年六月は好天気が続くのに、この年はずっと吹雪が吹き荒れて、登攀は困難をきわめた。そして六月二十一日、第二キャンプで隊員のプショーズが肺炎で急死するという事故に出あった。一同はベース・キャンプに下りて、僚友を手厚く葬った後、再び攻撃にかかった。

アブルッチ稜全域にわたって固定ザイルが取りつけられ、第四と第五の間は手動リフトで荷上げをするという大仕掛けで、次々とキャンプを高所に進め、七四〇〇メートルの堅雪上に第七キャンプが築かれたのは、七月二十五日だった。攻撃開始以来約二ヵ月、そのうちの四十日は悪天候という苛酷な条件の中であった。それから上は五人の推進隊によって、二十八日第八キャンプ(七六三〇メートル)を設置し、三十日には最高拠点である第九キャンプ(八〇五〇メートル)が二人の隊員によって占められた。

第九の二人はその夜はほとんど眠られなかった。後続の者が食糧と酸素補給器を持ってくるはずなのに、それが到着しないのである。翌三十一日早朝二人はルートを下って行くと、その途中で酸素補給器を見つけた。後続の者が第九まで達しられず、そこに置いて行ったものであった。二人は再び第九へ引き返して、頂上へ向かった。午前六時すぎだった。こんな高度になると、アルプスならさして困難でない岩場でも、非常に手こずらされた。進行はのろのろであった。途中で酸素はからっぽになった。予定よりはずっと時間がかかったからである。二人は酸素マスクを取った。そしてあとは意志の力をふりしぼって登高をつづけた。やがて頂上から北に走る稜線に達した。そしてついに頂上に立った。午後六時であった。

頂上で三十分休んで、危険な下降にかかった。あたりを領した暗がりと極度の疲労のため、二人はあやうく命をおとしそうな目にあいながらも、頑張りつづけて、夜の十一時頃、仲間の待つ第八キャンプへたどりついた。

こうしてイタリア隊はK２登頂に成功した。万全の準備と、よく組織のとれた隊員の努力の結果であった。イタリア隊はチームの団結した精神を重んじて、この二人の隊員の個人的な名前は、長い間公表しなかった。それがアチィレ・コンパニョーニとリノ・ラチェデリであることがわかったのは、ずっと後のことであった。

後記　一八六一年八月、ゴドウィン・オースティンはマッシャブルムの一支稜上から初めてK２を眺めた。「空には一点の雲もなかった。アジアの分水嶺上に偉大なピークK２がそびえ立っていた！　――それはカラコルム主脈の貴重な最高点であって、アジアのかくも広大な地域を潤す多くの河は、ここに源を発しているのである。ピークK２の高さは、モントゴメリー大佐の計算によれば、二万八二六五フィート（八六一五メートル）」である。これがK２を間近く見た最初の人間の記録である。Godwin-Austen: On the Glaciers of the Mustakh Range. "Royal Geographic Society, Journal" vol. 34, 1864.

パンペマから見たカンチェンジュンガ北壁（撮影=佐藤孝三）

第3章
カンチェンジュンガ

KANGCHENJUNGA　8586m（旧標高8598m）

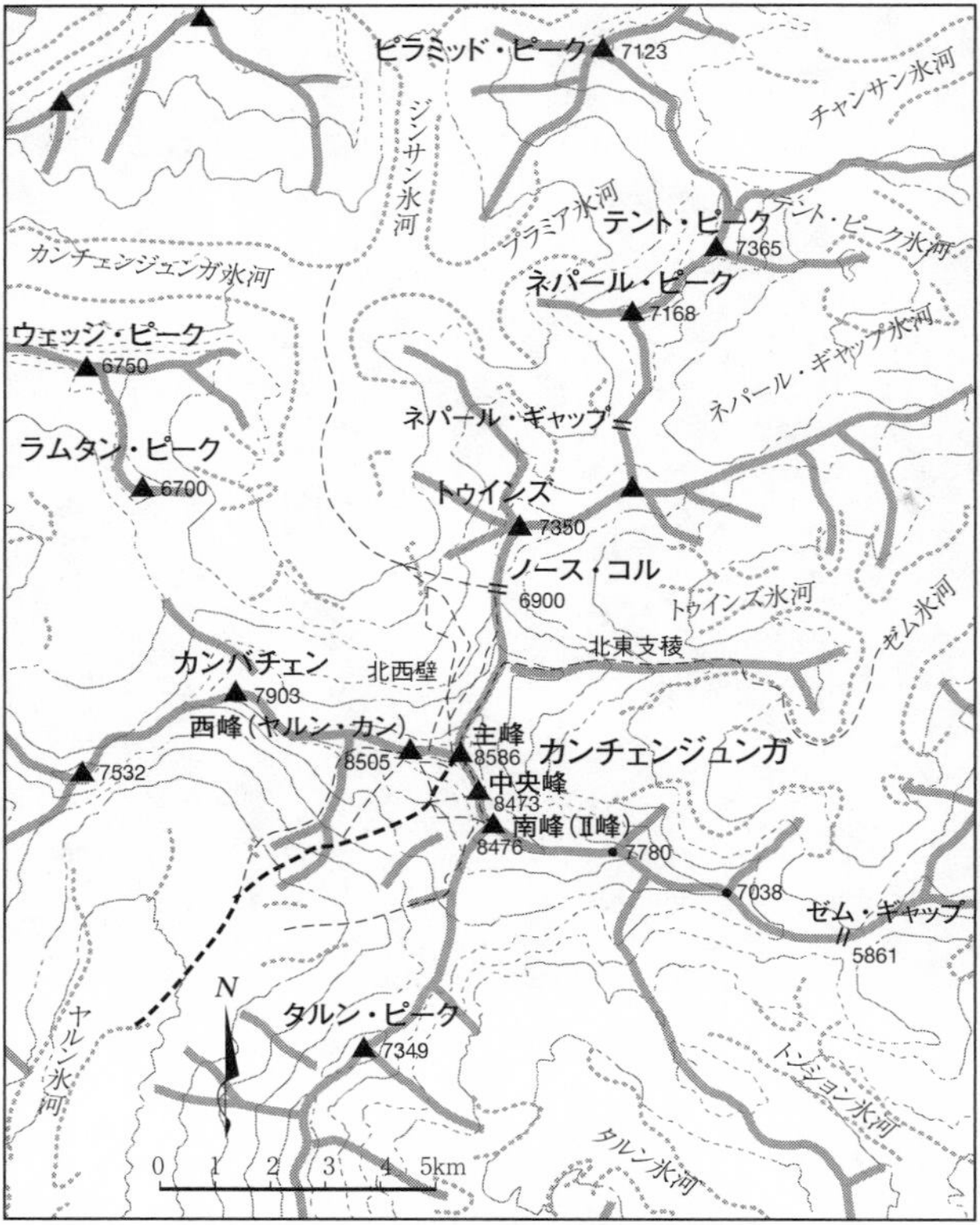

カンチェンジュンガ

1955年5月24日　イギリス=ニュージーランド隊(チャールズ・エヴァンズ隊長)のジョージ・バンドとジョー・ブラウンが南西面から主峰初登頂

カンチェンジュンガ　八五九八m（現標高八五八六m）

ヒマラヤで一番古くから有名になったのは、カンチェンジュンガである。それは世界第三位のこの山が、人間の住む所から一番近くにそびえ立っていたからであろう。インドのダージリンから直線距離にして三〇マイル（約四八キロ）ほど。そしてそこから写したカンチェンジュンガの大観は、ヒマラヤの代表的な写真として多くの本に取り入れられている。インドの暑熱に倦《う》んだ人たちは、保養にダージリンへやってくる。そして未明にそこのタイガー・ヒルに登って、まだ谷々は夜のとばりに閉じこめられている空高く、バラ色に輝く荘厳なカンチェンジュンガの威容に接する。おそらく世界で最も豪勢な観光地の一つであろう。

カンチェンジュンガは長いあいだ世界最高と思われていた。したがって昔から一番よく名前の知られた山である。L・A・ウォッデルはその著書の中で、カンチェンジュンガ（Kangchenjunga）を最も普通の称呼とし、別にキンチンジンガ（Kinchinjinga）、あるいは単にカンチェン（Kangchen）の呼び方のあることを掲げ、レプチャ語のコンロチュー

(Konglochu, 雪の最も高いとばりの意）という名を挙げている。

カンチェンジュンガという名はチベット語であって、四つの語から成り立っていることは、ほとんどすべての言語学者が一致して認めている。すなわちその発音はKang-chen-ju-ngaであって、その際四つの語をはっきりと区切るのだという。Kangは雪、chenは大きい、juは宝庫、ngaは五つ、の意で、つまり全体の意味は「五つの大きな雪の宝庫」ということになる。仏教で言う「五大宝蔵」である。多分この称呼はこの山が五つの大きな氷河を蔵しているという意だろう。あるいは五つの峰と見做《みな》した方が適切かもしれない。

五つの峰とは、東から西に向かって数えて次の通りである。

一、七七八〇メートル峰。ゼム・コルと南峰との間にある一尖峰。

二、南峰（八四七六メートル）。

三、主峰（八五九八メートル）。

四、西峰（八五〇〇メートル）。

五、カンバチェン峰（Kangbachen, 七八五八メートル）。

この「五大宝蔵」に関する伝説は、シッキムの古い教典の中にも取り入れられてあるそうで、この五峰にそれぞれ、金、銀、宝玉、五穀、聖典の五つの至宝が奉安されていると伝えられている。すなわち、主峰は金の宝庫であって、朝夕黄金色に輝くのはそのせいだとされ、南峰が黎明《れいめい》以前に白色の清純な色を放つのは銀の宝庫であるからだ、というふうに説明されている。

ヒマラヤ中で一番早くから探られたのもこの山であろう。すでに前世紀の中頃から自然科学者や探検家がこの山の周辺へ分け入ったが、しかしその険しい頂上に登れようとは誰も信じなかった。初めてその登頂を問題にしたのは、イギリスの有名な登山家であり探検家であったフレッシュフィールドである。彼は一八九九年、カンチェンジュンガ一周という画期的な旅行を果たし、その登攀の可能性と危険性について仔細《しさい》に調べた。彼はその紀行の中で言っている。「いつの日か、ある幸福な者が、この微光を放つ氷壁の上に輝く山頂に達することだろう」。その予言が実現されるまでに五十六年待たなければならなかった。

この山を最初に目指したのは、一九〇五年、イギリス人クローリーをマネジャーとして、一人のイタリア人と三人のスイス人から成る登山隊であった。そのスイス人の中のジャコ・ギャルモは、一九〇二年K2へ行った登山家であり、事実上一行のリーダー格であった。しかし当時としては止むを得なかったとはいえ、彼等がまだヒマラヤ高峰をねらうためにははなはだしく知識を欠いたことは、登山の時期を、モンスーンの真っ盛りの八月に選んだことをもっても証せられる。その上、マネジャーのクローリーというのがはなはだしいインチキ人物で、ジャコ・ギャルモとの間にあつれきが絶えなかった。そんなあれやこれやのことで、この最初の登山隊は次に述べるような惨事を引き起こしてしまった。

一行は八月八日ダージリンを出発し、シッキムから国境を越えてネパールに入り、ツェラムという、たった三軒の貧弱な小屋があるだけの土地に着いたのは、十日後のことであった。彼等はカンチェンジュンガの南西面のヤルン氷河を登るつもりであったが、ここがそのヤルン谷の入口であった。そこからキャンプが進められ、第四キャンプは、氷河の中に島になったモレーンの上に築かれた。荒涼たる高地でしばしば登山家の襲われる、あの心理的な不寛容が、隊の二つの頭、クローリーとジャコの間にはげしくなってきた。隊の調和が乱れた上に、ポーターたちからも不平があがった。クローリーの手落ちから、彼等に供給する靴がなかったので、ワラジで氷河の上を行かねばならなかった。そのため第五と第六との間の氷の斜面で、ポーターの一人が墜死するという事件さえ起こった。

九月一日、第七キャンプが六三〇〇メートルの地点に築かれた。パッへ（スイス人）は寝袋を雪崩《なだれ》で失《な》くして、すでに三晩もそれなしで過ごしたためからだが衰弱して、下へ降ろさなければならなくなった。夕方時刻は遅かったが、ジャコとド・リギ（イタリア人）と三人のポーターが付き添って、パッへを第五まで送ることになった。ジャコが先頭に立って、軟らかい深雪に足場を確かめながら下って行った。三、四〇メートルくらいのザイルで六人を結んでいたのでお互いの間隔は短かった。ふいにポーターの一人がスリップした。あとの者がそれに引きずられ、同時に雪崩を起こした。ジャコは雪の表面に泳ぎ出て、ド・リギを掘り起こしたが、あとの四人は深い雪の下になった。必死の捜索の結果、三日後に全部の死体が発見された。三人のポーターは彼等の慣習に従ってクレヴァスに葬られ、パッへは第五キャンプまで運ばれて、大きなケルンの下に埋められ、平たい花崗岩《かこうがん》に彼の名が刻まれた。

その後長い間直接カンチェンジュンガを目指す者はなかったが、一九二九年になって、不用意な一人の登山家がやって来た。それはファーマーと呼ぶアメリカ人で、彼もまたヤルン氷河を志した。そしてその結果は同じく死に終わった。ファーマーはシェルパをつれてダージリンを出発した。彼はネパールの入国許可を持っていなかったので、こっそりと国境を越え、ツェラムの小部落を避けて通った。ヤルン氷河を登って、一九〇五年の遭難者パッへの墓を見つけた。

五月二十六日、彼は三人のシェルパとタルン・コルに向かって登り出した。ファーマーは暖かく着て居り、アイゼンもつけていたが、シェルパ達の貧弱な足ごしらえでは進めなくなったので、ファーマー一人で登って行った。シェルパは彼を引き留めたが、それを聞かず、立ちこめて来た霧の中を上へ上へと登り続けた。時々霧がはれると彼の姿が見えた。シェルパは引き返すように彼に向かって手を振った。午後五時になってもなお彼の登って行くのが望まれたが、霧に包まれて再び彼を見ることが出来なくなった。夜通し彼の帰りを待ったが、それもむなしかった。

翌朝シェルパ達は彼の足跡の見えるところまで登った。ずっと上の急な雪のスロープに、人の姿をチラリと見た。それは両手をひろげながら痙攣《けいれん》的に動いているようだった、とシエルパは言ったが、どうも怪しい。もし本当にそれが見えたとしても、それは彼等の雪盲のせいにした方が妥当であろう。その日一日待ったが無駄だった。そして二十八日の朝空腹に耐えかねてツェラムの部落に下った。嫌疑のかかることを恐れて、彼等は何も話さなかった。しかし彼等の行動に何等非難すべきものがないことを悟らせた時、はじめて真相を打ち明けた。

こうしてファーマーは氷河の上に消えたが、彼の母は何年もの間彼の帰りを待ち焦《こ》がれた。母は息子がヤルン谷にある僧院に隠遁《いんとん》生活を送っているものと信じていた。その後ディーレンフルトがカンチェンジュンガに赴《おもむ》くことを聞いて、母はアメリカから手紙と電報で、どうか僧院を訪ねてほしいと依頼した。ディーレンフルトは憐れな母を納得させるために、原生林の叢《くさむら》を押し分けて、古いモレーンの上に立っている荒廃した僧院を探し出した。僧院はもう六十年も前から住む人もなく廃墟となり、ヤルン谷に住んだ最後のラマ僧達の墓があるばかりであった。

この最初の二つの試みは、カンチェンジュンガという巨人に当たるには、あまりに貧弱であった。本当に手応《てごた》えのある登山隊がドイツで組織されたのは、一九二九年になってからであった。隊長はパウル・バウアーで、八人の隊員がこれに加わった。ダージリンに到着した一行は、七月末、八十六人のポーターを率いてシッキムに入り、ゼム氷河に向かった。出発後十五日のキャラヴァンで、四五〇〇メートルのゼム氷河の左岸にベース・キャンプを設けた。

カンチェンジュンガの形を簡単に理解するには、四つの山稜によって分けられた四つの氷河を考えればよい。南西面にはヤルン氷河、南東面にはタルン氷河、北西面にはカンチェンジュンガ氷河、そしていまドイツ隊が目指して来たのは、北東面のゼム氷河であった。そのゼム氷河の方へ主峰から北東稜が突き出ている。偵察の結果、彼等はこの北東稜を採ることに決定した。攻撃は八月二十六日に始まり、前進基地としての第六キャンプが四九四〇メートルに置かれた。そこは北東稜の下部で、そこから氷壁がそそり立っていて、登高の困難が始まった。第七キャンプは北東稜の懸崖《けんがい》の下五八三〇メートルの地点に設けられ「鷲の巣」と呼ばれた。テントのキャンプはこれが最後で、それから上の第八、第九、第十キャンプは雪に穴を掘ってテントに代えた。「鷲の巣」から危険な山腹の急斜面をトラヴァースして、山稜に取りつき、それから稜線に沿って進んだが、この登高こそ、もっとも高度の氷雪技術と堅忍《けんにん》不抜《ふばつ》の勇気とを必要とした。

第十キャンプは山稜上の最難関を通り抜けた七〇〇〇メートルに、十月二日から三日にわたって築かれた。三日、二人の隊員は深雪を冒して七二〇〇メートルまで進んだ。稜線上の困難な個所はもう終わったように思われた。山頂まであと二つのキャンプを置けば達しられようと判断した。ところがそれから天候が悪化して烈しい吹雪がまる五日も荒れ狂った。隊員はそれぞれの雪洞《せつどう》に閉じこめられ、稜線上のキャンプは全く連絡を断たれてしまった。その結果は後退するより他なかった。バウアーは退去を命じたものの、せっかくここまで達した努力を放棄するのが残念でならなかった。他の連中は穴から這《は》い出して雪の中を降って行った。

殿《しんがり》のシェルパも恐ろしい天候の中へ出て行った。雪洞にはバウアーだけがまだ決定しかねて残っていた。進むべきか、退くべきか、彼は二つに分裂する自分を感じた。しかし理性は野望に勝った。雪洞の床の上にドイツの国旗を拡げて、バウアーは穴を出て皆のあとを追った。

それからの悪天候を衝《つ》いての数日にわたる退却は容易なものではなかった。途中には危険と困難が待ち構えていた。半身を没する深雪の中を苦闘し、スリップするところを引き止められ、困難の作業の連続で、ついに一行は十月十七日、無事にベース・キャンプに帰着した。彼等の行動を私はわずかの記述で簡単にすましたが、バウアーの登山記録は非常に詳しく、かつ非常に感動的に書かれている。ともあれこのドイツ隊が圧倒的な困難に面して示したところの勇気と成果は、それまでのヒマラヤ登山史で比類のないものであった。ドイツ魂は躍如《やくじょ》として示された。

翌一九三〇年、別の新しい登山隊がカンチェンジュンガに向かった。G・O・ディーレンフルトを隊長とする国際隊で、隊員はイギリス、ドイツ、オーストリア、スイスの四国人から成っていた。前年の北東稜のコースが困難を極めたのを知って、こんどは北西面のカンチェンジュンガ氷河を詰めて、ただちに頂上直下の氷壁を登ろうという計画であった。そしてまた前年の経験に照らして、モンスーン前に行うことになった。三月の末、ダージリンに集結した一行は、三隊に分かれてネパールに向かった。途中ポーターに逃げられたりして手間どり、カンチェンジュンガ氷河の約五〇五〇メートルの高度にようやくベース・キャンプを建設したのは四月二十六日であった。

登山隊は氷河を溯《さかのぼ》って、第一、第二キャンプを設けた。そして五月九日、危険な氷壁を登り、その上のテラス（棚）に第三キャンプを築く予定であった。その日の朝は薄気味の悪い暖かさで、どんより曇っていた。元気な隊員のシュナイダーが、真っ先に出て行った。すぐその後へ重い荷を苦もなげに担いだシェルパのチェタンが続いた。チェタンは初期シェルパのもっとも有名な一人で、一九二一年、二二年、二四年のエヴェレスト登山隊にも参加し、その屈強さを認められ、その後のヒマラヤ登山にもしばしば優秀なシェルパとして招かれた。前年のカンチェンジュンガ登山には、隊長バウアー付きとなって最高キャンプまで登り、目覚ましい働きを見せた。

シュナイダーとチェタンに続いて、あとの一行も出て行った。彼等が出発して三十分ほど後のことだった。突然氷壁から大雪崩が落ちて来た。後発隊は幸運にも雪崩の道を逸《そ》れていたので助かった。しかし先に行った二人はどうなっただろうか。捜索に行った隊員の一人が六〇メートルほど上方でチェタンの片手を見つけた。すぐ掘り起こしたが、もう命は絶えていた。少なくとも一〇〇メートルくらいは雪崩に流されて、氷塊の渦の中で潰《つぶ》されたのだった。頭に重傷を負っていた。無駄とは知りながら一時間以上も人工呼吸を施したが、やはり駄目だった。シュナイダーは奇蹟的に助かった。雪崩が来たのは彼が氷壁の下に達した時で、ズシンと鈍《にぶ》い音がしたと思うと、もう頭上に大きな氷塊の流れの襲って来るのが見えた。死んだと思った。しかし夢中で左へ逃げた。雪崩は五メートルほど彼の傍《そば》を落ちて行った。

一同は第二キャンプへ引き返したが、前よりもさらに大きな雪崩がキャンプを襲って来る可能性が十分あったので、急いで第一まで引き揚げることになった。その前にチェタンを葬った。雪に穴が掘られ、胸の上に手を組んだチェタンの体がその中に置かれた。シェルパ達によって一握りの米が遺骸の上に撒《ま》かれた。告別がすむと素早く穴に雪が掻《か》き込まれた。その上にピッケルを打ち込み、一同は黙然と第一キャンプの方へ降って行った。今日のシェルパの名声を作り上げた最初の功労者であったチェタンは、こうして世界でもっとも大きな圏谷《けんこく》の一つに静かに眠っている。

チェタンの死をもって北西面の氷壁は放棄され、計画を変え、今度は北西稜を登ってみることにした。これはひどく幅の狭い急峻な山稜で、両側は一〇〇〇メートル以上も一気に薙《な》ぎ下ろした絶壁になっており、稜線上は険しい岩場の連続で氷に覆われていた。こんなルートにポーター達の通れる道を開くということは全く不可能なことであった。登攀を断念して五月二十日ベース・キャンプに帰った。

一九三一年、パウル・バウアーは再びカンチェンジュンガに戻って来た。一九二九年登山隊に参加した五人の他に新しく四人が加わった。この前のにがい経験にもかかわらず、モンスーンの最中からその後の時期を選んだのは、彼の予定の長期戦にはモンスーン前の好天では不十分と判断したからであろう。装備も食糧も前よりは潤沢《じゅんたく》で、ゼム氷河のベース・キャンプまで運搬するのに二百人のポーターを要した。七月十四日までに第六キャンプが強力に作られ、すべての攻撃態勢が成った。しかしそれから先のコースには思いがけない変化があった。岩は元の通りだが、氷雪の状態が見覚えのないほど変わっていた。これはヒマラヤでは普通のことである。

第七キャンプへの道は、落石と雪崩のために、とくに危険となっていた。午前十時以後の通行は、岩や雪がゆるんで安全ではなかった。第七キャンプ「鷲の巣」は七月十九日に築かれ、八十個の荷物がそこに運び上げられた。「鷲の巣」から山稜に取りつく道は、ポーターの通れるようにするまでに、多量の氷雪をどかさなければならなかった。二十二日になってやっと稜線に達した。ところが予期しない別の障碍《しょうがい》が現れた。気候が暖かくなって雪が腐り始めた。せっかくつけた道がところどころ壊れ、中間キャンプが必要となった。しかし山稜上には平らな土地がなかったので、小さな露営用のテントを張る場所を、雪面を刻んでこしらえた。湿度の高い天候はさらに別の不幸を惹起《じゃっき》した。すべての人が悪寒に襲われた。隊員の一人は坐骨神経痛を病み、ポーターの大勢がおたふくかぜにかかった。

八月八日、第八キャンプへの道が開かれた。翌九日、山稜上の第八へ食糧その他を運ぶために、一行は中間キャンプと「鷲の巣」を同時に出発した。隊員のシャラーは二人のシェルパとザイルを結んで第二隊となった。稜線に取りつくまでには、急傾斜のスロープを横切らねばならなかったが、その途中の岩溝を登攀《とうはん》中のことだった。三人の中央に居たシェルパが突然スリップした。それに引きずられて先頭のシャラーももろともに、真下のゼム氷河に落ちて行った。三番目にいたシェルパは確保に安全な岩の傍《そば》に立っていたが、いかに丈夫なザイルとはいえ真っ逆様に落ちて行く二人の体重を支えることは出来なかった。ザイルはプッツリ切れた。

このアクシデントに驚いた一同は前進を中止して、それから後の数日は、岩溝の底まで下りて遺体の収容とその埋葬に費やされた。遭難者の募を作るために、ゼム氷河に浮かんだ孤島のような岩が選ばれた。葬式は八月十四日に行われた。大きなケルンが築かれ、そのあたりの花を摘《つ》み集めて編んだ花輪がその上に飾られた。三〇〇〇メートルの高さに、カンチェンジュンガの峰頭が陽に輝いていた。三羽の鷲が一同の頭上で大きな円を描いた。ヒマラヤニストの永遠の臥所《ふしど》としてこれほど満ち足りた場所はなかった。

埋葬が終わると彼等は再び攻撃を開始した。八月二十四日に第八キャンプが築かれた。ベース・キャンプ到着以来すでに二ヵ月近く経過していた。一九二九年に較べて稜線上のコンディションは極めて悪かった。困難な前進を続けてキャンプは順次に高められ、第十一が七三六〇メートルの地点に雪洞を掘って設けられた。そこで一夜を過ごした二人の隊員は、翌九月十七日、約七七五〇メートルの北東稜上の最高地点に達した。ところがそこから山稜は約七〇メートルほど落ち込み、それからまた約一五〇メートルほど高くなって、主稜（北稜）に接続していた北東稜は特別技術的にむずかしそうには見えなかった。しかしその山稜に取りつく雪の斜面がはなはだ危険に思われた。

その日は委《くわ》しい偵察が出来なかったので、翌日三人の隊員がその鞍部《あんぶ》まで下り、そこに第十二キャンプの雪洞を掘るつもりで出かけた。しかし雪の斜面ははなはだしく危険で、そこを試みるのは自殺行為に等しかった。そこにはらんでいる雪崩の危険を取り除いたり、迂回路を発見したりすることは出来なかった。ついに断念するより他に術《すべ》がなかった。撤退は十九日に始まり、天候に恵まれて順調に運び、二十七日には打ち揃ってゼム氷河に下りた。一同は前進基地の第六キャンプに入る前に、シャラーの墓に訣《わか》れを告げるために立ち寄った。彼等はしわがれ声のザラザラした咽喉《のど》で「グーテン・カメラーデン」をうたった。

以上のような数回の登山の結果から、カンチェンジュンガはもっとも困難な山と見なされて来た。ゼム氷河からも、カンチェンジュンガからも、恐ろしい障碍が行く手を阻《はば》んでいた。ヤルン氷河は人を寄せつけないものと判断されていた。タルン氷河は主峰に取りつくには距離が遠くて不適当であった。カンチェンジュンガはこの堅固な防壁に守られて難攻不落を誇って来た。それが一九五五年ついに落ちた。その攻撃路は、長い間見捨てられて顧みられなかった「古典的ルート」ヤルン氷河であった。一九五五年のイギリス登山隊が出発するまでに、すでに二回のプライヴェートな隊がヤルン氷河を探っていた。その第一回は一九五三年春のレウィスとケンプの偵察隊で、ヤルン氷河を登って、第四キャンプを六九〇〇メートルの地点まで前進させ、カンチェンジュンガ南西稜（ネパールとシッキムの国境尾根）の約七三〇〇メートルの地点に取りついた。彼等はそこで戻ったが、近距離からカンチェンジュンガ南西面の氷壁を眺めることが出来た。その様相の一番顕著な特徴は約七三〇〇メートルの高度に谷筋を横断して氷のテラスがある。これはグレート・シェルフ（大きな棚）と呼ばれ、この大テラスに立つことが出来ればそこから主稜に達するのは大して困難でもないように見えた。ただ一番肝腎なのはヤルン氷河とその大テラスの間の個所で、棚から下は絶えず雪崩にさらされ、一五〇〇メートルをすべり落ちる雪屑は一マイル以上にわたって下のヤルン氷河を埋めていた。

そこで問題は、この難場をいかにして乗り切って、棚の上に出るかであった。そのグレート・シェルフの向かって左側から、一条の長いアイス・フォールが下っていた。それは上部と下部に分けられ、その中間に長さ約一マイルの水平の部分が横断していた。一九五四年の春、前年のケンプが隊長となり、五人の隊員より成る非公式の偵察隊が、ヤルン氷河を登って、このアイス・フォールを乗り切る可能性があるかどうかを探査した。一行はグレート・シェルフまでは達しなかったが、そこへ取りつくルートを発見して帰ってきた。

一九五五年の春イギリスは、ケンプのもたらした貴重な報告に基づき、その提案するルートを試すために、さらに強力な登山隊を送ることになった。こんどは徹底的にアイス・フォールを踏査し、もし出来得れば頂上まで登る予定であった。表向きは慎重に偵察隊と称せられたが、事実は偵察以上の魂胆のあったことは識者の間ではすでに知られていた。登山隊は総勢九人から成り、うち六人はヒマラヤの経験者であった。隊長はチャールス・エヴァンズで、彼は一九五三年のエヴェレスト登山隊の有力なる一員であった。シェルパ隊のサーダーはダワ・テンジン、彼は屈強な山男で、エヴェレスト登山では酸素なしで二度もサウス・コルへの荷上げを果たし、多年イギリスの登山家にその素朴な性格を愛されていた。マカルーのニュージーランド隊でサーダーを務めたのも彼であった。

登山家の意気込みはその装備にも表れていた。エヴェレスト登山で使用されたものがさらに改良され、食糧計画にも大きな改革が試みられた。エヴェレストで用いた高所食糧は、一人一日分を小さな真空包装にして携行したが、この方法だとハムは好きだがチーズは嫌いだという隊員は、ハムばかり食べてチーズは捨ててしまう、という結果になりやすい。

そうかと思うと他のテントではその反対である。そこでこんどは「選り好みの出来る」趣旨のもとに、嫌いな食糧はそれの好きな隊員の方に廻し、お互いに融通の利《き》くように改善した。

一行は三月中旬ダージリンを出発した。三百人以上のポーターの運ぶ大量の荷物の約半分は食糧が占めていた。というのは一行の旅程は最初から作物の出来ない荒廃した地域を通過しなければならなかったからである。シッキムが入国禁止になっていたので、インドとネパールの国境のシンガリラ尾根を辿《たど》ってネパールに入り、出発後十日間のキャラヴァンの後に、ヤルン谷の基地ラムサに到着した。

そこでまず隊員を三つのパーティに分けて、別々の任務に従って行動を開始することになった。一隊は山越えして隣村へ食糧を買い出しに、一隊はヤルン氷河を詰めて予定したルートの下検分に、残りの隊はポーターを指揮してベース・キャンプ予定地へ荷上げ作業に当たることになった。そして一週間後には、一同高所順応を終えて、この基地で再会する手筈《てはず》を決めた。ベース・キャンプはアイス・フォールの裾に築く予定であった。しかしこの最初の試みは、大型の重いテントを二〇〇メートルも吹き飛ばした猛烈な風に遇って失敗に終わった。このような高所へ登るには、三月下旬ではまだ早すぎたのである

しかしその日を境として日一日と春らしくなり、谷筋も通過が容易になって来た。そこで彼等はまず一九五四年のケンプ隊の提案したルートを探査した。その結果は、ケンプの

ルートは、荷を背負ったポーターが通うにはあまりにも危険なので、放棄することになった。そして幸いにも別の偵察によって、下部アイス・フォールの上に出る他のコースのあることが発見された。

四月二十六日、下部アイス・フォールの西にある「ロック・バットレッス」（岩の胸壁）の脚部に、ベース・キャンプ（五五〇〇メートル）の建設を終わった。この位置は一九〇五年パッへの遭難したところで、その墓場の近くであった。第一キャンプ（六〇〇〇メートル）はその岩尾根の西斜面に設けられた。第二キャンプ（六二五〇メートル）は「ロック・バットレッス」の上、上下二つのアイス・フォールの中間に築かれた。五月四日、六六七五メートルの地点に第三キャンプの場所が選定された。そこは上部アイス・フォールの中程に当たっていた。

それから五月十一日までの一週間は第三キャンプへの荷上げに費やされた。毎日八名のシェルパが一人のサーブ（隊員）に引率されて、ベース・キャンプから第一キャンプ、第二キャンプを往復し、さらに第二から第三へ折り返し運搬に従った。こうした補給によって第三キャンプは、大テラスへ進むための基地として役立つ準備が整えられた。五月十二日、上部アイス・フォールを着実に登って、七一六〇メートルの地点に第四キャンプを作った。翌日「グレート・シェルフ」へ達するルートが発見された。思ったよりもやさしい道だった。カンチェンジュンガの西稜のすぐ下に、大きく鎌形に岩をえぐり取ったような個所がある。これは「シクル」(鎌)と呼ばれ、遠くから望んでも顕著な痕跡である。その右側を登り、第五キャンプ(七七〇〇メートル)を設ける地点に達した。

五月十八日から十九日にかけて、第三から第五への荷上げに加わった一人の若いシェルパのペンバ・ドルジェがクレヴァスに墜《お》ち、救い出されて第三キャンプに帰ったが、数日の後、脳血栓症で息を引きとった。

五月十九日夜から大吹雪となり、それが六十時間も続き、各キャンプ間の活動を不可能にしてしまった。二十二日の朝には風は相変わらず激しかったが、すっかり晴れ上がった。第一頂上アタック隊とその支援隊は、第五キャンプに入り、一日置いて二十四日、酸素器具を使って、午後二時八〇〇〇メートルの地点に第六キャンプを築いた。アタック隊のバンドとブラウンをそこに残して支援隊は下に降った。

五月二十五日、ついに頂上に立つ日が来た。二人は朝八時十五分に第六を出発し、ウェスト・コルへ這い上がっている岩溝を真っ直ぐに登った。途中ルートを見誤って一時間半ほど損をしてしまった。ウェスト・コル直下約一〇〇メートルの所で岩溝を右手へ抜け出て、頂上へ続いている雪面に向かった。コルと頂上の間の西尾根に達したのは午後一時であった。そこから多くのステップを切り、突出した岩を乗り越えて二人は登高を続けた。技術的にはさしてむずかしいところはなかった。岩場が現れて登路を阻んだ。しかしその岩の右手に六メートルばかりの割れ目が走っていたので、それに沿って登った。およそ一メートル半ばかりの雪の円頂があった。それがカンチェンジュンガの頂上であった。二人はその手前数歩の所で足を止めた。それはダージリン出発前に地元民と取り決めた約束に従って、神聖な山の最高点を踏むことを遠慮したのであった。時刻は三時に近かった。しばらく休み、写真を撮ってから二人は下山にかかった。一時間半ばかり降りると酸素が切れたので、器具を捨てた。第六キャンプに下り着くと、第二アタック隊のハーディとストリーザーが待機していた。

　翌二十六日第二アタック隊の二人は八時半に出発した。天気は快晴で寒かった。前日の隊の作ったステップを辿って行くので比較的楽に進み、頂上には午後零時半についた。二人はそこで一時間ばかり休み、その間酸素マスクを外し、食事を摂《と》り、たくさんの写真を撮った。

　こうしてカンチェンジュンガの堅塁はついに落ちた。成功の大きな原動力は、シェルパも含めて隊員全部がただ一つの目的のために利己心を捨てて、全く一体となって行動したことにある、とエヴァンズ隊長は語っている。

チュクンから見たローツェ南壁（撮影＝佐藤孝三）

第4章
ローツェ

LHOTSE　8516m（旧標高8511m）

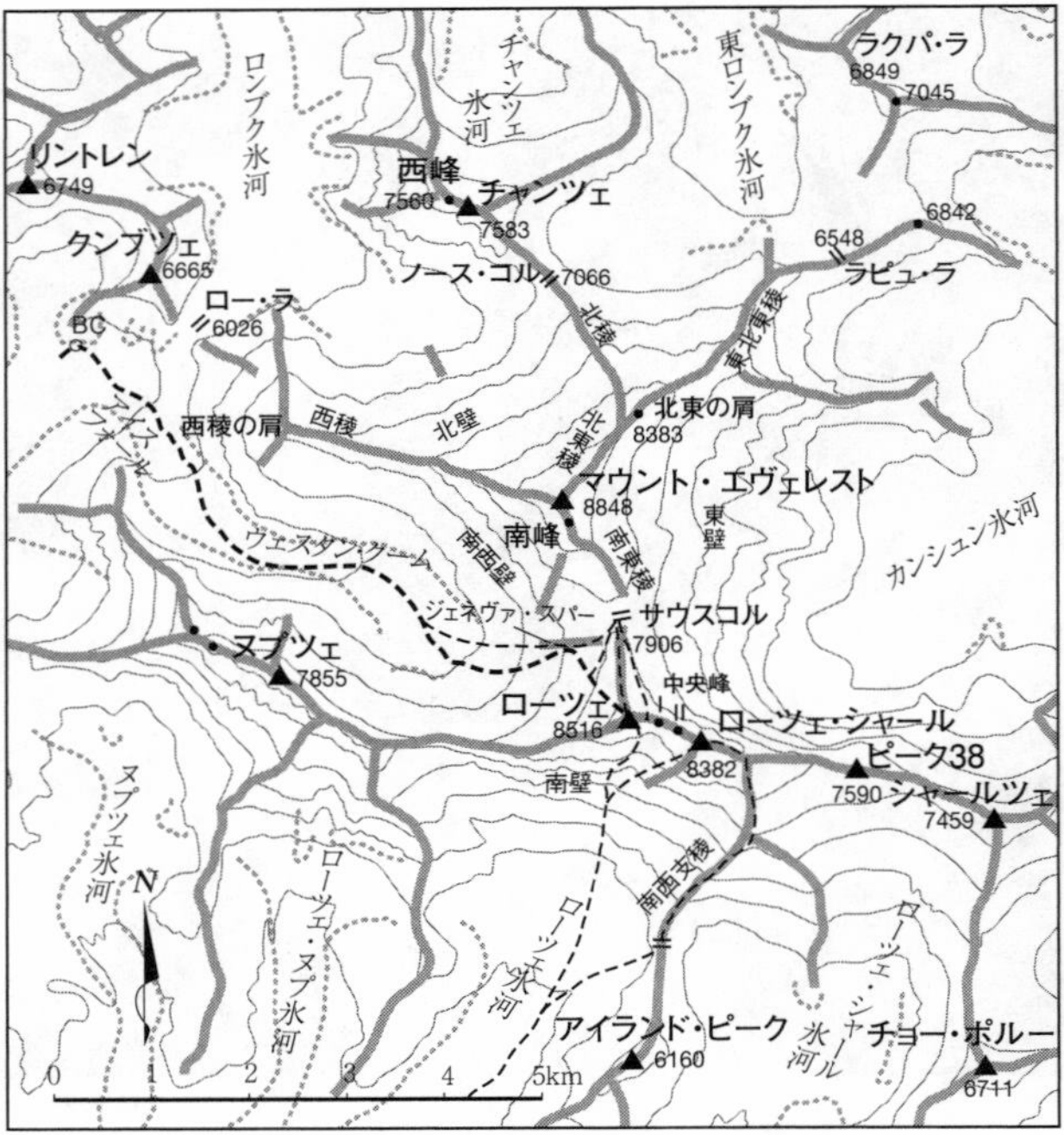

ローツェ

1956年5月18日　スイス隊（アルベルト・エグラー隊長）のフリッツ・ルフジンガーとエルンスト・ライスが西面のローツェ・フェースから初登頂

ローツェ　八五一一m（現標高八五一六m）

ローツェは世界第四位の高峰だが、すぐそばにエヴェレストという巨人が立っていて、それに仕える謙虚な一峰という感じが、この峰を派手な英雄にしないのだろう。それにすでにサウス・コル（エヴェレストとローツェをつなぐ鞍部《あんぶ》）まで登られてしまったのだから、ローツェ登山はその八分までが成されたことになる。

ローツェという名はチベット語で南峰の意である。ローは南、ツェは峰、つまりエヴェレストの南にあたる峰である。同様にヌプツェ（ヌプは西の意）は西峰であり、エヴェレストの北にはチャンツェ（チャンは北の意）すなわち北峰がある。これらはエヴェレストを中心とした衛星峰であって、独立孤高の姿に乏しいところから、今まであまり注意されずにきた。しかし何といってもローツェの高度は世界第四位である。この頂上に立ってみようという試みは、エヴェレストが落ちた後の一九五五年におこった。ノーマン・ディーレンファースが隊長となって国際登山隊を組織した。この隊長は、有名なヒマラヤ研究家G・O・ディーレンフルトの息子で、のちに一九六三年のアメリカのエヴェレスト隊長になった人である。

ノーマン・ディーレンファースの引率した国際登山隊には、オーストリア人二名、スイス人二名、アメリカ人三名が参加した。一行はナムチェ・バザールからクンブ氷河を溯《さかのぼ》り、アイス・フォールを突破して西クウム盆地に入り、そこからローツェの斜面を登った。頂上へのアタックは九月の末と十月十五日の二回にわたってなされたが、オーストリア人のエルンスト・ゼンが八一〇〇メートルに達したことをもって終わった。それ以後、荒天が続き、退却を余儀なくされた。

一九五六年、ローツェ、および再度のエヴェレスト登頂を志す登山隊がスイスで組織された。隊長にはアルバート・エグラー博士が選ばれた。隊員は十一名、最年長者は四十七歳、最年少者は二十八歳である。いまこの隊の平均年齢を取ってみると、三十五歳強になる。ヒマラヤ登山に最適の年齢は、普通二十八歳から三十五歳くらいまでとされている。二十歳代は馬力はあるが、高所の長い滞在と境遇の変化に対して耐久力がない。ヒマラヤのようなスケールの大きい登山には長続きがしない。その上、ヒマラヤ登山は体力だけでは十分でない。ある意味で人間ができていなければならない。とかく高山の苛烈《かれつ》な境遇に幾日もおかれると、隊員の気持が神経的に高ぶっていらいらし、そのため隊の和合の乱されることが今までにもしばしばあった。

もちろん例外はある。二十代ですばらしい働きを示した人もいるし、四十歳以上で壮者をしのぐ頑張りを見せた人にいたっては、ザラにある。エヴェレストへ行った時のハントは四十三歳、チョ・オユーに登頂したティッチーは四十二歳、マナスル登頂の今西壽雄は四十一歳、その他、スマイス、シプトン、ティルマンなどのヒマラヤのヴェテランも四十歳以上になっても活躍した。古いところでは、初期のヒマラヤ探検登山に少なからぬ業績を残したアメリカのウァークマン夫妻などは、夫婦そろって四十を過ぎてからカラコルムに入り、それから十数年間にわたって活動した。総じて隊長には年配の人が選ばれてきたのは、登山隊の統率にはやはり年功が物をいうからであろう。一九二二年のエヴェレスト隊長のブルース准将は五十六歳、K2登頂のイタリア隊の隊長デジオ博士は五十七歳、わがマナスル隊の槇《まき》隊長は六十二歳、先年ネパール・ヒマラヤのアピ（七一三二メートル）に登った登山隊は、何と七十一歳のギリオーネを隊長に持った。

一九五六年スイスのローツェ隊の隊長エグラーは四十三歳であった。一行がパサン・ダワ・ラマをサーダーとする二十二名のシェルパと、三百五十名のポーターを率いて、山麓旅行の終点ナムチェ・バザールに到着したのは、三月二十一日。そこから少し先のティアンボチェ僧院のある所に根拠を移した時、隊員の一人が盲腸炎になった。イギリスのエヴェレスト隊にならって、一行はこの付近の高地で訓練と高所順応をするつもりであったが、急患がでたためその計画に重大な支障を来した。しかし手厚い介抱で病人は立てるようになった。それを機にベース・キャンプ設営に前進を始めた。クンブ氷河を溯《さかのぼ》り、今度のベース・キャンプは前の諸隊のそれよりも、もっと快適な場所を探して、そこに置かれた。

次の仕事は難関のアイス・フォールであった。これは隊員が幾組かにわかれて、毎日順繰りにあたることになった。初めのうちアイス・フォールそのものは予期したほど急峻ではなかった。まずその中途に第一キャンプ（五八五〇メートル）を設けた。しかしだんだん上へ行くほどむつかしくなってきた。一番上のクレヴァスを突破するのにまる三日もかかった。そしてそのクレヴァスに四メートル半の梯子《はしご》をかけ渡して、その上部の六一五〇メートルの地点に第二キャンプを築いた。それから上にもなお大小のクレヴァスがあり、そこには橋をかけ、急峻な所には固定ザイルを取りつけた。彼等はローツェの斜面でビヴァーク（野営）する場合を考え、その時氷の穴を掘るために、爆薬を五〇ポンド用意してきていた。その爆薬の半分がここで危険なセラック（氷塔）を打ちこわすのに役立った。こうしてアイス・フォールに安全な道ができ上がった。

西クウム盆地の第三キャンプ（前進基地）は、イギリスのエヴェレスト隊の第四キャンプより少し高い位置におかれた。第四キャンプ（六九五〇メートル）はローツェの斜面の直ぐ下におかれた。このキャンプが設けられるや、ただちにその急峻な斜面に道を開きに取りかかった。数多くのステップが切られ、通過した道にはほとんど全域にわたってザイルが固定された。三日目に第五キャンプ（七五〇〇メートル）設営、これはイギリスのエヴェレスト隊の第六と第七の中間に位した。そこから「ジュネーヴ人の支稜」（サウス・

コルから西クウムに下っている岩稜）に向かってほとんど水平にトラヴァースした。ローツェの頂上から約五〇〇メートルの大きなクーロアールが斜面に下っている。登頂のルートはそれである。そこでそのクーロアールの下に第六キャンプ（七八七〇メートル）を設けた。ところがそのテントを張るとすぐ天気が悪くなった。それまで三週間快晴続きだったのに、はげしく雪が降りだしたのである。五月十日、彼らはローツェ斜面から退却せざるを得なくなり、前進基地（第三）やベース・キャンプまで下った。しかしこれはずっと働きつづけてきた隊員にはいい休養になった。それまでベースにいたサーダーのパサン・ダワ・ラマが発熱して、ナムチェまでおろさねばならなくなり、それに数人のシェルパが付き添って行ったので、荷上げに支障を来したのは、隊として迷惑なことであったが、パサン自身にとってもこれは大へん不運なことであった。彼はローツェとエヴェレストに登るつもりでいたのである。そして成功の暁《あかつき》には、ソロ・クンブの若い娘を妻に貰うことにしていた。だがこのパサン・ダワ・ラマは、すでにチョ・オユーの登頂に成功して第二夫人を獲得していた。すると今度彼が結婚するつもりだった娘は第三号だったわけである。第二号は妊娠中だったという。彼は口癖にしていたそうだ。

「なあに私のダージリンの家は広いから、三人くらいおいたって平気ですよ」

天気は悪かったが、残ったシェルパを使って、ベースから第四まで酸素器具の荷上げをした。そのうち少しずつ空はよくなってきた。天気の保っている間に、彼等は快速に頂上をアタックすることになった。斜面に簡単な巻上げ機をすえつけて、第六まで荷を上げた。五月十八日の朝は非常に寒く、風があった。にもかかわらず、ライスとルフジンガーの二人は、九時に第六を出発して頂上に向かった。彼等はクーロアールに向かって登り、その岩溝の中へ入った。岩溝の中途へんは非常に狭くなって、雪はたった三〇センチの幅しかなかった。岩にハーケンを二本打って、そのむつかしい個所を切り抜けた。それからは岩溝は広くなったが、こんどは雪面が不規則になり、一分に四リットルの酸素を吸ったが、それでも疲れを感じた。にもかかわらず二人は登高を続けた。緑がかった岩のステップを越えると、約六〇度の傾斜を持った雪の頂《いただき》が待っていた。慎重に歩を進めて、ついに二時四十五分、ローツェ頂上に達した。頂上は尖《とが》っていて、その上に乗ることができなかった。一メートルほど下の堅い雪に大きなステップを切って、そこに立った。

世界第四位はこうして落ち、スイス隊は引き続いて、隣のエヴェレスト登攀を行った。二回にわたって彼等は比較的容易にその頂上に立った。ああ、これが三年前、まだエヴェレストが未登頂の時だったら、どんなに騒がれたことだろう。処女峰でないということに、世間はかくも冷淡なものであるか。

マカルーBCから見たマカルー西壁（撮影＝佐藤孝三）

第5章
マカルー

MAKALU　8485m（旧標高8481m）

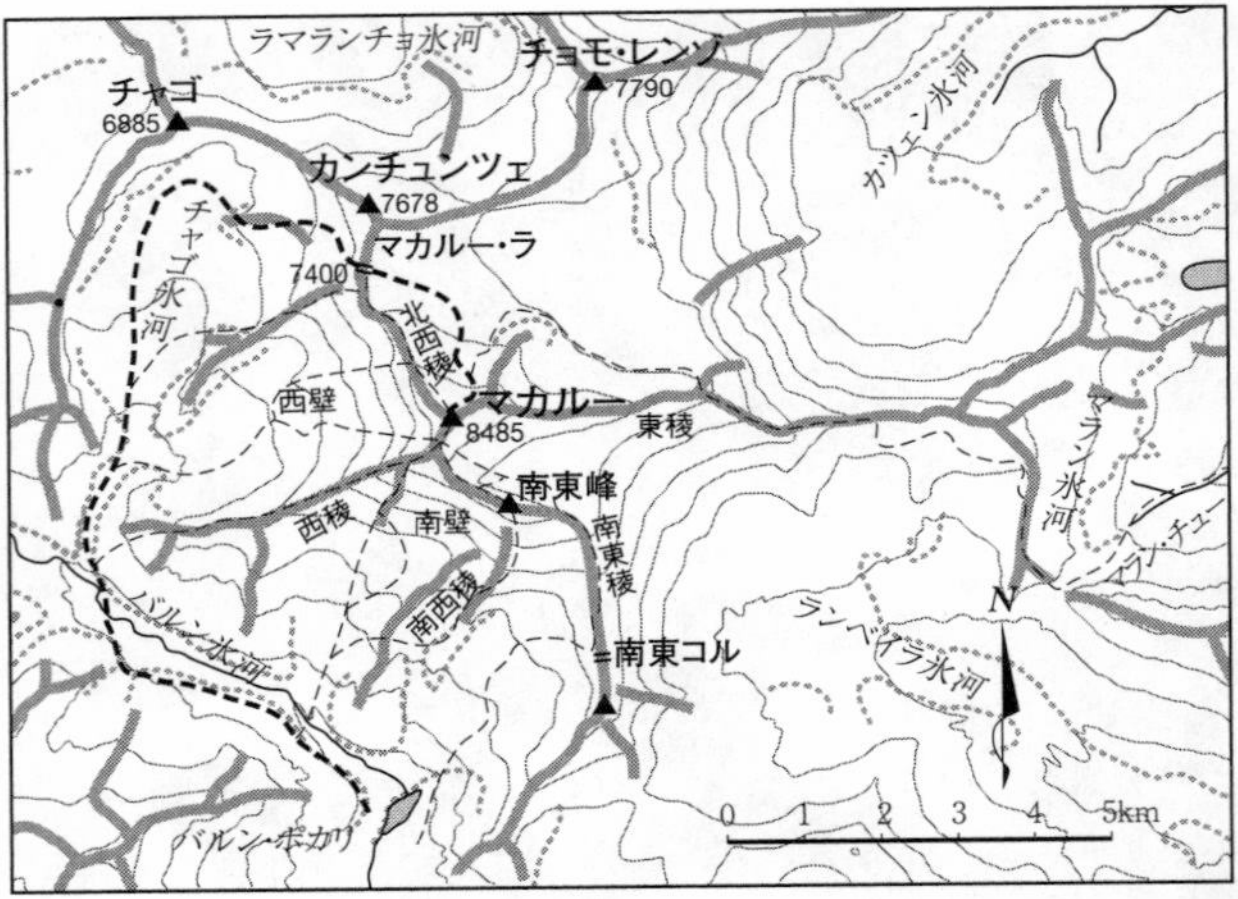

マカルー

1955年5月15日　フランス隊（ジャン・フランコ隊長）のジャン・クジーとリオネル・テレイがマカルー・ラ経由、北西面から初登頂

マカルー　八四八一m（現標高八四八五m）

ヒマラヤの山へ登るのに、自国の国旗を携帯し、頂上に立ってその旗をかざす習慣はいつから出来たものだろう。それはあとで述べることにして、そういう行為を確固たるものにしたのは、一九五三年イギリスのエヴェレスト初登頂に違いない。テンジンが旗をつけたピッケルを片手で高くかざした写真は、世界周知のものとなり、一種のパターンを作った。その後の八〇〇〇メートル峰登頂者はたいていそれを踏襲している。

もっとも中にはつむじ曲がりもいた。チョ・オユーのヘルベルト・ティッチー、彼の登頂は八〇〇〇メートル登攀《とうはん》史の中でも最も独特なものだった。第一、オーストリア隊と名乗っているものの、それは彼の個人的な隊であった。隊員わずか三名で、隊長のティッチーは四十二歳、八〇〇〇メートル峰の登頂者としては最高年齢である。第二、八〇〇〇メートル登頂には必須《ひっす》とされている酸素を使わなかった。第三、八〇〇〇メートル峰登頂はすべてモンスーン前になされたが、チョ・オユーだけはモンスーン後に行われた。

はなはだ独創的である。したがって彼は頂上でも前人の真似をしたがらなかった。こう書いている。

「われわれは習慣になっている頂上での写真を撮った。この写真がこの日の出来事を証明する唯一のものであることを知っていたにもかかわらず、こうした写真を撮ることにほとんど気が進まず、いささか不機嫌にならざるを得なかった」（傍点筆者）

その時の写真がある。三人が登頂して、一人は撮り手に回ったから、写っているのはテイッチーとパサン・ダワ・ラマの二人である。ダワ・ラマに旗のついたピッケルを持たせ、彼はその横に立っている。私の心なしか、いささか仏頂面《ぶつちようづら》をしているようにみえる。

イギリスの登山家には元来つむじ曲がりが多く、人目を引く行為や誇らしげな写真はあまり好かないのだが、なにしろ世界最高のエヴェレストであり、長い苦闘の歴史を持つ山であったから、ああいう写真を残したのも無理ないことだろう。

私は頂上で旗を振るのが悪いというのではない。いや苦労の末から得た頂上ならば、自然の感情としてそれは当然だろう。『岳人』連載の加納一郎さんの随筆を毎月私は楽しみにしているが、いつかの号に加納さんもそれを万歳説として是認されていた。頂上で旗を高くかざすのは、万歳を叫ぶのと同じ感動からである、という説であったと記憶する。

それにヒマラヤの頂上での写真は、登頂の物的証拠としても大切なもので、ヘルマン・ブールがナンガ・パルバットの頂上で、ただ一人くたくたに疲れていたにもかかわらず、ピッケルの柄に旗を結びつけてそれを撮ったのは、彼も言う通り「この写真の持つ意義がどんなに重大なものかよく知っていたからである」。もしその写真がなかったら、常識ではちょっと考えられない彼の超人間的な頑張りの登頂は、疑いを持たれたかもしれない。そのいい例は中国のエヴェレスト登山である。中国隊がいかに言い張っても、頂上での確定的な写真がないために、その登頂は不信を招く破目になった。なにも頂上で国旗を振りかざしている写真でなくても、絶頂であることが確認できる地物（例えば背景の山）が写っていればいいのである。

八〇〇〇メートル峰の頂上で人物のいる写真がないのは、カンチェンジュンガだけである。この世界第三の高峰（ある記録では二位）に初登頂したのはイギリス隊で、一九五五年五月二十五、二十六両日にわたって、それぞれ二名の隊員が頂上に立った。二回目の時は四周晴れ渡って風もなく、ゆっくりと一時間近くも腰をおちつけて、喋《しゃべ》ったり食べたりした。写真も撮った。記念撮影もしたかもしれない。しかし彼等の詳細な報告の中には、国旗を持って写したとは一行も書いていないし、そんな写真もまったくない。

そこがおもしろい。世界第三位の高峰である。他の国の登山家であったら、大威張《おおいば》りで国旗をふりかざしたであろう。そんなことをしないところがイギリス隊らしい。アルパイン・クラブの伝統にはそういうところがある。マムであったかと思うが、彼の時代にはまだアルプスには初登攀のルートが幾つもあった。彼は頂上近くまで登っても、頂上は踏まなかった。新記録を作って騒がれるのが嫌だったからである。人によって見方はあろうが、よしあしではなく、趣味として私はこういう態度が好きである。

近年日本から盛んに海外の山へ出かけるが、どの山であれ、頂上に立てばすぐ日の丸の旗をかざして写真を撮る、それが作法のように思われているふうがある。愛国的精神の表れであろうか。それとも旗好きなのであろうか。

いったいヒマラヤで最初に国旗を頂上に立てたのは、どの国であろうか。戦前登頂された高峰には、ナンダ・デヴィ（七八一七メートル）、カメット（七七五六メートル）がある。前者は一九三六年ティルマンとオデルによって登られた。ティルマンと言えば、つむじ曲がりの中のつむじ曲がりだが、彼は人物のいない頂上の写真しか発表していない。後者は一九三一年、スマイス、シプトンなどによって登られた。旗など立てなかった。その代わりに頂上で隊員のホールズワースがパイプをくわえている写真がある。これは高所での喫煙のレコードを示すものであった。

これにつぐ高峰は一九三二年アメリカ隊に登頂されたミニャ・コンカ（七五八七メートル）、隊員二名が頂上に達して三十枚ほど写真を撮ったが、その中に、逆さに立てたピッケルに星条旗を結びつけ、それを支え持っている写真がある。

ミニャ・コンカは西康〔注〕の山だから、ヒマラヤの範疇《はんちゆう》には入らないかもしれない。ヒマラヤ・プロパーとしては、それに続くものに、一九三〇年のジョンソン・ピーク（七四七〇メートル）、一九三四年のシア・カンリ山群（七三二二メートル）がある。両方とも

G・O・ディーレンフルトの率いた国際隊である。どちらの頂上にも旗は翻されなかった。ソヴェトは戦前、スターリン峰（現在はコミュニズム峰、七四九五メートル）、レーニン峰（七一三四メートル）に登頂して、前者にはスターリン、後者にはレーニンの胸像を据えたというから、これは国旗以上かもしれない。お国がらである。

一九三六年日本の立教隊はナンダ・コット（六八六七メートル）に初登頂の功をあげて、日章旗と立教の校旗を翻して万歳を三唱した。おそらくこれがヒマラヤの頂上に国旗の現れた最初であろう。当時のわが国の国情として、あらゆる目出たい場合に、日の丸の旗と万歳は欠かすことの出来ない風習であったことを、思い出さねばならない。

頂上に自国の国旗をかざすのが、あたかも必須事のように例になったのは戦後である。それは各国間に八〇〇〇メートル峰争奪戦のようなおもむきを呈したことも原因だろう。先に書いた通り、カンチェンジュンガを除いて全部の八〇〇〇メートル峰に、それぞれの登頂隊の国旗をかざした写真を、われわれは見ることが出来る。

しかしもう充分ではないか。ヒマラヤの山の上まで国旗を持って行く必要もないだろう。自国の祭日には旗も立てないで、山でだけかざすのも、おかしな話である。頂上は、ただそこへ登ったという感激と、自分たちだけの記念撮影で充分ではないか。

仕合わせな家庭と同様、仕合わせな登山は面白い話に欠けている、とマカルー登山隊長のジャン・フランコは言う。この世界第五位の登頂に成功してフランスに帰ってくると、報道陣はしつこく彼に向かって、何かアクシデントが無かったか訊《き》き探ろうとした。彼は答えた。

「残念ながら何もありませんでしたよ。クレヴァスに落ちたこともなければ、テントを押し流す雪崩《なだれ》にも遭《あ》わなかった。八〇〇〇メートルの上でも、モンブランの頂上と大した違いはありませんでしたよ。われわれは九人とも頂上に立った。三日のうちに三度成功したのです。征服なんてものじゃありませんよ。足が冷たいとさえ思わなかったんです」

新聞記者たちはさぞがっかりしたことだろう。登山物語というものは、何かゾッとするような事件か、手に汗を握るような冒険でもないことには、一般大衆にはあまり興味のないものである。会心の登山というものがある。私のような一小登山家でも、たまにはそれに恵まれることがある。一つの事故もなく、万事が思惑どおりトントン拍子《びようし》に運ぶ。天気運もよく、体も好調子だ。持って行った品物も十分に役を果たし、心に何のわだかまりも残らない。満ち足りた気持で山を後ろにする。登山者にとってこれこそ会心の「完璧《かんぺき》な登山」であるが、ただ人に吹聴《ふいちよう》するような土産話には欠けている。

完璧な登山は得がたい。八〇〇〇メートル峰の登頂でそれに近いものは、イギリス隊のエヴェレストと、フランス隊のマカルーと、日本隊のマナスルだったと私は思う。ヒマラヤ登山の成否を決定する天候に恵まれた幸運はあったにしても、完璧な登山には、それだけの十分な下ごしらえがそろっていた。打つべき手は一つ残さずぬかりなく打たれていた。登山隊の心組みにおいても、なにか成功を予感させるようなものがあった。

マカルーという山が注目されだしたのは、三十年も前からであった。イギリスの第一次エヴェレスト登山隊が持って帰った写真に、間近に眺めたマカルーがあった。それは実に胸のすくような鋭い稜線を持った秀峰だった。が、まず第一の課題はエヴェレストにあったので、マカルーは当分問題の外におかれていた。しかし、一九五三年エヴェレスト登頂が果たされると、全世界のヒマラヤニストの眼がこの山に集まったのも当然だろう。

一九五四年、三つの登山隊がマカルー周辺に入りこんだ。その第一は、アメリカのカリフォルニア隊である。ウィリアム・シリ隊長を含めて十人の隊員より成る一行は、三月の中頃インドとネパールの国境、鉄道の終点であるジョグバニに到着し、そこからトラックでテライ地帯を横切り、ダラン・バザールに着いて、アンタルケーをサーダーとする十四名のシェルパと合流した。約四百名のポーターによって七トン半の荷が担《かつ》がれ、山地に向かってキャラヴァンが始まった。四月五日、マカルーの南壁を距《へだ》たること二キロ半、バルン谷のモレーン（氷河上の堆石）の上にベース・キャンプ（四七〇〇メートル）を設けた。最初の予定では、マカルーの北西稜に登路を見出すつもりであった。ところがいま眼前に、もう一つの可能なルート、南東稜が注目された。そこで二つのパーティに分かれて、この両ルートを偵察することになった。偵察の結果は両山稜のいずれとも決めがたかったが、南東稜の方が距離が近く、困難さはあったがいくらか有利に思われたので、この方へ主力を注ぐことに決めた。四月十八日から攻撃が始まった。第一キャンプ（五〇〇〇メートル）はその山稜から落ちているアイス・フォールの下端の小湖のほとり、第二キャンプはアイス・フォールを登って五五〇〇メートルの地点、そして第三キャンプ（六四〇〇メートル）が南東山稜上のコルの少し下に建てられたのは四月二十六日であった。このコルから稜線伝いに頂上に向かって、まず六七〇〇メートルの地点に第四キャンプを作る予定であった。ところがそれから天候が悪化し、暴風雪と寒気とが前進をはばんだので、ひとまず下に降りて気力を回復することになった。ベース・キャンプに戻ると、そこにニュージーランド隊が到着していた。

ニュージーランド隊はヒラリーを隊長とする十人から成り、そのうちヒラリーとエヴァンズとロウの三人は、前年のエヴェレスト登頂隊で殊勲をたてた猛者であり、またヒラリーとエヴァンズは一九五二年チョ・オユー試登の帰途、バルン谷を偵察して、その時からすでにマカルーに眼をつけていた。しかし一九五四年のマカルーはカリフォルニア隊に許可がおりていたので、ニュージーランド隊はバルン谷周辺の綿密な測量をし、その周辺の山に登って遠くからマカルーの登路を偵察することになった。彼等は三月の末ジョグバニに到着、カリフォルニア隊のあとを追ってアルン川を溯《さかのぼ》る十六日間のキャラヴァンの途についた。山地に着くと三隊に分かれてそれぞれの仕事についたが、ヒラリーの率いる本隊はバルン谷に入り、カリフォルニア隊のベースより少し下に彼等のベース・キャンプを設けたのであった。すぐ頭上三五〇〇メートルの高さに、夢幻的な岩尾根と氷壁とを持ったマカルーが、圧するようにそびえ立っていた。その巨人を眼前にして二つの隣り組ができ上がった。

ヒラリーの本隊はバルン氷河を詰めて、約六〇〇〇メートル級の無名峰に偵察のために登ったが、そこで奇禍が起こった。夕方隊員のウィルキンスとマクファーレンがクレヴァスに落ちた。前者はようやく逃れ出たが、後者は打撲《だぼく》が強く身動きもできなかった。ベース・キャンプから救援隊が馳けつけて、夜の闇と寒気の中に救助作業を続けたが成功せず、マクファーレンはクレヴァスの中で一夜を送った。翌日ようやく救出されたが、すでに半死半生の態になっていた。

カリフォルニア隊は五月五日ふたたび南東稜攻撃に取りかかった。第三キャンプに荷が上げられ、そこから山稜上約六〇〇〇メートルのコブに取りつこうと数回試みたが、悪天候と技術的なむつかしさと頻繁《ひんぱん》に起こる雪すべりのために、中途までしか達しられなかった。とうとう六七〇〇メートルの地点に、険しい氷の中腹に穴を掘って第四キャンプを築いた。しかしうち続く吹雪のために前進がはばまれ、再びベース・キャンプに退却を余儀なくされた。

一方ニュージーランド隊は、分散したパーティがベース・キャンプに集結し、マカルーの北西稜に登路を見出すために、五月九日、六人の隊員は十四名のシェルパをつれて出発した。バルン氷河上に第一キャンプ（五二〇〇メートル）、それからマカルー氷河を登って第二キャンプ（五八五〇メートル）、第三キャンプ（六四〇〇メートル）を前進させた。マカルー主峰と第二峰とを結ぶ北西稜上にコルがあって、そのコルがマカルー登頂のキー・ポイントであることを、彼等は以前から観察していた。ただこのコルに取りつくのが全行程で一番厄介《やっかい》な場所であった。第四キャンプが六七〇〇メートルの地点に築かれ、コルを攻略するために、第五キャンプが築かれる段取りとなった。そこへ予期せぬ故障が起こった。ヒラリーが数週間前クレヴァスに落ちたマクファーレンを救い出す際肋骨《ろっこつ》に傷害を受けたが、その後の経過がよかったので、五月十六日、第四キャンプまで登って来た。ところがその夜彼の症状は悪化したため、隊員の全力をあげて助け下ろさねばならなくなった。そしてついにコルの攻略が放棄された。カリフォルニア隊の南東稜最後の攻撃は五月十九日に始まった。再び山稜上に第五キャンプを進めようと努力の末、六月一日悪天候の中に苦しい登攀を続けて、七〇五〇メートルの突起に達してそこにキャンプを築いた。彼等はさらに山稜上を少し進んだが、嵐と深い雪のために撃退された。しかしこの南東稜ルートは、天気さえよければ登攀不可能ではないという見通しをつけた。

こうして一九五四年春のマカルーの二つの山稜による試登は完成せず、同年の秋フランス偵察隊の登場となる。これは翌年春の登頂に備えた偵察であって、ジャン・フランコを隊長として五人の第一級のクライマーが選ばれた。彼等は八月二十三日ジョグバニを出発し、六トンの荷を携えて、九月半ばにマカルー直下のバルン谷にベース・キャンプを設けた。一行は高所順応を兼ねて、九月下旬から十月初旬までに、六〇〇〇メートル級の峰を八座も登頂した。それらの峰からの観察の結果、マカルー登頂は、北西稜のコルを越えて北面からアタックするのが最良であると確かめられた。そこで一行は第一、第二とキャンプを進め、第三キャンプを六四〇〇メートルの地点に前進基地として設けた。雪崩の危険のため第四キャンプの適当な場所を見つけるのに苦労したが、それも建設され、十月十五日ついにコルに達して、第五キャンプが吹き曝《さら》しの場所に建てられた。十八日から二十六日にかけて、さらに上へ第六キャンプを設けようと幾度も試みたが、嵐と寒さのために成功しなかった。その間にマカルーII（七六六〇メートル）とチョモ・レンゾ（七七九七メートル）の両峰に登頂した。三十日二人の隊員が激しい嵐の中を第五からマカルーに向かって、最終の攻撃を試み、七八〇〇メートルの高度まで達したが、それを最後として上部キャンプの撤収が始まり、十一月二日一同ベース・キャンプに帰った。

以上のような前哨戦《ぜんしょうせん》の後を受けて、翌一九五五年マカルーはついにその頂上を人間に明け渡すことになる。こんどの隊長も同じくフランコで、七人の隊員と二人の地質学者と一人の医師が参加した。シェルパは前年秋の十一名の他に新たに十四名が加えられ、サーダーは前回に引き続きギャルツェン・ノルブであった。

荷物は九トン、最新の装備を用意し、酸素器具はもちろん、一五〇〇メートルの射程の雪崩誘発砲まで持った。バルン谷に「マカルー・ホテル」と呼ばれた快適なベース・キャンプが設けられたのは四月の初め。この「マカルー・ホテル」はその後シェルパの一人が盲腸炎にかかった時、手術室に早変わりした。キャンピング・テーブルがつなぎ合わされて手術台となり、隊員たちは助手と看護婦の役を仰せつかった。医師ラプラスがメスを握った。虫様突起がなかなか見つからず、手術は夜半から四時までかかった。外には雪がうすく積もっていた。夜明けの光が射しこんできた。五〇〇〇メートルの高所の手術は成功した。シェルパは生命を取りとめた。

登山隊ははじめの三週間を高所順応と攻撃準備のために費やした。隊員たちが周囲の山に訓練登攀を行い、高所順応の能力を徐々に確実に得ている間に、シェルパたちは第一キャンプを進めた。五月五日から攻撃が開始された。第三キャンプは五月七日に完成され、約三トンの食糧や装備がそこに運ばれた。そこから上は傾斜が急になり、コルの断崖は大部分は氷で覆われていた。この難関突破には波状攻撃法が用いられ、シェルパをつれた二名の隊員より成るアタック隊が、順繰りにつぎつぎとこれに当たった。方針として決して七〇〇〇メートル以上に泊まらず、アタックごとにできるだけ下のテントまで降りて英気回復につとめたので、彼等は常に最上の健康状態を保ち、山は一歩一歩攻略されて行った。八日、第四キャンプが築かれ、翌九日コルに達して第五キャンプ。

頂上アタックの態勢は万事整った。第六キャンプがマカルーの北西面七八〇〇メートルの地点に設けられ、五月十五日クジーとテレーが先陣を承《うけたまわ》った。完全な天気に恵まれ、一点の雲もなく、頂稜でさえ風がなかった。十二時二人はついに八四八一メートルの頂上に達した。その日第二アタック隊のフランコ、マンニョヌ、ギャルツェンの三人が第六キャンプで成功の二人の帰りを待った。二人は差し出された熱い茶を何杯も飲んだ。

「むつかしかったかい？」

「なあに、アルプスと同じだ。半日仕事さ」

「岩稜は？」

「険しい、しかし大したことはない」

「最後のリッジは？」

「頂上へ着くまでが瘠《や》せている。だが雪はよかった。頂上は鉛筆の尖《さき》みたいだぜ」

翌日第六の三人は酸素を使って頂上に登った。そよとの風もない快晴であった。マカルーの頂上は尖《とが》っていて片手で包めるくらいであった。そんなに鋭く突き立っているので、ザイルで確保してやっと立てるくらいであった。頂上にはフランスの旗とネパールの旗が翻った。

その翌日ブーヴィエ、クーペ、ルルー、ヴィアラットの四隊員が二組に分かれて、また頂上に立った。こうして全員登頂という、ヒマラヤには前例のない仕合わせな登山を遂げた。

一九五八年までは日本にはまだマカルーを近くから見た人はなかった。ところが、それから十年の間に、多くの日本の登山家がこの山に接した。すぐその麓《ふもと》まで行った人もある。その最初は一人ぼっちのヒマラヤの旅をした向後元彦君で、一九六二年の秋彼はポーターを一人連れただけでバルン氷河に入り、マカルーの真下まで達して、飽《あ》くことを知らずその巨大な山容を眺めた。次は一九六四年春の立教隊、同じくバルン氷河に入り、マカルーの下にベース・キャンプをおいて、バルンツェ（七二二〇メートル）に試登し、ペタンツェ（六七三〇メートル）に登頂した。

ナムチェ・バザールからイムジャ氷河を溯り、氷河周辺の高みからマカルーを眺めた日本人は、数える煩《はん》に堪《た》えないほど多い。それのみか、日本山岳会東海支部はマカルーの新ルートによる登頂を計画し、その許可まで得たが、出発を前にしてネパール政府の登山禁止令に出あった。

フランス隊の初登頂後六年間、マカルーは登山隊を見なかった。一九六一年になって、初めてヒラリー隊が現れた。しかし頂上はすでに踏まれている。新しい試みで登りたい。そこで酸素なしでこの八四八一メートルの山頂に立とうという企てになった。

分かり易く簡単にヒラリー隊と言ったが、正式名は「ヒマラヤ科学および登山遠征隊一九六〇～六一年」と呼ぶ。隊は三つの主な目的を持っていた。第一は謎の雪男の捜索、第二は五〇〇〇メートル以上の地に越年して高所生理学の研究、そして第三が酸素なしのマカルー登山であった。

一九六一年三月、すでに第一と第二の任務を終了し、マカルー登山の途に就《つ》こうとしていた。彼等が越年したのは、イムジャ・コーラの支流ミンボ谷の奥の氷河上、ちょうどアマ・ダブラムの南にあたる所である。そこから東へ向かって、三つの峠を越え、バルン氷河のマカルー直下に出ようという計画であった。

三月二十二日、ヒラリーがマカルーへの行を起こそうとしていた時、突然カトマンズから寝耳に水の報が来た。越年隊は三月十三日アマ・ダブラムに初登頂した。それがネパール政府の許可なしだったので、問題になったのである。規則を無視するような隊には、政府はマカルーの登山許可も取り消すと言ってきた。

驚いたヒラリーはすぐ飛行機でカトマンズへ飛んだ。八方手を尽くしての運動の結果、ようやくマカルー許可は取り留めることが出来た。その代わりアマ・ダブラムの登山料二二〇〇ルピー（約二十五万円）のほかに、規則違反の罰金八〇〇ルピー（約六万円）を支払わねばならなかった。

こんな事件があったため、九日の貴重な日が失われて、いよいよマカルーに向かったのは四月上旬だった。グループにわかれて出かけた。越年中の調査用に建てたシルバー・ハット（銀小屋、五七九〇メートル）のすぐ東にミンボ・パス（ヒラリー隊はアマ・ダブラム・コルと呼んでいる、五八一七メートル）があり、それを越えると楽な下りで、ゆるやかな上部ホング氷河に出る。そこからウェスト・コル（六一三五メートル）を越えてプラトー氷河、これは氷河というより大雪原で、バルン・プラトーとも呼ばれる。

プラトーからイースト・コル（またはシェルパニー・コル、六一一〇メートル）を越すと、バルン氷河のマカルー直下に出る。そこに第一キャンプがおかれたのは四月十七日だった。銀小屋からこのキャンプまで、行程にして二日か三日である。イースト、ウェストの二つのコルは立教隊が越えており、ミンボ・コルは長野岳連隊がギャチュン・カン登頂後、探査隊が越えている。いずれもヒラリー隊とは逆コースによってである。

マカルーの登山ルートはすでに知られている。第一キャンプから支氷河（チャゴ氷河）を登って、マカルー・コル（七四〇〇メートル）に達するのが第一段階である。ヒラリー隊はフランス隊とほぼ同じ位置に、第二、第三、第四とキャンプを進め、マカルー・コル上に第五キャンプを設けた。この前進基地に達するまでには、登攀の苦労、ルート工作、荷上げ等、ヒマラヤ登山には付きものの経過があったが、それは省略しよう。

ただこの行程中、第二キャンプでヒラリーがはげしい頭痛を訴えだし、その容態が普通ではなかった。ドクターがつきそって第一キャンプへおろさねばならなかった。また第三キャンプでは屈強なシェルパの一人アイラが突然肺炎をおこし、これも助けおろさねばならなかった。その後ヒラリーはバルン氷河下流のシャーションで静養し、幸いにも歩くことが出来るようになり、一週間ほどは発音ももつれていたのに、完全に直った。しかし彼は残念ながらマカルーに背を向けて帰らねばならなかった。

五月十一日、マカルー攻撃が開始された。ヒラリーの指揮の代わりをマイケル・ワードが執った。計画は、マイク・ジル、ウォーリィ・ロマニーズ、レイ・オーテンバーガーが第一アタック隊となって、第六、第七キャンプを設営し、シェルパを使って荷をあげ、第二アタック隊の労を出来るだけ少なくすることにした。

第一隊の三人は、マカルーの頂上から落ちてくる氷河のすぐ脇に、第六キャンプ（約七九二〇メートル）を建てた。一番困難な仕事は、この氷河を渡るためのステップを切ることと、そこにザイルを固定することだった。天候が悪くて第七を築くことは出来なかったが、氷河の向こう側へ食糧や用具をデポしてきた。

隊長代理のワードとジョン・ウェストはマカルー・コルの第五キャンプで生理学の課題に取りくんだ。そのための器材をあげたが、その中には据え付け自転車もあった。

五月十六日、第二アタック隊のピーター・マルグルーとトム・ネヴィソンは八人のシェルパを連れて、第六キャンプへ向かった。雪を掻きのけてテントに入り、二人のシェルパだけが下へおりた。残った八人は窮屈な一夜をあかし、翌日第一アタック隊の残したデポに着こうとした時、六人のシェルパの最後にいた男がバランスを失ってスリップした。ザイルにつながれたあとの五人も引きずられて落ちた。ようやく留まったが、怪我《けが》をした二人は第六へ下った。

マルグルーとネヴィソンは残った四人のシェルパとデポへ戻り、そこの荷をかついでゆっくり注意深く登って、午後おそく約八二三〇メートルの地点に第七キャンプを作った。そこに二人のサーブとアヌルーを残して、あとの三人のシェルパは第六へ下った。

頂上まであと高度差にしてわずか二五〇メートル足らず。翌朝第七の三人は朝六時半からアタックの準備にかかったが、高所の影響で動作が鈍く、出発したのは九時半だった。苦しい登りを三、四時間続けて、彼等の高度計で八三五〇メートルに達した時、突然マルグルーが力尽きて雪の上にくずおれた。あと一三〇メートル、彼はネヴィソンに、自分をここに残して頂上へ行くように願ったが、アヌルーも胸に疼痛《とうつう》を感じて苦しがっていた。

退却に決した。マルグルーの容態は尋常ではなかった。やっと第七へ戻ったが、二人の病人をかかえたネヴィソンは、自分でスープと茶を作ってやらねばならなかった。その夜マルグルーは多量の血を吐いた。

翌朝アヌルーが元気を回復したので、彼とネヴィソンの二人でマルグルーを確保しながら下りかけたが、一〇〇メートルも行かないうちに病人はつぶれてしまった。それを無理に引きずるように歩かせたが、とうとう動けなくなった。そこで第七と第六の中間にビヴァークすることになり、アヌルーは救援を求めるため第六へ下った。

こんな状態の時、下のキャンプでも別の災難がおこっていた。マルグルーたちが頂上へ向かった日、マカルー・コルの第五では第三アタック隊のジョン・ハリソンとオーテンバーガーが用意をしていた。しかし天気が悪いので出発を翌日に延ばした。すると十一時頃第六からシェルパたちがおりてきて、前日のスリップ事件を告げ、その時足を挫《くじ》いたアン・テンバが歩けないので、第六に残してあると言った。ワードがシェルパ一人を連れて診《み》に出かけた。四時に第六へ到着した。アン・テンバを助けおろすには強力なシェルパ群の必要なことがわかった。

翌十九日、ハリソンとオーテンバーガーはシェルパ数人を連れて第六へ上ってみると、前からあまり工合のよくなかったワードが少々錯乱状態になっていた。シェルパたちはアン・テンバとワードを助けて第五におろし、第六には二人のサーブと二人のシェルパが残った。上からアヌルーが急を告げにおりてきたのはその時だった。

すぐ二人のシェルパにテントと食糧を持たせて救援に行かせた。二人がビヴァーク地に着いたのは午後おそくだった。すぐテントを張ってその中にマルグルーを寝かせ、シェルパ二人は暗くなる頃に第六へ戻り着いた。今や登頂計画どころでなく救援作業に変わった。ラジオで第三キャンプに連絡して、可能な限りの救援隊を動員した。

狭苦しい第六で夜を過ごした二人のサーブと二人のシェルパは、翌日二組にわかれ、オーテンバーガーは二人のシェルパとともにビヴァーク・キャンプにおもむき、ハリソンは連絡のため第五に下った。おどろいたことに第五のワードはすっかり錯乱していた。

ビヴァーク・キャンプは見るも悲惨な状態だった。ネヴィソンも半病人になっていた。

相談の結果、ネヴィソンは二人のシェルパとともに下り、マルグルーはオーテンバーガーに見守られて、八〇〇〇メートルの第四晩目を過ごすことになった。

翌二十一日、助けを待つビヴァーク・キャンプに救援隊が上がってきたのは午後一時、それから困難なマルグルーの助けおろしが始まった。第六へ着いたのは暗くなってからだった。マルグルーは意識朦朧《もうろう》、手足はひどい凍傷を負っていた。次の日、第五への下りに、病人を連れてのオーテンバーガーの苦労は筆舌《ひつぜつ》に余りあるものだった。夜の八時ようやく第五へ辿り着いた。

マカルー・コルからの下りは、リュックサックの枠《わく》を使った即製の橇《そり》にマルグルーを乗せた。もう彼はほとんど意識を失っていた。ヒマラヤの退却行には惨憺《さんたん》たる話が多いが、これはその最たるものの一つだろう。悲劇の様子を細かに書けなかったのは残念である。連絡によってカトマンズから飛んできたヘリコプターによって、マルグルー、ワード、アン・テンバはバルン氷河から救い出された。

酸素なしのマカルー登山は、こうして頂上を寸前に見ながら挫折したのであった。

〔注〕150ページ　中国では現在、西康省は廃され、ここはチャンツー（昌都）地区に入っている。

チベット側 BC から見たチョ・オユー（撮影＝内田良平）

第 6 章
チョ・オユー

CHO OYU　8188m（旧標高8153m）

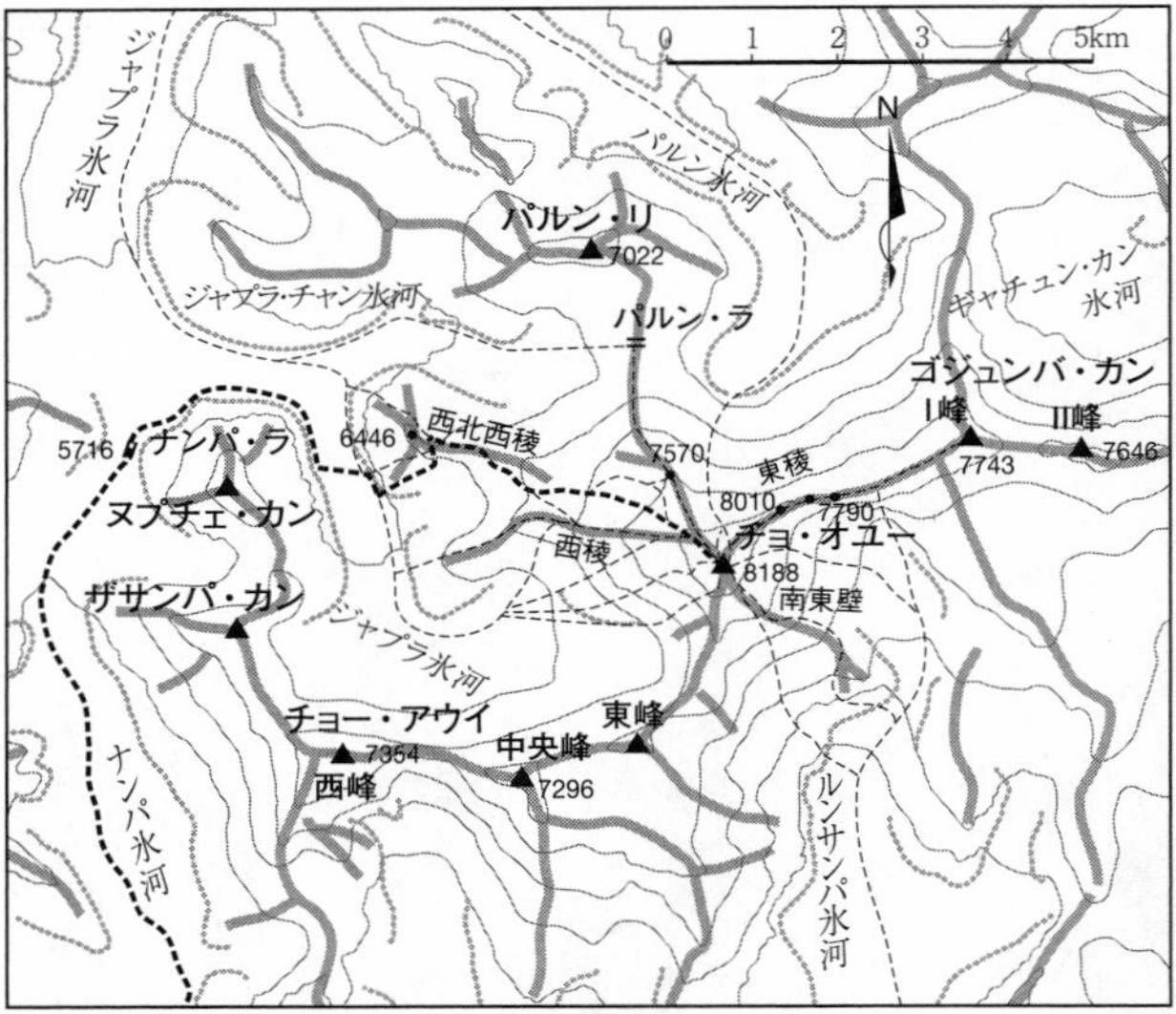

チョ・オユー

1954年10月19日　オーストリア隊（ヘルベルト・ティッヒー隊長）のヘルベルト・ティッヒーとヨーゼフ・イェヒラー、パサン・ダワ・ラマがナンパ・ラ経由、西北西稜から初登頂

チョ・オユー　八一五三m（現標高八一八八m）

チョ・オユーのチョは神性あるいは精霊を意味するチベット語で、ヒマラヤにはチョモルンマだのチョモラーリだのチョモレンゾだの、チョの字のついた山が幾つもある。「モ」あるいは「マ」は女性の語尾で、チョモは女神の意となる。オユーの「ユー」はトルコ玉すなわち宝石の意で、その前につく「オ」は何を意味するかはっきりしないが、おそらくこれはチョモ・ユーをチョ・オユーと聞き誤ったのではないかと想像される。チョモ・ユーならば「トルコ玉の女神」となる。宝石のように美しく気高い、女神の住む山ということであろうか。

この山は一九五四年オーストリア隊によって初登頂されたが、同じ八〇〇〇メートル峰の登頂隊の中でもそれはすこぶるユニークであった。第一、オーストリア隊とは言うものの、その登山隊は小規模なプライヴェートなもので、四十二歳のヘルベルト・ティッチーの個人の意志から出発して、隊員も彼の旧友が二人加わっただけであった。その二人も登山家としての技倆《ぎりょう》より、人間としての信頼によってティッチーに選ばれた。費用も少なく、荷物もわずか一トン足らず、もちろん酸素など持たず、食物はできるだけ土地のものを食べ、万事質素に、しかも八〇〇〇メートルの一峰に成功したのだから、偉とすべきであろう。

第二に、今までの八〇〇〇メートル峰登頂がすべてモンスーン前に行われたのに、チョ・オユーだけはモンスーン後であったこと。ヒマラヤ登山にモンスーン前がいいか後がいいかについては、種々の議論があったが、モンスーン前が多く採用されている。モンスーンが終わってから、冬の烈風が始まるまでの間の、秋晴れの期間をねらうのもいいが、ただ年によってはモンスーンの終了がおくれて、十月いっぱい駄目なことがある。しかも時期を失すると、おそろしい冬がやってくる。チョ・オユー隊も今一歩というところでこの自然の暴威から逃れたのだが、モンスーン後の八〇〇〇メートル峰登頂は一記録となるだろう。

しかしチョ・オユーに目をつけたのは、ティッチーが最初ではなかった。初めてこの山を間近に眺めて、これは登れると確信した登山家は、イギリスのW・H・マリだった。彼は一九五一年エヴェレスト南面の登路を探ったシプトン隊の一員だったが、その時マリはナンパ・ラの上に立ち、すぐ南東にそびえるチョ・オユーの北西面を観察して、有望なルートを発見した。翌一九五二年再びシプトンを隊長としてチョ・オユー登山隊が組織されたのは、おそらくマリの示唆によるものだったろう。しかしその隊はチョ・オユー登頂そのものより、翌年のエヴェレスト登山にそなえるための、隊員の訓練や新装備の実験という点に重きをおいた。彼等はチョ・オユーのほぼ六八〇〇メートルのところにあるアイス・フォールまで達したが、その障碍《しょうがい》にポーターの通れる道をつけるには二週間もかかるだろうと見当をつけて、登攀《とうはん》を断念した。事実はそれほど大して困難な所ではなかった。ティッチー隊は半日でその障碍を突破している〔注1〕。精鋭を集めたシプトン隊に不可能なことはなかったはずである。ただ彼等がこの山に全力をそそぐことを躊躇《ちゆうちよ》したのは、その登路の一部でチベット領を犯すことになるのを怖れたからでもあった。

一九五四年九月二日、ティッチーとその二人の友ヨヒラーとホイベルガーは、十一人のシェルパと四十五人のポーターを従えて、カトマンズを出発した。サーダーはパサン・ダワ・ラマ。この登山隊の成功には、小登山隊にのみ望み得るお互いの親密と信頼とがあった。パサン・ダワ・ラマはティッチーの旧知であり、ティッチーにチョ・オユーを勧めたのも彼であった。

現在ではネパールでもシェルパが養成されてきたが、以前はインドのダージリンに限られていた。経験の豊かな優秀なシェルパは、すべてダージリンから雇われた。シェルパの頭をサーダーと呼ぶが、その頃信頼に足るサーダーが三人いた。テンジン・ノルケー、アンタルケー、それからパサン・ダワ・ラマ。テンジンはすでにエヴェレスト登頂で有名になり、アンタルケーもアンナプルナの最高キャンプまで登って、その功績をあらわしていた。そこでパサン・ダワ・ラマもそれに対抗して、八〇〇〇メートル峰の頂上に立ちたいという強い欲望に燃えていたに違いない。チョ・オユーで示した彼の意気ごみを見ても、それが察しられる。彼は一九三九年にK2の最高地点まで登っている。きかん気の負けず嫌いであったらしい。当時四十三歳と自称していたが、戸籍のないシェルパでは確かな年齢はわからない。

カトマンズを発った一行は、十八日の山麓行進の後、シェルパの故郷であるナムチェ・バザールに到着し、大歓迎を受けた。そこへ荷物の半分を残して（というのは、もしチョ・オユーが駄目だったら、ここへ戻ってきてさらにほかの山をねらうつもりだった）、目ざす山へ向かったのは九月二十三日。ボーテ・コシを溯《さかのぼ》り、ナンパ氷河を詰めて、その源頭に大きな原をなしているナンパ・ラに達した。その峠からチベット領の方へ少し下り、それまで隠されて見えなかった圏谷《けんこく》の上にベース・キャンプ（五五五〇メートル）をおいた。

九月二十九日、氷河を渡って、チョ・オユー西稜の下、五八〇〇メートルに第一キャンプ、そこから西稜の上に第二キャンプ（六二〇〇メートル）、さらにその山稜の上端に第三キャンプ（六六〇〇メートル）を建てた。その第三のすぐ先に、かつてシプトン隊が非常にむつかしいと判断したアイス・フォールがあった。しかしパサンが先頭に立って、ルートを探り、足場を切って、この難関をわずか一時間で乗り切ってしまった〔注2〕。そしてそこにザイルを固定した。

十月五日、彼等は第四キャンプ（七〇〇〇メートル）を建て、その夜ティッチーは三人のシェルパとそのキャンプに残った。もう頂上への見通しもついた。翌日はティッチーとパサンが頂上へ向かい、二人のシェルパはそれを支援することにきまった。「間違いなく明日は頂上ですよ。やさしい山だ」とパサンの顔は希望に輝いた。ところがそうはいかなかった。その夜から物凄い風が吹き始めた。いわゆるジェット・ストリームである。嵐はテントの支柱をへし折り、張り綱を引きちぎった。一点の雲もなく夜は明けたが、風は猛威を増すばかり。待つべきか、降りるべきか。四人はテントの外で烈風に抗していると、突然一つのテントが吹きさらわれようとした。ティッチーは体をテントの上に投げ掛けてそれを救おうとした。その時それまでポケットに突っこんでいた手袋なしの手を雪の中に突いた。わずか二、三分で彼の両手は血の気を失い、全く感覚がなくなってしまった。これ以上ここに留まっていることは、死を意味した。ティッチーは退却の命令を下した。全員第一キャンプに集合して、そこで時期を待つことになった。

彼の両手の凍傷は悪化した。が医者のいるカトマンズまで帰るには三週間もかかる。それより化膿のおそれのない高所に留まる方を彼は選んだ。隊員のホイベルガーがその手当てをした。その間にパサンはナムチェ・バザールに残して来た荷物を取りに行った。時期は迫っていた。寒気は日増しにきびしくなっていた。その上、思いがけなくフランス・スイス登山隊があとを追って来た。彼等はガウリサンカール（七一四五メートル）に登るつもりであったが、それに失敗したので、目的をチョ・オユーに変更してやって来たのだった。一九五二年エヴェレスト頂上近くまで肉薄したスイスのランベールと、一九五三年パンジャブ・ヒマラヤのヌン（七一三五メートル）に初登頂したフランスの女性クロード・コーガンとがその重要な登攀隊員であった。彼等はティッチー隊と合同でチョ・オユーに登頂することを申し込んだ。がこちらはそれを断った。この上は一刻も早く登頂しなければならぬ。十月十五日、パサンの帰りも待たず彼らは再び登って行った。こんどは雪の中に穴を掘って第三キャンプとした。彼等はその雪洞《せつどう》で嵐のために三夜を送った。食糧は不足しライヴァルは後に迫っていた。十八日、悲壮な気持で第四キャンプに向かおうとしていると、パサンが二人のシェルパを連れて食糧と燃料を持って追いついて来た。

「スイス隊はもう頂上に登りましたか」とパサンが息せき切ってきいた。

「まだだ」

「よかった。でなきゃおれは自分の首をたたき切るところだった」

彼はナムチェ・バザールからの帰途、スイス隊のことを聞くと、大急ぎでナンパ・ラを越え、むつかしい道をただ一日でベース・キャンプに達し、息もつかず今日また第三まで登って来たのであった。そしてこれからすぐ第四キャンプまで登ろうと主張した。翌日彼は頂上に立つことになるが、わずか三日間で高距四〇〇〇メートルを登った勘定になる。こんな勇猛な行為はヒマラヤ登山で唯一のものであろう。

パサンの到着に元気づいた一行は、ただちにアイス・フォールを突破して第四キャンプに達した。翌日パサンとヨヒラーが一挙に頂上に向かい、あとの者は支援することになった。ティッチーは支援隊として残るつもりであったが、夜になって突然自分も一緒に行くことを申し出た。翌十月十九日午前六時、三人は第四を出発した。ティッチーは凍傷のために手は使えなかった。頂上の真下を巻いている岩のバンドの所は、パサンがザイルで引き上げてくれた。上に行くに従って斜面は急峻になったが、アイゼンはよく利《き》いた。周囲の山はしだいに低くなり、真っ青なチベットの空は大きく開けて行った。わずか背中を押すほどの風があるのみだった。午後三時ついに頂上に立った。ネパールとオーストリアとインドの国旗を結びつけたピッケルが雪の中にさし込まれた。ティッチーの眼には涙が浮かんだ。パサンは彼を抱いた。彼の眼にもまた涙があった。ヨヒラーは母から貰って来た小さな十字架を雪の中に置いた。そして三十分の後下山の途についた。

オーストリア隊の成功の後ランベールとコーガンはチョ・オユーに向かった。しかしすでに秋の末の激しい吹雪が限なく山に吹き荒《すさ》んでいた。二人は七〇〇〇メートル以上で数日天候回復を待ち、最後の攻撃を試みたが、約七六〇〇メートルまで達して、烈風のためについに登頂を断念した。この高度は婦人としてのレコードであった。

ティッチー一行がナムチェ・バザールに戻って来ると、そこにはパサンの結婚式が待っていた。彼はすでに二十年も前に結婚し、七人の子供まであるのに、往路のキャラヴァン中、一人の少女と知合いになり、もしチョ・オユーの頂上に立つことができたら、結婚しようという約束をしたのだった。それが今実現したのである。

一九五八年五月、チョ・オユーはインド隊によって第二登された。登頂したのはシェルパのパサン・ダワ・ラマとソナム・ギャルツェンの二人。パサンはこれで同じ八〇〇〇メートル峰に二回登ったことになる。すでに彼は四十歳の半ばを過ぎていた。なおこの隊の指揮者ナレンドラ・ダール・ジャヤール少佐は、ベース・キャンプで肺炎にかかって死んだ。ジャヤール少佐は戦後インドのヒマラヤ登山に大きな手柄のあった人であった。

一九五九年秋、クロード・コーガンは再びチョ・オユーへ、前回の失敗を取り返すべくやってきた。今度はヨーロッパ各国から八人の女性登山家をすぐって、女だけの隊を作った。しかし結果は悲劇に終わった。コーガンとストラテン（ベルギー女性）の二人はアン・ノルブを連れて第四キャンプへ入り、そのまま消息を絶った。下から連絡に出かけたシェルパ二人は第三キャンプで雪崩《なだれ》にあい、その一人は雪の下になって死亡した。悪天候が続いて捜索がおくれたが、ようやく天気を得て上まで登ってみると、第四キャンプは跡形もなく雪崩れた雪の下になっていた。三人の死に疑いはなかった。

一九六四年の春、ドイツ隊がチョ・オユーの第三登を目ざした。フリッツ・シュタムベルガーが第四キャンプから単独で登頂に成功したが、同キャンプに待機した二人の隊員のうちの一人はそこで衰弱で死に、他の一人は下山中に死んだ。

チョ・オユーは八〇〇〇メートル峰十四座中で一番易しい山とされている。八〇〇〇メートル峰で、エヴェレストを除いては、二回登頂されたのはナンガ・パルバット、三回登頂されたのはチョ・オユーだけである。しかし易しい山とされているチョ・オユーでも、上述のように犠牲者を出していることを思えば、ヒマラヤ登山のむつかしさが想像できよう。

〈注1〉 171ページ 〈注2〉 172ページ　同じ事柄に対して異なった時間が用いられているが、これは、ティッチーが六八〇〇メートルのアイス・フォールに達したのが午後二時すぎで、パサンと二人でここを突破した。これが172ページの「二時間」。そこで休憩した後、ルート工作をして夕方アイス・フォールの下に戻って来た。これが171ページの「半日」である。

フランスBCから見たダウラギリI峰南西面（撮影＝内田良平）

第7章

ダウラギリI峰

DHAULAGIRI 1　8167m

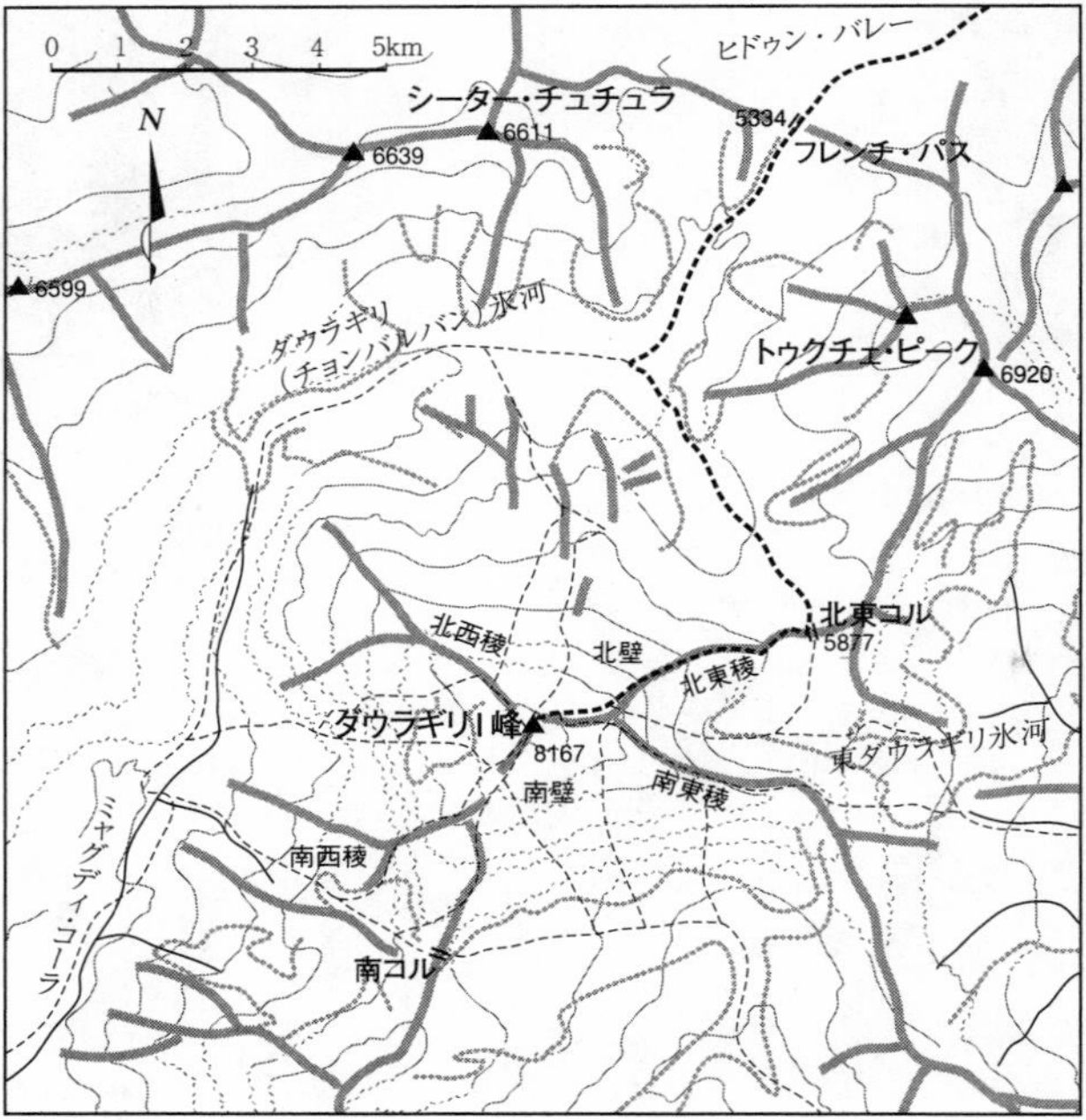

ダウラギリI峰

1960年5月13日　スイス=オーストリア=ポーランド=アメリカ合同隊（マックス・アイゼリン隊長）のクルト・ディームベルガー、P ディーナー、E フォラー、A シェルバート、ナワン・ドルジ、ニマ・ドルジが北東コルを経て北東稜から初登頂

ダウラギリⅠ　八一六七m

ヒマラヤ八〇〇〇メートル峰十四座のうち、全く未知のルートを求めてただ一回の攻撃で登頂を見たのは、アンナプルナとガッシャブルムⅡだけで、他はいずれもその前に偵察や試登があった。ことに手数のかかったのはエヴェレストとダウラギリで、エヴェレストは十一回目、ダウラギリは八回目で、ようやくその頂上を陥《おとしい》れた。

ダウラギリの最初は一九五〇年のフランス隊でこの山群中に「フランス人の峠」という名のあるのはその名残である。彼等はダウラギリの嶮峻さに驚いてこの山を放棄し、アンナプルナに転進してその頂上を獲た。

第二回目は一九五三年のスイス隊。マヤンディ・コーラを溯《さかのぼ》って主峰の北面に出、七七一〇メートルまで達したが、登頂は成らなかった。

第三回目は、一九五四年のアルゼンチン隊。岩場をダイナマイトで破壊して第七キャンプまで進めたが成らず、隊長は凍傷をおこした上に肺炎を併発して帰途亡くなるという結末であった。

第四回は一九五五年のドイツ・スイス隊。この隊はキャラヴァン中隊員間に不和を生じて、チーム・ワークが取れなかったことも原因して、前年のアルゼンチン隊の高度にも達しられなかった。

第五回目は一九五六年にアルゼンチン隊が再挙をはかったが、モンスーンの早い襲来によって、七六〇〇メートル付近で後退した。

第六回目は一九五八年のスイス隊。この隊も前年の隊と同じ高さまで達したが、成功しなかった。

第二回から六回まで、いずれもルートを北壁に採った。その上部に「梨《なし》」の形をした岩壁があるので、これを「梨」ルートと呼んだ。このルートは雪崩《なだれ》の危険がある上に、上部では適当なキャンプ場がなく、さらに七七〇〇メートルから一番むずかしい所にかかるという不利があった。五回にわたる登山隊は、皆そこで拒まれてしまったのである。

ほかにルートはないか。一九五八年のスイス隊はそれを見つけた。北東稜である。マヤンディ氷河から北東コルに達する道が「梨」ルートの下部よりはむずかしいが、北東稜の七〇〇〇メートルまで登れば、難場は終わってあとは大したことがないように思われた。しかし、それを見出した時は、すでに「梨」ルートの攻撃が始まっていたので、それをやめて北東稜ルートを採るにはもう時日がなかった。

スイス隊は北東稜ルートを翌年の課題にした。ところが翌一九五九年のダウラギリの許可はオーストリア隊におりてしまっていた。

フリッツ・モラヴェクを隊長とするオーストリア隊は、オーストリアのヒマラヤ財団によって組織された四番目の遠征隊であった。一九五四年のサイパル、五六年のガッシャブルムII、五八年のハラモシュについでである。モラヴェクはガッシャブルムIIの隊長をつとめて成功していた。今度の隊員に選ばれたハインリヒ・ロイスもハラモシュの隊長をつとめて成功していた。

隊員は七名、二十七歳から三十二歳までの、ヒマラヤ登山に最も適していると言われる年齢であった。サーダーは強気で有名なパサン・ダワ・ラマ。彼は自分の配下のシェルパを十三名ダージリンから連れてきた。山にかかる前にプルバ・ギャルツェンが腹部に潰瘍《かいよう》ができてポカラへ送り返され、そこの病院で不幸にも死亡した以外は、いずれも屈強でよく働いた。

そのシェルパ達とポカラで合流し、百七十七人のポーターを率いて山へ向かった。これまでのダウラギリ隊と同じく、マヤンディ・コーラの谷を辿《たど》って、主峰の北麓マヤンディ氷河上にベース・キャンプ（四五〇〇メートル）を設けたのは、ポカラを出発してから十六日目の四月三日であった。オーストリア隊は、前年のスイス隊から、北東稜をルートに選ぶように忠告されていたので、まずその偵察から始めた。

北東コルへの途中まで登って観察したところでは、北東稜は「梨」ルートより危険の度が少なかった。大部分氷の上を行くので、もし天気が良くなくても、荷上げに安全なルートを辿られそうであった。それに技術的にむずかしい所は七二〇〇メートルあたりで終わっていた。彼等はこの新ルートに決定した。

そこですぐ攻撃に取りかかった。北東コルへ続くアイス・フォールの中途に第一キャンプ（五二〇〇メートル）、コルのすぐ下に第二キャンプ（五七〇〇メートル）、そして北東稜のまだあまり険しくならない地点に第三キャンプ（六一五〇メートル）を設けたのは四月二十一日、それから三日後には、稜線上の急峻な段階の下に第四キャンプ（六五〇〇メートル）がおかれた。わずか二週間のうちに四つのキャンプが建設されるとは幸運な前進で、この速い進捗ぶりに隊員の意気が大いにあがった。

ところが不幸が来た。四月二十九日、ルート工作中、第二キャンプの近くでハインリヒ・ロイスがクレヴァスに落ちた。それは深い割れ目で、底の方ですぼまっていた。全パーティが集まって救助に努力したが、その甲斐《かい》がなかった。遺体はマヤンディ氷河におろされ、その緑のしっかりした地面に埋められた。墓の上に小さな木の十字架が立てられ、悲しい告別式が行われた。ハラモシュの英雄は、ダウラギリの全容を前に静かに眠っている。全隊員の中で最もすぐれたクライマーであった。

ロイスの死を一同は前進への拍車と取った。攻撃は続行され、五月三日、エリック・ヴァニスとパサン・ダワが七人のシェルパを率いて再び第二キャンプへ進み、続いて他の隊員とシェルパも行動をおこした。

しかし順調には事が運ばなかった。第三キャンプは完全に雪の下に埋もれ、テントはズタズタに破れていたので、雪洞《せつどう》を掘らねばならなかった。第四キャンプを稜線上の吹き曝《さら》しの地点に置き、パサン・ダワとシェルパのパサンがそこに第一夜を送ったが、暴風がテントを持ち去り、二人は明け方まで何等の保護もなく風の怒りに任せられていた。ようやくそこに雪洞を掘りにかかったのは、夜が白んでからであった。

第四から上は、急峻な氷のスロープにはばまれた。一面てらてらした氷である。五月七日最初の固定ザイルを取りつけ、それから約六〇〇メートルの斜面にザイルを張ってルートを安全にするまでに、丸二週間を要した。作業は悪天候のため絶えず妨げられた。五月十九日の晩、隊員のラタイと三人のシェルパが第四の雪洞で寝ていると、息苦しくなった。雪崩が雪洞の入口をふさいだのである。数時間の懸命の働きでやっと外へ道をつけた。彼等が窒息しなかったのは、小さなクレヴァスが雪洞の下に走っていて、わずかながら空気の通っていたおかげだった。

二日後、例外的な快晴の一日を得て、ラタイはまだ窒息事件で頭痛がしていたが、勇気をふるって登り、小さな棚の上に第五キャンプをおいた。モンスーンの時期が近づいていた。おまけに燃料が不足してきた。そこで頂上アタックに適した壮健な者だけが残り、あとは直ちにベースへ下ることになった。

第五を設けた翌日、パサン・ダワが第六キャンプ（七四〇〇メートル）への道を拓《ひら》き、二十四日彼とカール・プラインがその最高キャンプを占めた。翌朝四時に起きて簡単な朝食をすまし、頂上へ向かって出発した。稜線は早朝の陽光を浴び、空は青かった。もうルートには特に困難なところはなく、もし烈しい風さえなければ快適な登りであった。その風が辛《つら》かった。絶え間なく吹き荒れる中を四時間登った時には、手にも顔にも感覚が無くなり、骨まで凍った。頂上への道はハッキリしていた。あと五、六時間で到着できそうであった。二人は力を尽くして登りつづけた。しかしあまりにも風の威力が強かった。それさえ無ければ完全な天気で展望はすばらしかった。ついに風に負けた。「明日は風が止むかもしれない」とパサンは冷たい手をズボンにこすりながら言った。それが後退の口実であった。

第六へ戻ると、烈風のためテントの片側が裂けて、風にパタパタ鳴っていた。その夜は外と同じ寒さで長い夜をあかした。夜明けまでに寝袋は吹きこむ粉雪で五センチも覆われた。

翌二十六日、曇天で風は前日より強かった。それでも二人は頂上へ向かったが、視界は全く利《き》かず、お互いの姿を霧の中に見失いそうだった。前日の到着地点のずっと手前で引き返したのは当然であった。

惨めな三晩目をテントで過ごして翌日を待ったが天候は前より悪く、巻きあげる粉雪で息が詰まりそうだった。それでも二人は出かけた。しかし幾らも行かないうちに烈しく雪が降り始めた。進むことは無意味であった。のみならず後退の道が危険に曝されないうちに下らねばならない。放棄と決した時、さすが剛気のパサン・ダワもガッカリして、両手をカール・プラインに差し出して言った。

「私たちはこの山に縁が無いんですよ。私は三回目です。しかも高い所まで達しながら頂上へ立てない。神様はそれをお許しにならないんだ」

ダウラギリは翌一九六〇年マックス・アイゼリンを隊長とする国際隊にその頂上を譲った。八回目であった。アイゼリンは一九五八年のスイス隊に参加して、北東稜ルートに眼をつけた人である。その時すでに彼はこの次は輸送に飛行機を使おうという大胆な計画を胸に描いていた。

十三名の隊員には各国の登山家がいた。ポーランドのゲオルグ・ハデュキュヴィッチは四十三歳の最年長者で、職業は外科医、一九五八年隊にも加わっており、アイゼリンとは気があった。カメラマンとしてアメリカから参加したノーマン・ディーレンファースは、昨年（一九六三年）アメリカのエヴェレスト隊長として名を挙げた人である。オーストリア人のクルト・ディームベルガーは一九五七年ブロード・ピークの登頂者であった。その他、大かたは三十歳以下の優秀なクライマーを選び、さらに二人のパイロットをメンバーに加えた。

シェルパは、ノーマン・ディーレンファースのカメラ助手のアン・ダワだけがダージリンであったが、あとは全部ソロ・クンブの無名の若いネパール・シェルパを雇った。サーダーはアン・ダワ、ほか四名。リエゾン・オフィサーはミン・バハドォール・シェルチャン。

まず五人の隊員が六トンの荷物とともに船で出発し、三月十四日ボンベイに到着してネパール国境のバイラワまでトラックで荷を運んだ。一方隊長は三月十二日飛行機に乗ってチューリヒを出発、二十日にカトマンズに着陸した。この飛行機は単発の「ピラトゥス・ポーター」機で、それを「イエティ」(雪男号)と名付けた。

ヒマラヤ登山の通例であるキャラヴァンを廃《や》めて、全隊員と全装備を空中輸送しようというのだから、まさに画期的な計画であった。まず、ダウラギリ上空を空中偵察して二つの着陸場を見定めた。一つは五二〇〇メートルのダンブッシュ峠、もう一つは五七〇〇メートルの北東コル。

バイラワに到着した隊員とシェルパおよび荷物を輸送するために、「イエティ」は暑熱の国境の町へ飛んだ。そこで飛行機に橇《そり》を取り付け、いよいよ第一陣がダンブッシュ峠へ飛び、雪上着陸に成功し、続いてその日に二回目の輸送も行われ、峠の上に「高所順応のベース・キャンプ」が築かれた。その後数日間に「イエティ」はダンブッシュ峠に幾度も往復して多量の装備を運び上げた。

いきなり五二〇〇メートルの高所まで運ばれて、隊員たちは食欲減退と不眠症に悩んだが、三、四日のうちにたいていの者は高所順応を遂げて、付近の六〇〇〇メートル峰に訓練登山に行けるくらいになった。

四月三日、「イエティ」は初めて北東コルに着陸。これは飛行機による氷河着陸として世界のレコードであった。そこへ運ばれた数人の隊員とシェルパによってベース・キャンプ（後に前進基地）が建てられた。ところが予期しない事件が持ち上がった。四月十三日、ポカラを離陸して間もなく飛行機が故障を起こし、一大音響とともにエンジンが飛び散った。搭乗員に損害はなかったが、エンジンは修復出来ないまでに壊れていた。ヨーロッパの航空機工場へ電報を打って、代わりにエンジンを送って貰うまで待たねばならなくなった。山の上ではそんなことは何にも知らなかった。幾日待っても飛行機がやって来ない。

北東コルの前進隊はすでに北東稜の偵察を始め、四月十五日稜線上に第一キャンプ（六〇〇〇メートル）を建てた。フォーラーとディームベルガーとシェルバートの三隊員と四人のシェルパだけだった。食糧と装備とは充分にあったが、他の隊と無電の連絡さえ出来ず完全に孤立した。そこでこの小さなパーティで頂上アタックをすることに決めた。ディームベルガーはかつてブロード・ピークで、たった四人で重荷を運び上げ、酸素なしで頂上を極めた経験を持っていた。その方式を採用したのである。

一方、ダンブッシュ峠の隊に「イエティ」故障の報が伝わったのは四月二十一日であった。峠にはまだかなりの荷が残っていた。そこでこんどはそれらの荷を北東コルまで足で運ぶよりほかなかった。峠からいったん「未知の谷」まで下り、そこから「フランス人の峠」を越えてマヤンディ氷河に下り、北東コルに向かうのである。この行程を荷物をリレーしながら運ぶのは辛い仕事であった。二十四日マヤンディ氷河上にマヤンディ・ベースが設けられた。

一方ポカラではそこに残された荷を運ぶために十二人のポーターが、一人の隊員とリエゾン・オフィサーに引率されて、マヤンディ谷を辿って山へ向かっていた。こんな風に幾つにも小さな隊に分かれて、お互いに全く連絡もなしに行動していたのである。

北東稜線上の先発隊は打ち続く悪天候と強風と闘いながら二十九日第二キャンプ（七〇五〇メートル）を稜線上の氷壁の上に設けた。それは前年のオーストリア隊の第五の少し下に当たっていた。このキャンプは鷲の巣のように高く留まっていて、風に吹き曝されていた。しかし外に適当な地がなかった。五月二日第三キャンプ（七四〇〇メートル）建設。この日、初めて下から登ってきたダンブッシュ隊と声の連絡で「イエティ」の危難を知った（マヤンディ氷河にベース・キャンプが置かれてから、コルの前進基地は第二キャンプと改称され、稜線上の第一、第二、第三はそれぞれ第三、第四、第五となった）。

第五で一日休息した後、フォーラーとシェルバートとディームベルガーの三人は早朝に出発、最初の頂上攻撃に向かった。正午、約七八〇〇メートルまで達したが、いつも昼頃から起こる天候悪化のために拒まれた。この経験で、この地点にもう一つのビヴァーク・キャンプの必要なことが分かった。そこからなら正午前に頂上へ到達出来そうであった。三人は翌日、数日の休養を取るために北東コルへ下った。

ちょうどその日（五月四日）修繕の出来た「イエティ」が三週間ぶりでコルへ到着した。ところがまたしても災難が起こった。翌五日、「イエティ」はダンブッシュ峠を離陸すると直ぐ墜落して無惨にも破壊してしまった。乗組員は無事であったが、「イエティ」自体はもう修理の域を超えた残骸にすぎなかった。

五月九日フォーラーとシェルバートとディームベルガーの三人はニマ・ドルジェとナワン・ドルジェを連れて北東コルを出発して第二回目の頂上攻撃に向かった。その日のうちに第四まで登ったが、一日のうちに一三五〇メートルの高度を稼ぐとは驚くべきスタミナであった。第四にはペーター・ディーナーがただ一人残っていた。彼とともに前日第三から第四に登って来たファウヒャー、ウェバー、ルーシの三人はその日すでに第四から第五（七四〇〇メートル）に進んでいた。

翌五月十日第四に一晩明かしたフォーラー組五人はディーナー（彼はまだ充分に高所順応出来ていなかったが同行を志願した）とともに、食糧と二人用テント二張りを携えて第五へ登った。そこには第一回頂上攻撃の時残して来た二人用のテントにファウヒャー、ウェバー、ルーシがいた。その夜三張りのテントに九人が寝た。

翌十一日、第五より上に建てるつもりでいたビヴァーク・キャンプ（第六）に使うテントがなかった。第五から一張り持って行くことは、もし頂上攻撃に失敗した場合、第五に人が溢《あふ》れて、疲れた躰《からだ》を二つのテントで窮屈に寝なければならないことを思うと、余りに危険であった。しかし解決策が見出された。ファウヒャーとウェバーとルーシが第四に下り、乏しくなった食糧と別のテントを持って第五へ引き返してくるという案である。そしてその三人は十一時に下へ向かった。残りの六人はその日第五に停滞し、翌十二日予定の第六キャンプを約七八〇〇メートルの地点に設けた。それはちょうど北東稜が南東稜と合する地点の真下であった。その夜そこで彼等は二人用のテントに眠られぬ一夜を過ごした。

明けて五月十三日登頂の日が来た。八時六人は頂上へ向かって出発した。最初は視界が利《き》いたが次第に雲が厚く覆い被《かぶ》さってきた。風はほとんど無かった。荒れ山のダウラギリとしては完璧《かんぺき》な日と言ってよかった。初めは急峻な雪尾根の登りであった。それから岩のゴロゴロした稜線になり、最高点に近づくと、それは狭い頂稜を持った小さな頂《いただき》であった。酸素なしの四時間半の登高で、六人は頂上に立った。八〇〇〇メートルの頂上に六人も一度に登るというのはそれまでには例のないことであった。

しばらく頂上にいたが、第六から見たすばらしい眺望はここでは雲のために得られなかった。相変わらず風はなく頂上には静けさが漂っていた。五月十三日、金曜日だった。十三名から成る登山隊の六名が、第十三番目の八〇〇〇メートル峰に登頂したのである！

彼らの喜びは極まりなかった。スイス、オーストリア、その他各山岳会の旗を掲げた。国籍や所属山岳会は異なっていたが、一致してこの成功を収めたのである。

一時間ばかり頂上で静かに過ごしたが、南の空に雷雲が湧き上がって遠くで雷鳴が響いた。髪の毛が帯電してパチパチ音を立て始めたので、急いで下りについた。第六に到着したのは五時頃。フォーラーとシェルバートはさらに第五まで下った。

この登頂隊と入れ替わりにその他の隊員たちが登りつつあった。そして十日後の五月二十三日さらに二人の隊員が頂上に立った。ウェバーとファウヒャーである。二人は第五を出発して、すでに高所順応が十分に出来ていたので、第六を飛ばして一気に頂上へ達した。午後六時十分。約七〇〇メートルの登りで、七〇〇〇メートル以上でこの登高はすばらしい。第六へ下り着いたのは暗くなってからであった。

一九六二年韓国が初めてヒマラヤへ登山隊を出した。行先はダウラギリ。隊長は朴鉄岩、隊員は金禎変、朱貞極、守一允の三人であった。私は韓国山岳会の孫慶錫さんからダウラギリ探査記を貰ったが残念ながら韓国語であるので読めない。そのうち孫さんに抄訳してもらうつもりである。聞く所によると、あまり高い所まで達しられなかったらしいが、その熱意と努力には敬意を表せざるを得ない。私たちのお隣の国からヒマラヤ登山隊が出るようになったことは頼もしい限りである。

マナスルBC付近から見たマナスル北東面（撮影＝内田良平）

第8章
マナスル

MANASLU　8163m（旧標高8156m）

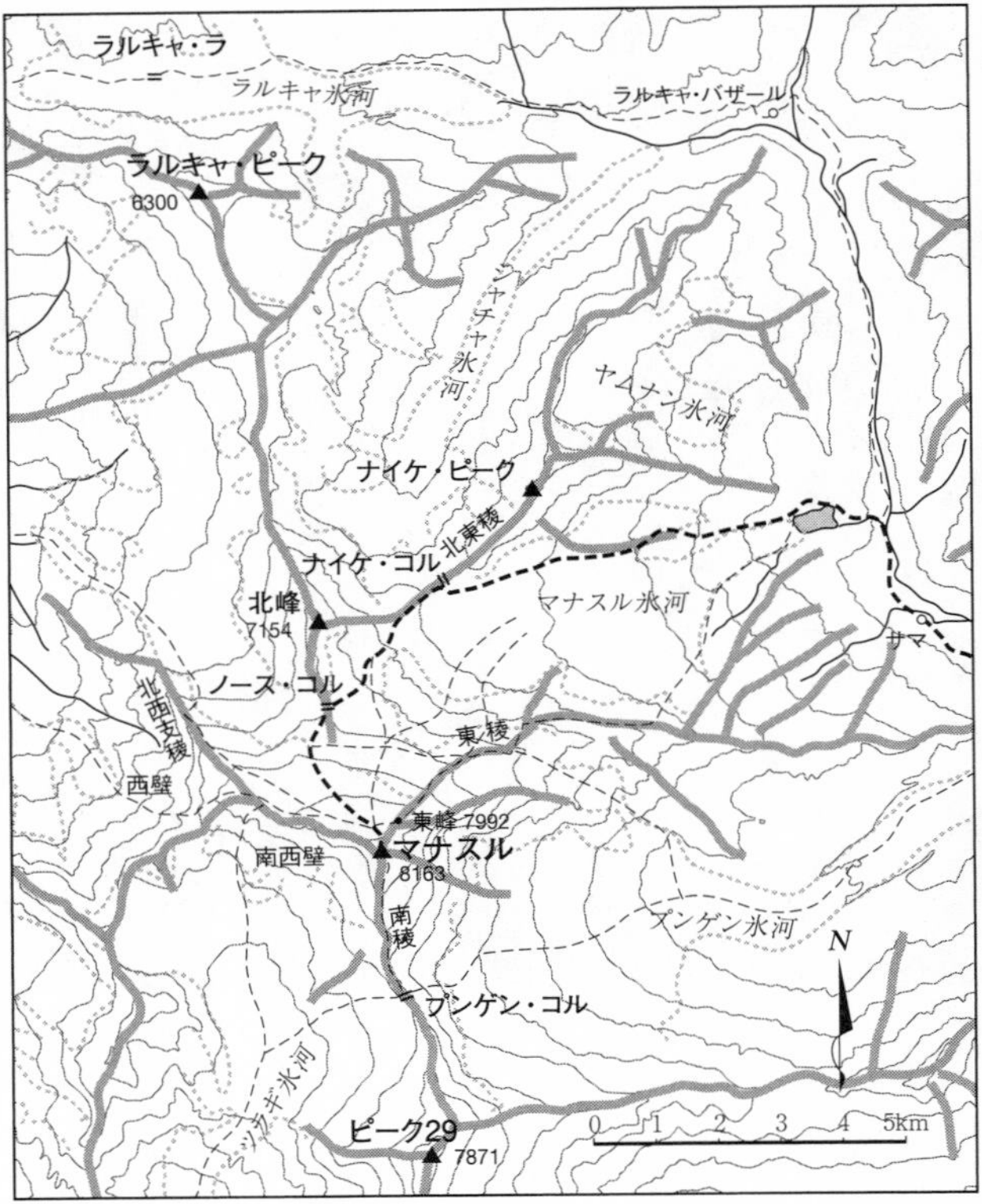

マナスル

1956年5月9日　日本山岳会第三次隊（槇 有恒隊長）の今西壽雄とギャルツェン・ノルブが北東面から初登頂

マナスル　八一五六m（現標高八一六三m）

マナスル遠征の発端をどこにおくか。

「《マナスルをねらえ》と提案したのは今西（錦司）君であった。参考文献は、木暮（理太郎）さんが『山岳』に書かれた、ヒマラヤの紹介文と、藤木（九三）さんから借りた、大きく重い英語のＮＥＰＡＬという本であった。……」と西堀栄三郎君が書いている。

今西君がまず言いだし、その計画に最初の動きを与えたのは西堀君であった。当時日本はまだアメリカの支配下にあった。正常な外交関係を持たぬ国が、どうしてマナスル登山の許可を得たか。

一九五二年一月インド学術会議に京都大学の木原均博士が出席された。博士に西堀君が同行した。ネパールはインド政府の支配下にあったから、ネール首相と計れば事は成るかに思われ、日印合同の登山学術探検隊の提案をしたが、この案は実を結ぶに至らなかった。そこで西堀君がカトマンズに乗りこんで直接交渉をするに至るまでのいきさつを、同君は前文につづいて次のように述べている。

「そのとき、カルカッタの植物園長の紹介でラフールというインド人にあった。彼は外国隊のリエゾン・オフィサーとしてしばしばネパールやチベットに入っていたので、ヒマラヤ事情に詳しく、ネパール政府へ直接アプローチすべきこと、その方法などをつぶさに教えてくれた。クリシュナ君あての竹節君の紹介状もそれに一役買ったものである。ダージリンのヘンダーソン夫人のところへわたしを連れて行って、シェルパを全部広場に集めひとりびとりにはじめての日本人を紹介してくれたのも彼であった。日本のヒマラヤ登山史は彼の協力なくしてはこんなにかがやかしいものになっていなかったのではなかろうか」

　文中、クリシュナ君あての竹節君の紹介状というのは、その前年一九五一年、第一回のアジア・オリンピック大会がインドで開かれた時、竹節作太記者が毎日新聞から特派され、その折ネパール体協のクリシュナ・バハドール・ヴェルマ氏と相識っていたのである。このクリシュナ氏も、日本のマナスル遠征にあずかって力になってくれた人であった。

　さんざん苦労したあげく、やっと西堀君は飛行機でカトマンズへ飛んだ。ネパールは開国して間もない頃であったから、飛行場は草ぼうぼう、屋舎《おくしゃ》はなく天幕張り、首都にはまだホテルというものがなかったので一民家を宿とした。

　ネパールではまだ誰もマナスルという山のあることを知らなかった。地理の先生さえ知らない。そこでカイザー元帥《げんすい》邸の立派な図書室でインド測量局の地図を探し出し、やっと図上にマナスルを見つけた。これがわずか十数年前のこととは、ヒマラヤ登山隆盛の今日、信じられないような話である。私の手許に当時の新聞の切り抜きがあるが、それに西堀君がカトマンズの丘から撮ったヒマラヤ展望写真が載っている。それはマナスルではなく、ジュガールからランタンに続く山々である。ランタン・リルンの背後にゴザインタンも写っている。しかし当時そんな山の名を指摘出来る人は、世界中にもまだ誰もいなかっただろう。

西堀君はカトマンズで大歓待を受けた。トリブアナ王、コイララ首相、カイザー元帥、ラナ等の要人にあって、マナスル登山の許可を願い、その内諾を得た。これらの要人たちもその後の日本のマナスル遠征に非常な好意を示してくれた人々として忘れてはなるまい。

ネパール政府から正式に登山許可が来たのは同年五月中旬、それは粗末なたった一枚の紙にすぎなかったが、まるで後光がさしているかのように見えた。この一片の紙から日本のヒマラヤ登山が始まったのである。この記念すべき公式通牒《つうちょう》は日本山岳会に保存されている。

しかしここに至るまでに、日本にはヒマラヤ登山の気運が熟しかけていたことも見過ごしてはならない。その気運は戦前（一九三六年）立教隊がナンダ・コットへ向かった頃、すでに起こっていた。戦争がそれをはばんだ。敗戦国の若いアドヴェンチュアラーの野心はくすぶった。何とか火に育てあげようとする意気は、いろいろなプランに表れた。その頃の事情を、徳岡孝夫君は『ヒマラヤ――日本人の記録』の中に詳しく面白く書いている。

幾つかの計画は立ち消えになった。そのうち次第に日本は回復してきた。そしてついに火は燃えあがったのである。

スタートは切られた。今西君も西堀君も京都大学学士山岳会（ＡＡＣＫ）の頭株で、ここまでは京都側の力で進められてきたのだが、マナスルのような大きな計画は、全日本的なものにした方がよいという意見で、それからあとは日本山岳会に移譲されることになった。日本山岳会が計画遂行の全責任を負うことに決定したのは、その年の四月十六日であった。

すぐにヒマラヤ委員会が組織され、槇《まき》有恒さんを長にして十人の委員がその任についた。本部は東京駅の呉服橋側の近くにある辰沼医院の一室におかれた。辰沼広吉君が日本山岳会の会員であり、慶応山岳部出身の熱心な登山家だったからである。ここが作戦本部となり、諸準備の基地となり、連絡の中心となった。そしてそれはその後マナスル第一次隊が帰国して委員会が解散した一九五三年九月まで続いた。もし何十年か後に、日本の山岳会が東京都に史蹟を指定するとすれば、この辰沼医院の一室は最も有力な候補の一つとなるだろう。

委員会の第一の仕事は、その年の秋マナスル踏査隊を派遣することであった。今西錦司君を隊長として、田口二郎、高木正孝、中尾佐助、林一彦（ドクター）の四君が選ばれ、スポンサーの毎日新聞社から竹節作太記者がそれに加わることになった。あわただしい準備の後、この踏査隊が羽田を発ったのは、一九五二年八月二十五日であった。

マナスルという山は今西錦司君たちの京都勢が見つけ、それに登ることに決定したのだが、すでにマナスルをねらった外国隊のあることがわかった。それはイギリスのティルマン隊で、ティルマンはネパールの開国とともに入国し、マナスルに近づいていた。その記事の載った『アルパイン・ジャーナル』が到着したが、それには登路については何も書いていなかった（隊員の一人J・O・M・ロバーツがサマ側から可能性のありそうなルートを見つけたという報告は、その後に出版されたティルマンの『ネパール・ヒマラヤ』に初めて出た）。踏査隊は『アルパイン・ジャーナル』のティルマンの記事をタイプに打って持って行った。

一行がカトマンズを出発したのは九月十四日。リエゾン・オフィサーはデイリー、シェルパは五名、そのサーダーとして、ティルマン隊に伴ったギャルツェン（一九五六年マナスル登頂のギャルツェン・ノルブとは別人）を雇った。ポーターは七十五名。カカニの丘で泊まった翌朝、彼等は雲の上にさむざむと白い頭をもたげている山を見た。それこそ日本人が初めて見たマナスルであった。

一行はマルシャンディの渓谷を溯《さかのぼ》った。今西隊長の計画で、マナスルを偵察する前に、まずアンナプルナⅣを試登することになり、その北麓にベース・キャンプをおいたのは、カトマンズを出発して二十二日目であった。

その試登を終え、西チュルー（六二〇〇メートル）に初登頂した後、マナスルに向かったのは十月二十九日になっていた。ドゥド・コーラを溯って、ラルキヤ・バンジャン（バンジャンは峠の意）の手前ビムタコーチに近づくと、いよいよマナスルが出てきた。三本槍から続いた西尾根、ノース・ピーク（七二四五メートル）へ続く北尾根と、一大パノラマが展開した。

ラルキヤ・バンジャンを越えたところのキャンプから一行は初めて北側からマナスルを見た。近くの山へ上って観察した結果、登路はまずノース・ピークとナイケ・ピークとの間のコルに取りつき、そこからノース・ピークの東側を巻いて、そのピークとマナスルとの間のコルへ出る。そのコルからもう一度東側へ戻り、氷河の斜面を登りつめるとプラトーである。あとはプラトーどおしに頂上。誰が見てもこれ以外のルートは考えられなかった。

マナスル氷河の末端はサマの方へ落ちていた。そこのゴンパ（僧院）にベース・キャンプをおいて、彼らは先に観察したルートを実際に確認することにした。高木、竹節、ギャルツェン、サルキが、四日分の食糧を持って、偵察に出かけた。二日目の午後、ナイケ・コルを眼前にする所まで進んだ時、高木隊員がクレヴァスに落ちた。おどろいて竹節隊員が暗い割れ目にロープを垂らし、ようやくそれを握らせて引き上げた。顔じゅう血みどろだった。すぐサルキが救援を求めるためベース・キャンプへ走った。

眉間《みけん》から左目にかけて十針縫う傷であった。高木正孝君はすべての友人たちから愛された快男子であったが、それから十年後南太平洋へ出かけて行方を絶った。マナスルの傷の残った高木君の快活な笑顔は今も私の眼に浮かぶ。

高木隊員の負傷で、ノース・コルまで達しようというプランは放棄されたが、その後、今西、竹節、中尾は、ベース・キャンプの裏から東尾根の一角に取りついて、マナスルの東南面を偵察した。しかしその側は切り立った高い絶壁で問題にならなかった。マナスルの登路はやはりナイケ・コル経由のほかないことが再確認された。

十八日間をベース・キャンプで過ごして、十一月二十九日サマに別れを告げ、ブリ・ガンダキを下った。キャラヴァン十七日の後カトマンズへ帰着したのは十二月十五日であった。

今西隊を送り出すとすぐ次の本隊の準備にかかった東京の本部では、踏査隊の報告を待った。マナスルの登路は発見された。もう今までの模糊《もこ》とした状態ではなく、目標がハッキリした。本隊は登山に実力のあるメンバーを揃《そろ》えねばならない。

最初隊長に決定していた松方三郎さんが急に行けなくなって、その大任は三田幸夫さんに下った。隊員には各大学山岳部出身の精鋭が選ばれ、それに前年の踏査隊の高木、田口、竹節の三隊員、カメラマンとして毎日新聞社の依田孝喜記者が加わった。ほかに科学班として中尾佐助、川喜田二郎の両君が活動することになった。

現地での準備のため先発隊は三月四日、本隊は十八日に羽田を出発した。カルカッタに着き、通関や連絡の忙しい仕事を終えて、カトマンズへ飛んだ。宿舎はシャーハ邸で、百坪近い庭には十五名のシェルパがテントを張って、装備の計量荷作りを始めた。

キャラヴァンは二隊にわかれて、三月二十六日と二十七日にカトマンズを出発。ポーターを加えて、第一隊は二百六名、第二隊は九十七名の大部隊となった。両隊は連絡を取りながら進み、七日目にアルガト・バザールからブリ・ガンダキの谷へ入った。前年の踏査隊が下った道を、今度は上るわけである。

十八日の行程の後、サマに到着。マナスル氷河を見おろす小さな台地にベース・キャンプ（三八五〇メートル）を設けた。カルカ（石造りの放牧小屋）の一つを修繕して食堂とし、そのまわりに十あまりのテントが並んだ。食堂は麓酒亭《ろくしゅてい》（地酒ロキシーをもじったもの）と名づけられ、会議や団欒《だんらん》の場となった。

ベース・キャンプに落ちつくと、三田隊長は数名の隊員を連れて、サマのゴンパへ挨拶に行った。ラマの僧正は意外な言葉で訪問者に対した。前年日本隊が来たため腸チフスが流行した、今年もそれが心配だ、というのである。それはあべこべで踏査隊が来た時もうチフスは流行していた。その患者たちの治療にあたったのは林ドクターだった。僧正の息子が一命を取りとめたのもそのおかげだったではないか。そう言い返すと、僧正はケロリとして「カンブンゲン（マナスルのチベット名、氷の肩の意）の頂上にはダイヤモンドと金がある。それを取っては困る」と言った。問答はそれで終わり、訪問者たちは礼拝の式に連なって、若干の献金をした。

いよいよ登攀《とうはん》が開始された。四月二十日マナスル氷河上の台地に第一キャンプ（四六〇〇メートル）、二十二日氷河上の小高い雪上に第二キャンプ（五〇〇〇メートル）、そして翌二十三日、高木班が第二キャンプからスキーによってナイケ・コル（五六〇〇メートル）の上に立った。これでまず第一の問題が解かれた。それからの十日間は、第三キャンプ（五四〇〇メートル）の建設と荷上げ、ナイケ・コル上の前進基地（第四キャンプ）の強化に費やされた。

ナイケ・コルの基地が出来ると、次の問題はノース・コルの奪取であった。その攻略は五月三日から始まった。行手には複雑で危険なアイス・フォールが拡がっている。これをどう克服するか、まず偵察隊が出た。すぐ眼の前の黒岩まで達するのが馬鹿に遠い。その黒岩の上を越えて、深雪に隠れたクレヴァスの多いアイス・フォールの間を、右に左にルートを求めながら苦労して登り、クーロワールの下に出た。このクーロワールを登るか、左へ崩壊地帯の下をトラヴァースするか。前者を採ることにきめた。

黒岩を越えた尾根上に第五キャンプ（五九〇〇メートル）、クーロワールの中段の滝の上に第六キャンプ（六一〇〇メートル）が設営された。クーロワールの上部はその溝状の形を失って、それから先、ノース・コルに続く大雪原に達するまでが、物凄く地形が荒れていた。そこを切り抜けて深雪をラッセルしながら雪原上を進んで第七キャンプ（六六〇〇メートル）を設置したのは、五月十一日であった。

ノース・コルまではまだ遠かった。おまけに一つの打撃があった。それは高地食糧が不足してきたという知らせだった。ぐずぐずしている余裕はない。そこでノース・コルに確固たる前進基地を設けるという案は中止になり、偵察隊がそのままアタック隊となって、ラッシュ・タクティックを取ることにきまった。

五月十五日、快晴、アタック隊は第七を出発して三時間も登ると、雪原のどんづまりに近づいた。そこから急斜面にぶつかる。マナスルのプラトー（岩棚）を支える氷の壁である。そこで引き返さざるを得なくなり、ノース・コルへトラヴァースして、そこに第八キャンプ（七一〇〇メートル）を設けた。翌十六日、プラトーへの突破口の偵察をした。田口、加藤喜一郎両隊員が懸垂《けんすい》氷河の下を目がけて登ったが、三時間ほどで天候悪化のため後退にきめ、一寸先も見えないほどの濃霧に道を失いそうになりつつ、ようやくテントへ戻りついた。

翌十七日は強い西風ながら快晴、再びプラトー奪取に向かった。突破口は二つ考えられた。プラトー右側の岩峰の左寄りに、急な岩と雪の斜面を直登するか、あるいはもっと左手の、舌のように垂れさがっている懸垂氷河に取りつくかである。前者を採った。九時シェルパ隊を先頭にして、高木、加藤（喜）、山田の三隊員がそれに続いた。しかし腰までもぐるラッセルのため、午後三時になっても、プラトーまでの半分ほどしか登れない。そこで加藤（喜）、山田両隊員がそこに雪洞《せつどう》を掘って一夜をあかし、翌日下からのサポート隊の応援を得てプラトーへ達することにした。約七三五〇メートルの高地に雪洞を掘るとは果敢な行為であって、それまで夢にも思っていなかった。しかも二人は「なんとなく家に帰ったような気になって」寝たというから、その大胆さは敬服に値する。ところが翌十八日は凄い風で、斜面全体が大きく揺れ動いているような感じ。雪崩《なだれ》の危険もあり、とうてい登れたものではない。退却のほかなかった。

すべての情勢から判断して、一応全員が第四キャンプに下って休養し、英気を養って再度の攻撃に移ることになった。

五月二十五日行動開始、二十九日にはノース・コルの第八キャンプに、高木、加藤（喜）、山田、山崎、石坂の諸隊員と、ギャルツェンほか五名のシェルパが入った。この年は幸いに例年よりモンスーンがおくれたとは言え、ラジオの天気予報はもうそれが近づきつつあることを伝えた。三十日は故障のできた高木隊員とギャルツェンが下ることになったため、他の者は一日停滞。翌三十一日、二日分の食糧と装備を持って第八を出発した。前進は非常に順調で、たちまち前回の雪洞地点に達した。そこから上はにわかに斜面が急になり、積雪は減って、所々逆層スラブ（岩の節理が斜面側に傾いた一枚岩）のぼろぼろ岩が出てきた。石坂隊員が先頭でステップを切りながらぐんぐん高度をかせいだ。ついにプラトーに出た。その先端の方は強風のため雪がほとんどついていず、岩がごろごろしていた。登りつめた所は蒼氷《そうひょう》で覆われていた。その蒼氷の一番薄くなった平地に、大急ぎで二人用のテントを張り、加藤（喜）、山田、石坂の三隊員がそこに残って、あとの者は第八へ下った。

六月一日、午前七時、三人は第九キャンプ（七五〇〇メートル）をあとにして、頂上への第一歩を踏み出した。風もなく静かな朝だった。初めて見るプラトーは予想外に広大で、頂上まで大たい三つの段階にわかれ、その中間は蒼氷あるいはその上をスカブラ（積雪面が風で浸食されて極端に不規則な凹凸をなしている状態）の覆った原であった。九時半第二段階の直下に到着。頂上は遠く、なかなか近づいた様子もない。高度の影響が表れ、頻《ひん》繁《ぱん》に休んだ。昼食はビスケット数枚を紅茶で腹へ流しこんだだけ。正午、第二段階を越え、最後の第三段階にかかる少し手前七七五〇メートルに達した。

そこが最高到達地点だった。加藤（喜）隊員は次のように書いている。「私は迷った、行けば行ける。私の判断では、これから頂上まで斜面も急になるし、どうしても五時間か六時間はかかる。帰りは、頂上から第九キャンプまで五時間とすると、どうしても、夜十一時を過ぎなければ帰りつけない。しかし、せっかくここまで来たんだ。行ってしまえ、という気持がわいてくる。山田に意見を聞く。彼ももう少し先まで行くことに賛成する。ふと石坂の方を見ると、あおむけにぶっ倒れて寝ている。それを見たとたん、私は決心した。そうだ、絶対に安全な方法をとろう」

賢明な決断であった。三人は頂上に立てるために持ってきた国旗をピトンで氷に留め、写真を撮った。それから頂上を見上げ、国旗に頭を下げた。帰路三人は一言もしゃべらなかった。

ベース・キャンプはもうすっかり春だった。二ヵ月の奮闘を終わって、麓酒亭には談笑の声が絶えなかった。六月八日、撤収の日が来た。帰途はラルキヤ峠を越えマルシャンディの谷を下った。二十日ポカラに到着、ここであてにしていた飛行機が来ず、七月七日まで十七日間も待ちぼうけを食った。日本隊だけでなく、ダウラギリ登山のスイス隊も同じ目にあっていた。飛行場に両隊のテント村が出来、フットボールなどしてお互いの交歓があった。スイス隊は我慢しきれなくなって国境のノータンワまで歩いて帰ってしまい、日本隊が取り残されたが、根気強い交渉の末やっと待望の飛行機がやってきて、一行とその荷をカトマンズまで運んだ。

一方、科学班の行動を簡単に付け加えておこう。中尾、川喜田の両隊員が本隊とともにカトマンズを出発したのは三月二十七日、しかしその翌日パンチマナ峠でもう本隊と別れて別行動を取ることになった。中尾隊員は植物学および農学、川喜田隊員は地理学および人類学の担当であった。両人とも京大学士山岳会に属する遠慮のない仲間で、通訳とポーター十七人を連れ、科学班としての長い旅に出た。

まず西進してポカラ、それからウレリーの峠を越えて、カリ・ガンダキにかかった。その上流のツクチャでポーターをミュール（ラバとロバの雑種）に切りかえ、さらに二日間溯ったカグベニからケハ・ルンパ河へ入った。そしてその支流ティゼ・ルンパの川岸に出て、ティゼ・ラ（五四九〇メートル）に登った。ここが一行の達した西端であった（その後一九五八年の秋、川喜田君を隊長とする西北ネパール踏査隊が、この峠を越えてさらに西へ深く入った）。

再びカグベニへ引き返し、今度はカリ・ガンダキの東の支流を溯ってムクチナートの寺へ行った。この有名な巡礼の聖地をその後日本の数隊が訪れているが、その最初はもちろんこの科学班である。ムクチナートからさらに東進、ニサンゴ・バンジャン（五二〇〇メートル）を越えて、アンナプルナの北麓マナンボットへ出た。そこから下流のマルシャンディの谷は、前年（一九五二年）のマナスル踏査隊の一員であった中尾君には思い出の道である。トンジェからドゥド・コシをラルキヤ・バンジャンに向かって登った。

もう五月三十一日になっていた。本隊と別れて以来二ヵ月以上もたっている。その日の十時頃、双眼鏡でマナスルを探っていた川喜田君が、ノース・コルから点々と間隔をおいて登って行く人影を発見した。日本隊だ！　一つの双眼鏡を奪いあって、友人たちの遠い姿をみつめた。翌六月一日ラルキヤの峠を過ぎて、ちょうど二時頃、プラトー右端の岩壁の上に三人の人影が動いているのを、またしても双眼鏡で捉えた。下へおりるらしい。しかし十分間とたたない間に、一人ずつ黒い岩の中へ消えてわからなくなってしまった。あれは誰と誰だろう。登頂に成功して戻るところかもしれない。

翌六月二日午後、科学班はサマのベース・キャンプに着き、二ヵ月余ぶりで本隊と落ちあった。ベースでは、前進キャンプから悲観的な報告を受け、高所の様子はわからず、暗然たる空気に包まれていた。そこへ飛びこんだのが科学班の朗報であった。「まさに消えようとする希望の灯が再び燃え上り、歓びに変った。登頂したかもしれないぞ」と三田隊長は書いている。事実はプラトー上七七五〇メートルまで達して引き返したことは、前に述べた通りである。

科学班はベース・キャンプで本隊と数日共に暮らした後、マルシャンディへ下って行く本隊と再び別れて、ブリ・ガンダキを下った。その途中からスリンギ・ヒマールの南面を巻いてシャール・コーラへ入った。谷へ下る途中の山腹にあるツムジェ（カルチェ）の村長の家で、一ヵ月も滞在することになった。

すでに本格的なモンスーンが始まっていたにかかわらず、ツムジェ滞在中に、両隊員のそれぞれの分野における活動は目ざましかった。川喜田君は次々と村人を引見し、通訳を介して民族調査を始めた。その興味ある報告は同君の『ネパール王国探検記』に詳しい。その本ではツムジェはカルチェ村という名になっている。

一方中尾君は植物採集とその整理に忙しかった。ツムジェからシャール・コーラの岸へ下ると、そこでトロ・ゴンパ・コーラがわかれる。中尾君はそこでニュージーランド隊に出あった。シェルパとポーターを連れた中尾君の隊はシャール・コーラを溯りチョコンに達した。その村から奥は谷が広くなり典型的U字谷になる。そのつきあたりにタプレ・ヒマールの山々が並んでいる。高さ六〇〇〇メートル未満だが、その割には氷河が発達していた。中尾君はシャール・コーラの西側にあるチベット国境上のタプレ・バンジャン（四九〇〇メートル）に登り、日をおいて次に東側のセルブ・ラ（四八五〇メートル）に登った。セルブ・ラと呼ぶのは誤りで、ムラ・ダゼン・バンジャンが正しいと彼は言っている。その峠の上からチベットのフリフ・ヒマールの一部がよく見えた。

いったんツムジェへ戻った中尾君は、再び前と同じ編成で今度はガネシュ・ヒマールへ採集に向かった。シャール・コーラの分岐点からトロ・ゴンパ・コーラを溯り、六日かかってバルツェに到着、ここはガネシュ・ヒマール主峰の直下である。それから本流と氷河沿いに登ってみたが、行きづまって引き返した。

四十日間も滞在したツムジェに別れを告げて、七月二十六日科学班は帰途についた。班付きの二人のシェルパは長逗留《ながとうりゅう》の間に村の娘と恋に落ちて、切ない最後の一夜をおくったあと、サーブのあとを追っかけてきた。どっさり収穫品を携えた一行は、ブリ・ガンダキに出て、カトマンズに帰ったのは八月十三日であった。旅行日数百四十日、歩行距離約一五〇〇キロ、学術的収穫を別にしても、日本人として初めての土地を広く歩いた点で、この科学班の功績は大きく賞せられていいだろう。

一九五四年第二次マナスル登山隊が編成された。前年七七五〇メートルまで達した、その経験と反省から、今度は登頂は間違いなしと思われた。日本山岳会ヒマラヤ委員会の槇有恒委員長から、前年の経験者、村山雅美、村木潤次郎、山田二郎、加藤喜一郎の四君が実行委員会を組織するように命を受けた。実行委員会は三田幸夫さんを長とし、前記四名のほかにさらに、成瀬岩雄、谷口現吉、望月達夫、辰沼広吉、千谷壮之助の諸君を加えて出来上がった。

計画と準備は細心に真剣に進められた。行動表が作られ、装備（今度は酸素を持った）や食糧が吟味《ぎんみ》され、資金も整った。あとは隊長と隊員の選定だけであった。一月十四日の深更、ヒマラヤ委員会によってそれも決定された。隊長はかつて一九三六年立教のナンダ・コット隊の隊長であった堀田弥一君、隊員は前年度の中核隊員を含めて十三名が選ばれた。

全隊員がカトマンズに集結したのは三月十四日、一週間後には二隊にわかれてキャラヴァンについた。両隊をあわせて、シェルパ二十三名、ポーター四百二十四名という大部隊であった。前年にくらべて春がおそく、しのぎやすい旅行であったが、ブリ・ガンダキにかかる頃から、不安なニュースが伝わってきた。マナスルの麓《ふもと》サマの部落では、その冬三百年の伝統を持つ僧院が雪崩でつぶされ三人のラマ尼が死んだ。またいま天然痘が流行している。これらの不祥事はみな聖山カンブンゲンをけがした日本登山隊が、神の怒りに触れたためである。今度は山へ登らせない、というのである。

目的地に近づくにつれて、形勢は次第に険悪になった。日本隊に協力する者は処罰するという噂《うわさ》がたって、ポーターたちも動揺しだした。四月五日、マナスルを背景に仰ぐローの部落まで達した時、村人は手に手に鉈《なた》や鍬《くわ》をもって不穏な罵声《ばせい》を発し、左右の高みから石つぶてさえ飛んできた。ようやく村を通り抜け、サマ部落へあと一時間の宿営予定地に近づいた時、斧《おの》を持った約三十人のサマの村人が、一行の前に立ちはだかった。その場は事なくすんだが、その夜登山隊の愛すべき少年給仕ドルジェが捕えられて木に縛《しば》りつけられているのを、やっと貰いうけた一場もあって、事態は思ったより遙《はる》かに重大であることがわかった。

そこで翌六日、村山隊員にサーダーのギャルツェンと通訳のディリーが付き添って、サマへ直接談判に出かけることになった。村の入口からもう険悪な雰囲気がみなぎっていた。会談の場所で、僧院《ゴンパ》のヘッドラマ、その弟ラマ、村の顔役二、三人と、相対した。群集がその周りを取り巻いた。交渉は不調に終わった。いかに理をもって説いても、狂信のラマ教徒は耳をかさず、ついに、もしサマへ侵入するなら実力をもって阻止すると言い放って、ラマ僧は席をたった。

妥結の望みが絶たれて、全員ニヤックに集結し、今後の方針を協議した。その結果、村山隊員とディリーは、シャール・コーラのチョコン村にいるスッパ（ネパール政府に直属し、数十村を掌握する郡長格の役人）を訪ねて、事件解決の折衝《せっしょう》を行い、その間に加藤隊員その他はヒマルチュリの偵察をすることになった。

チョコンのスッパは愛嬌《あいきょう》よく交渉員を迎えた。さっそく問題を持ち出すと、そこへどやどやと現れたのは、サマで最も強硬な弟ラマと三人の顔役であった。スッパの威勢もこの強硬派にはかなわなかった。サマ側の日本隊阻止を認め、日本隊に対しては事件の解決に努力するという約束を与えるだけに終わった。その代わりに今後ガネシュ・ヒマールとヒマルチュリへ転進の場合、地元としての協力をすることを約束した。

一方ヒマルチュリ偵察に出た隊は出発後数時間で絶好の展望台を見つけ、そこから仔細に観察の結果、こちらチューリン・コーラ側には、頂上直下に八〇〇メートルの氷雪をも留めぬ壁があり、この側からの登頂は困難であろうという結論を得た。その翌々日、堀田隊長その他も同じ展望台に立ってそれを確認した。

そこでガネシュ・ヒマールへの転進がきまった。さきにシャール・コーラのチョコンへ入った村山隊員が、ガネシュ攻撃に望みのあることを見てきていたのであった。ニヤックからシャール・コーラに入り、トロ・ゴンパ・コーラの氷河のモレーン脇にベース・キャンプをおき、四月二十六日から攻撃にかかった。

各方面に偵察隊が出た。主流氷河の奥からのルートは雪崩の危険のため放棄した。ガネシュIII（七一三二メートル）への登路も見つからなかった。結局左手稜線上のコルに達して、そこから尾根を辿《たど》って主峰へ向かおうとしたが、稜線上の氷壁にはばまれて成らなかった。かくして登路はついに得られず、五月十五日全員ベース・キャンプに下って、ガネシュ・ヒマールは終わった。その詳しい行動は「ガネシュ・ヒマール」(『深田久彌・山の文学全集』第八巻)に出てくるので、ここでは省略する。

帰途は四隊にわかれた。ずっと身体の不調であった堀田隊長は辰沼ドクターの付き添いでカトマンズに直行。別に村山隊員は帰還荷物を宰領《さいりよう》してカトマンズへ。残りの大部分、谷口副隊長以下九名の隊員は、サーダー以下六名のシェルパを連れて、チューリン・コーラを溯り、ヒマルチュリを偵察の上、ルピナ・パスを越えてポカラへ出ることになった。その偵察のためのベース・キャンプで、はからずもバウダ(六六七二メートル)へ登りにきたイギリス隊と出あって、お互い交歓しあった顚末《てんまつ》は、「バウダ」(『深田久彌・山の文学全集』第八巻)に出てくるから、それをお読みねがいたい。

残る隊員、竹節、依田の両毎日新聞社員は、シェルパ二名、ポーター十一名を連れて聖地ゴザインクンド訪問の道を採った。ブリ・ガンダキのドマンまで下り、そこから河を離れて東岸の高巻きにかかり、カシガオンに着く。ここまでは前年の科学班が足跡を印していたが、それからずっと東進のコースは、外国人として初めての道であった。幾つかの谷を渡り、峠を越えて、約一週間の旅の末、最後のクコアルプク・ラ(三六〇〇メートル)を通り過ぎると、トリスル・ガンダキの水系になる。ガネシュ・ヒマールから東へ流れ出るチリメ・コーラを下って、トリスル・ガンダキの本流へ出た。河を渡り、その本流に沿って下ると、ランタン・コーラとの出合いになる。ゴザインクンドへ行く道は、その出合いから登っていた。

ゴザインクンドは巡礼者の聖地とされている所で海抜五〇〇〇メートル、赤茶けた岩山に囲まれて小さな湖が数個つながっている。ポーターたちは湖に浴して身を浄め、その水を持ち帰るためにビンにつめた。それからゴザインクンド・レク（レクは山脈の意）の峠を越えてマレムチ・コーラに出、美人郷タルケギャンをよそ目に見ながら、その谷の左岸を下り、カトマンズに到着したのは六月七日であった。

第三次マナスル登山隊は、一年おいて、一九五六年に出ることになった。今度は三度目である。この機を逸したら、マナスル初登頂の栄誉はついに日本から去ってしまうかもしれない。それだけに完璧の用意が必要であった。

一九五五年五月、西堀栄三郎、成瀬岩雄の両君がカトマンズに飛んで、サマ事件の満足な解決を得るための政治的交渉に当たった。ネパール政府では日本隊に対してなみなみならぬ好意を持ち、次回にそういう不祥事のおこらぬよう処置を講じてくれることになった。両君はそれからさらにダージリンへおもむいて、ヒマラヤン・クラブのヘンダースン夫人に会い、シェルパ雇用の相談をした。まず誰をサーダーに選ぶか。パサン・ダワ・ラマとギャルツェン・ノルブが候補にあがった。その後両君が帰国してからも、ヘンダースン夫人との間に数回の文通を繰り返し、ギャルツェン・ノルブに大たい決まったが、彼がサーダーとして実に有能であったことは、その後実際において示された。

一九五五年七月、槇有恒さんが隊長を引き受けられた。槇さんはマナスル遠征のそもそもの初めから欠くことの出来ない重要な人物であったが、三度目の正直の今度の隊長に、この人をおいて他に誰があったろう。八月には強力な後援会が組織され、その世話人には各界の一流人が名を並べた。文部省からは補助金が出、一九五二年以来の後盾《うしろだて》であった毎日新聞の援助を基に広く全国の公私からの支援を得て、今やマナスル登山は国民的事業のような性格を持つに至った。

同年の秋、小原勝郎、村山雅美、橋本誠二の三君が先遣隊としてネパールに派遣された。サマ問題については、先に西堀、成瀬の両君がネパール政府から善処の約束を受け取ったが、それだけでは不安なので、日本隊自身が前もってサマへ行き現地人の了解を得ておく必要が感じられた。それが先遣隊の重要な任務の一つであった。もう一つの任務はマナスル氷河のアイス・フォールの偵察。登頂ルート偵察のほかに、気象、積雪状態の調査や、地学的観察、地図作製などの仕事が課せられた。橋本君は地質学の専攻であったから、この作業には打ってつけであった。

先遣隊は十月の初めカトマンズに着き、まずスッパ宛ての手紙を使いに持たせて出した。

そのあとから、ギャルツェン・ノルブをサーダーとするシェルパ達をつれ、約一トンの荷を運ぶポーターを従えて、隊はカトマンズを出発した。十二日のキャラヴァンの後、ブリ・ガンダキのセティバスで、手紙の約束通りスッパがチョコンから出てくるのと落ちあった。スッパは息子と従者、料理人ら五名を従えていた。先遣隊はこの一行とサマまで同行したが、沿道の村民はみなスッパに尊敬の意を表し、何事もなくサマを通過して、十月二十四日ベース・キャンプに到着した。先遣隊のテントの傍《かたわ》らにスッパも居住して、山の調査が終わるまでそこに居てくれた。サマの顔役も来てスッパに敬意を払い、日本人に何ら敵意を示すようなこともなかった。

そこで安心して、隊員三、シェルパ四、ポーター八、総員十五名で、わずか五日間のうちに、第一キャンプ（四八〇〇メートル）、第二キャンプ（五三〇〇メートル）、そして第三キャンプをナイケ・コル五六〇〇メートルに建設し、荷上げを終わった。第三で一週間滞在している間に、アイス・フォールの直下まで登って、プラトーへ出るまでにどうルートを取ればいいか偵察した。さらに反対側のナイケ山の上部まで登って、そこからアイス・フォールの上部の様子も検討した。

連日快晴だった。十分に観察を果たして、十一月八日第三キャンプを撤収してベース・キャンプへ帰り、スッパと再会した。彼は翌一九五六年の日本隊に協力することを確約した。任務を果たした先遣隊はそこでラルキヤ峠へ移動し、その北側にある国境のギャ・ラ

（六〇〇〇メートル）へ登り、さらにチョー・ダナ（約七〇〇〇メートル）の下にキャンプをおいて、その山に試登し、そこからあらためてマナスルを観察し、その頂上付近を望遠レンズで撮影した。この写真は翌年のマナスル登頂に非常に役立った。

十一月二十日チョー・ダナのキャンプを引き払い、ビムタ・コーチへ下って行った。マルシャンディの谷ぞいの道を気持のいい九日間のキャラヴァンの後、ポカラへ出て、カトマンズまで飛んだ。それから帰国の途中、ダージリンに寄って、翌年の隊のためにギャルツェン・ノルブ以下二十名の強力なシェルパを予約した。

先遣隊が日本へ帰ったのは十二月十七日だった。その間に内地の準備はどんどん進んでいた。準備委員会が設けられ、その委員たちはおのおの分担の仕事に忙殺された。中でも一身に幾つもの仕事を引き受け、面倒な事務をテキパキやってのけた松田雄一君の働きは殊勲甲に値した。一番むずかしい問題は隊員の選考であった。しかしそれも槇隊長の慎重な判断と熟考の結果、十一月八日、十一名の隊員が発表された。

おそらくこれほど綿密な計画とこれほど完全な準備もないと思われるほど、内地の仕事が充実して、いよいよ門出の日が来た。一九五六年二月二日、槇隊長以下八名の本隊が英国船サンシア号で神戸を出港した。十一日残り四名の隊員がインド国際航空機で羽田を発ち、船の仲間より先にインドへ着いて、荷物の通関や運輸にあたった。全員がカトマンズに集結したのは三月七日。キャラヴァンの出立は十一日だった。

隊員十二名、シェルパ二十名、リエゾン・オフィサー（サガール・ブラサド・ゴータム）、それに三百九十六名のポーターという大部隊であった。日本隊にはもうお馴染《なじ》みのコースを辿って、三月二十五日ローの村に着いた。この日初めて行手の左方にマナスルの全容を仰いだ。翌日、前もって連絡してあったのでスッパが家族と従者を連れて、チョコンからローへ出てきた。スッパの希望によって、カトマンズからのポーターを全員解雇して、ローの部落民を採用した。

翌二十七日はサマ入りの日である。ところがローとサマの境界で、サマ部落民が暴力をもって隊の前進を阻止しようとし、スッパの護衛と乱闘をした。そのためローのポーターは進むのを嫌《いや》がり、村の入り口のチョルテンの所に荷をおいたまま帰ってしまった。止むを得ず、そこから無気味に静まりかえったサマの村を通りぬけてベース・キャンプまで、約四〇〇個の荷上げは、隊員、シェルパ、スッパの一行とともにチョコンから来た二十名のチベット人とによって運ぶほかなかった。一日数回往復して、二日間で全部の荷をベース・キャンプに集結した。

それが終わった頃、サマの代表から「日本隊にはマナスル登山を許さない。ただちに帰ってほしい。一万ルピー（約五十五万円）を僧院《ゴンパ》再建費として納めるなら登山を許す」という申し入れが来た。三月三十一日、サマの代表五名がベース・キャンプへ登ってきて、日本隊側と野天の会談が始まった。いろいろと論議の結果、四千ルピーを隊長から村に贈ることで交渉は妥結した。翌日エプリール・フールに金を受け取りに来たが、小額紙幣で四千ルピーをラマ僧が一枚一枚数えあげるのは、滑稽やら閉口やらであった。

サマ問題もこれで片づいたので、あとは登山あるのみ。四月一日から荷上げが始まった。まず四九〇〇メートルの地点にデポ（荷物置場）を設けて、そこへ荷の集積を行い、それが終わる頃第一キャンプ（五二五〇メートル）を建設して、そこへデポの荷を上げる。それと同時にナイケ・コルに第二キャンプ（五六〇〇メートル）を置いて、第一の荷を往復運搬する。これが登山の第一段階であった。

予想より一週間短い日数でナイケ・コルに約六トンの荷を上げ終わったのは四月十六日。十八日には全員ベース・キャンプに会合して、次の計画を練った。今度は第二キャンプを根拠地として、第三キャンプを六二〇〇メートルの地点に設け、そこを中継にして、アイス・フォールを越えたところに第四キャンプ（六五五〇メートル）を置いて前進基地とする。そのために全員を六班に分かち、それぞれの班にシェルパを配した。

四月二十日から新しい行動がおこされた。A班は登路とキャンプ地の推進に任じ、B班C班はその援助にあたる。第二キャンプから三十分ほど西へ向かって登ると黒岩に突きあたる。そこにかけられた縄梯子《なわばしご》を攀《よ》じて黒岩の稜線を辿り、まさにアイス・フォールにさしかかろうとする地点が第三キャンプ。アイス・フォールを越えて、ノース・コルの下方にアドヴァンス・ベース・キャンプの位置を決めたのは二十五日であった。

各キャンプ間は、感度の良好な無電によって毎日きまった時間に三回連絡し、チーム・ワークに事欠くことはなかった。槇隊長も二十四日にナイケ・コルの第二キャンプに登って、連絡指揮にあたった。元気に活躍していた隊員の中には、高山病で健康を損じる者も出てきた。ベース・キャンプへおろして静養させる。

晴天つづきと隊員やシェルパの整然とした毎日の行動で、アドヴァンス・ベース・キャンプ（第四キャンプ）に三トンの荷上げを完了したのは四月三十日。これで延べ二十四人が二十日間滞在して頂上攻撃の必要品が、ここに集積された。しかし槇隊長は天候の変化を考慮して猶予《ゆうよ》はしなかった。隊員もシェルパも好調、天気もいい、この期に、早く第一回の登頂を行いたいと考えた。

四月二十九日の天長節に第二キャンプで隊長を中心にして作戦会議が開かれ、それが五月一日まで続いた。一番の問題はプラトーへ出るルートであった。A班の今西、加藤、村木の三隊員の偵察では、一九五三年に採られたルート、すなわちノース・コルを経てプラトーの右端に出るルートは、今年は積雪量が少なく逆層の岩が露出していて、とうてい登れそうもなかった。もう一つ予想されるルートは、プラトーの中段へ出るものであったが、その途中に雪崩の危険のないキャンプ地があるかどうか、それが先決問題であった。

五月一日の夕方、第四キャンプの大塚隊員から無線電話で、第五キャンプを設ける絶好の地を発見したと報じてきた。その前日隊長は第四キャンプに「大塚、日下田《ひげだ》、ギャルツエンの三名は明日鯨の背のように見える雪の棚に登って、キャンプ地を偵察してもらいたい」という指令を出していた。三名は深い雪にもぐりながら鯨の背に向かい、キャンプ地を見つけて帰ってきたのである。この鯨の背からスノー・エプロンと呼んだ雪の急斜面を登れば、プラトーに出る。それから先頂上までは、前年の先遣隊がチョー・ダナから撮った望遠写真で様子がわかっている。これで登頂ルートに目鼻がついた。

隊長は部署を発表した。登頂隊の第一隊は今西とギャルツェン。第二隊は加藤と日下田。援助の本拠を第四キャンプにおき、小原を首班に、辰沼、村木、大塚を配した。

攻撃態勢は成った。五月二日から隊員たちはそれぞれの部署に向かって行動を始めた。四日、加藤、村木、パサン・ダワは、ギャルツェンほか六名のシェルパの援助を受けて、鯨の背に第五キャンプ（七二〇〇メートル）を設営、そこに入った。翌五日は天気に恵まれず停滞。翌六日強風をついて加藤、村木はエプロン右側の岩場にルートを尋ね、中途まで登って引き返した。この日第五キャンプへ入った大塚とペンバ・ズンダは、翌七日、無風快晴を利して、前日の岩場を避けてエプロンの雪の斜面を登った。快調に歩度が進み、ついにプラトーに出た。第一関門を突破したのである。のみならず第六キャンプの設営地点を選定して、第五へ戻った。

この偵察によって登路が確実になったので、翌五月八日第一登頂隊が第五を出発することになった。第五から上はたいてい酸素を使ったが、酸素管理の辰沼は登頂隊員の安眠をはかるために、ほとんど夜を徹して酸素発生器の取り換えに従事した。

夜が明けると、前日に続いてすばらしい天気である。第一登頂隊は、村木の指揮する五名のシェルパを援助隊として、八時三十分に出発した。第五まで急いで登ってきた依田は、その門出の模様をフィルムに収めた。エプロンの中ほどに岩塊の中ノ島があって、そのあたりから斜面は急峻になったが、ようやく十二時にプラトーへ出た。三十分後テント場について、予定通り第六キャンプ（七八〇〇メートル）を設営すると、登頂隊の二人をそこに残して、サポートの村木隊は第五へ下った。

五月九日、酸素のおかげでかなり安眠を得た第六の二人は、簡単な朝食をすまして、八時にテントを出発した。何という天佑《てんゆう》か、今日も微風さえない快晴である。広大な雪原状の斜面をゆっくり進んで行った。プラトーの最奥から頂上らしい岩峰へ登ると、それはにせの頂上で、雪の棚になり、本当の頂上はさらに先にあった。急峻な尾根になって、マルシャンディ側は数千メートル絶壁になって落ちこみ、反対のブリ・ガンダキ側には大きな雪庇《せっぴ》が張り出していた。一歩一歩慎重にステップを切りながら登る。危険な岩場をすぎると、前に鋭い三角の岩峰が現れた。それこそまさしく頂上であった。

しかしその手前に深い切れ目があった。いったんそのコルまで下って、頂上の岩峰へかかった。雪が吹き飛ばされて岩肌が出ていた。逆層の岩場に一本のアイス・ハーケンを打ちこんで、徐々に登りつめ、十二時三十分、ついに頂上に立った。てっぺんは切り立って狭く、やっと一人が危うく立てるくらいだった。
眺望はすばらしかった。周囲を見廻したり、十六ミリを撮ったりしているうちに、一時間たってしまった。下りは登りに比べ、身も心も軽やかに歌でも歌いたい気持であった。第六へ近づいた時、今西隊員は初めて頂上に立ったという実感がしてきた。登頂第二隊のために第六のテントを整理して、第五へ下って行くと、迎えに上ってきた村木とペンバ・ズンダにあい、堅い握手をかわした。第五で大歓迎に出あい、その日のうちに第四キャンプまで下った。

この日、槇隊長はナイケ・コルの第二キャンプで、勝報を待ち受けていた。十八倍の望遠鏡をすえてプラトーの稜線を見守っていた千谷隊員が、午後四時エプロンをおりつつある二人の姿を捕えた。登頂したのだ。「よくやってくれた。そしてみんなもよくやってくれたと思うと目頭が熱くなるのを覚えた。しかしシェルパやポーターもみな望遠鏡に集まっている中とて、ここで涙など見せてはといつわりの無表情にぐっとたえたことであった」。隊長の心中の察しられる言葉である。

五月十日、加藤、日下田の第二登頂隊は、大塚とウォンディのたった二人のサポート隊によって、第六へ達した。サポートの人数の少ないのは、シェルパが疲労脱落したためであった。にもかかわらず第二隊が成功したのは、第一隊のサポート隊が酸素使用を節約して、第六に予定以上のボンベを残してきたのが、大きな要因であった。

五月十一日、第六の二人は七時五十分にテントをあとにした。天気は崩れかけたようだが、今日一日は十分にもちそうである。加藤隊員は一九五三年にプラトー上の七七五〇メートルに達している。その時の苦闘に比べて、酸素をつけた今度の方がずっと楽に感じられた。日下田隊員はやはり一九五三年南米アンデスの最高峰アコンカグアに登頂していた。その時よりも今度が楽だったという。酸素の威力である。

二人は快調で前進し、にせの頂上までステップも切らずに登った。下から見ると頂上のように高いピナクルも、今は足下の一岩峰にすぎない。岩尾根の悪場を辿って行くと、やがて眼の前に、三本の赤旗の立った頂上が現れた。その手前のコルへ下るところで酸素をぬいで、カメラだけ持って行くことにした。コルから頂上への登りは約九メートル。「途中二本のハーケンがぶちこんであったが、カラビナがないので使わずに一歩一歩登る。手が伸びる、足があがる、ついに八一五六メートルの頂上に手がかかる。次の瞬間には、がっちりと頂上に乗っかってしまった」。十時四十分であった。

加藤隊員はその時、今まで予想していたような感激は何も感じなかった。ただほっとした気持だけだった。本当の喜びは、その後帰途について、ラルキヤ峠を越えビムタコーチへ下る時に来た。そこからマナスルをじっとみつめていると、「急に胸をしめつけられるような感じがする。目の奥の方から、なにかかたまりが押し出してくる。じっとしておれないような気がしてくる。登ったんだな、僕は小さくつぶやいた。登頂以来、はじめてしみじみと噛みしめたうれしさだった。……」。

十二時頂上を辞した二人は、一時二十分にはもう第六へ戻りついた。テントの中を綺麗《きれい》に片づけた。もう誰も来ないテントとわかっていても、きちんと片づけずにはおれなかった。第五へ下ると、熱い紅茶をもって隊員が迎えに出ていた。みんなで第五を撤収してその日のうちに第四へ下った。今まで続いた天候はその夕方から崩れかけた。そしてその翌日から山は雲に覆われ雪が降り始めた。ラジオはモンスーンの発生を告げた。全く幸運な登頂であった。

各前進キャンプの後始末をして、全隊員ベース・キャンプに集結したのは五月十四日。二十日帰途のキャラヴァンについて、マルシャンディを下り、二週間の後ポカラの飛行場に着いた。

マナスル登頂の報が各新聞に大きく出たのは、五月十八日の朝刊であった。ことに『毎日新聞』は第一ページと社会欄の全面を使った。都心の空には高々と祝マナスル登頂のアドバルーンが十六もあがった。

荷物整理のためあとに残った三隊員以外の全員が羽田へ帰着したのは、六月二十二日の夕刻であった。飛行場は歓迎の人で埋められた。歓迎パーティ、一時間にわたるテレビ放送（その司会は私が任命された）、写真展、それから全国にわたって映画と講演の会。どこへ行っても隊員は歓迎攻めであった。記念切手が発行され、各隊員はジャーナリズムの目標となり、「これでは内地で遭難しそうだ」とつぶやくほど、世間は彼らを放そうとしなかった。

エヴェレストの登頂を終えて、イギリスの大騒ぎの中へ帰ってきたノイスは「隊員たちはだれひとりとして、このような大騒ぎについて、その十分の一の程度すら予想していなかった。もしエヴェレストの頂上への最後の四〇フィートの岩壁が、もう十分の一ほども難しかったらどうだったろう。恐らく情勢はまるで違ったものであったろう」と書いているが、おそらくマナスル隊員も同じ気持だったに違いない。モンスーンがもう二、三日早く来たとしたら……。

しかしマナスル登頂の残した功績は大きかった。今までヒマラヤについて何も知らなかった人人まで、登山の意義を知り、シェルパだの、ベース・キャンプだのと口にするようになった。これを機として日本のヒマラヤ遠征の気運が大いにおこった。その後の登山隊はたいていマナスル方式を手本とした。国内の登山ブームさえマナスル登頂に刺激されたと言われる。日本の登山史にとって最も大きなエポック・メーキングであった。

マナスルという山名について。インド測量局の測量記号は Peak XXX であった。バラードの『ヒマラヤおよびチベットの地理地質概要』(一九〇七年)には Peak XXX として記載され名前はついていない。同書の改訂版(一九三三年)に初めて Kutang I と呼ばれている。この山が Bezirk Kutang に属しているからである。その後 Manaslu という名のあることがわかった。これは明らかにインド側からつけられたもので、Manasa はサンスクリットで霊魂、精神の意だという。lu は lung の省略で、国、地方、土地の意である。だから少しでも正しい発音で呼ぼうとするなら、マナスルーである。現に一九五二年の最初の先遣隊の頃はマナスルゥとしていた。それを後に、新聞報道の事情などで、「マナスル」に一定することにきめたのである。

Kutang はチベット語で、tang あるいは thang は平らなきれいな場所の意だという。Langthang や Gompatang など、ほかにも例がある。サマの部落の人々はカンブンゲンと呼んでいることを日本隊は知った。これはチベット語で、Kang Bungen は「雪の肩」の意だという。ところがスネルグローブの本には、チベット語ではプン・ギェンであって、その意は「腕輪」、山とその上に棲む神様の名前だという。この説を私は吉沢一郎君から教えられた。

ポーランドBCから見たナンガ・パルバット南面（撮影＝内田良平）

第9章

ナンガ・パルバット

NANGA PARBAT　8126m（旧標高8125m）

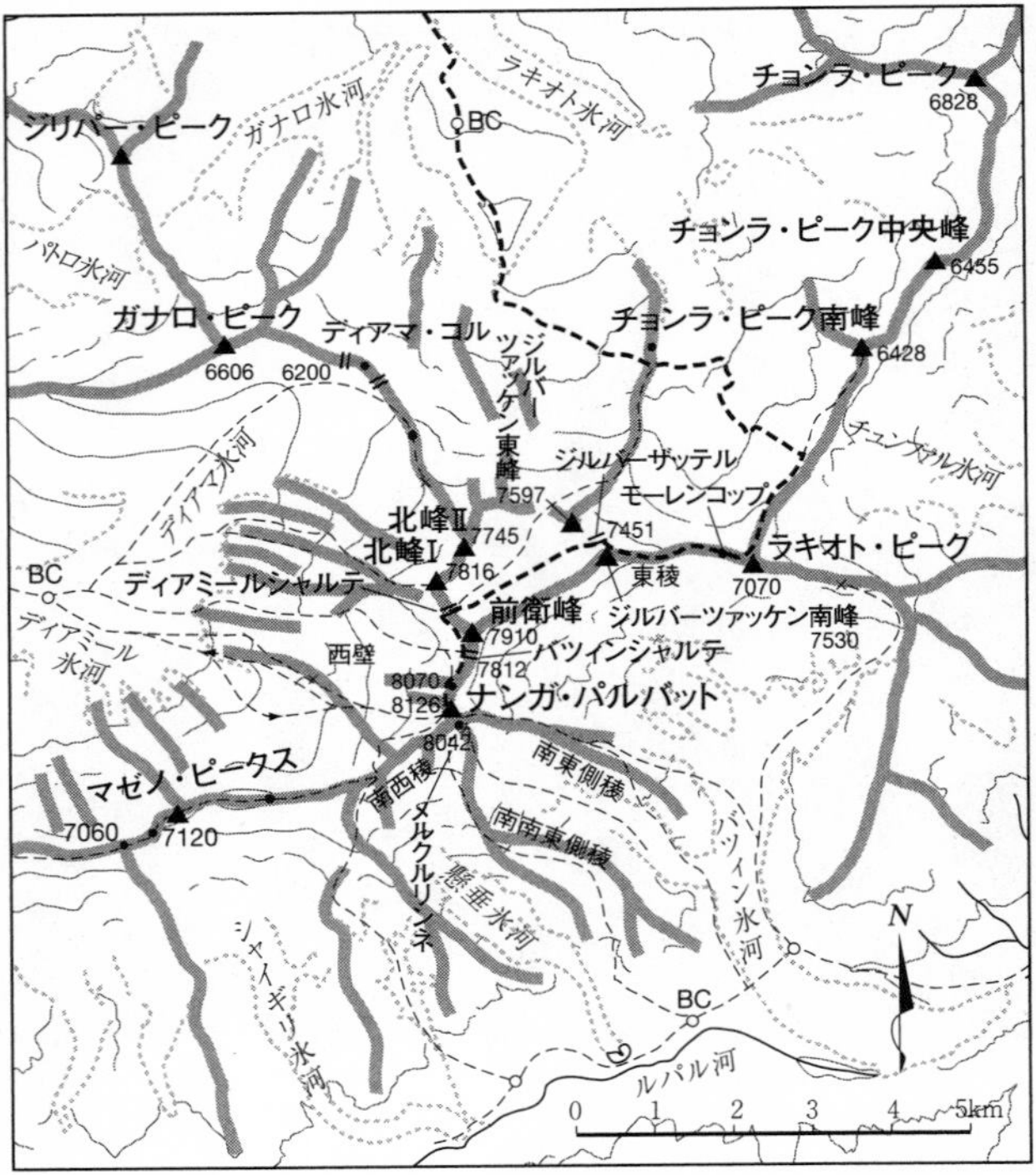

ナンガ・パルバット

1953年7月3日　西ドイツ=オーストリア隊(カール=マリア・ヘルリヒコッファー隊長)のヘルマン・ブールがラキオト氷河から北東稜を経て初登頂

ナンガ・パルバット　八一二五m（現標高八一二六m）

ナンガ・パルバットは高さ世界第九位であるが、古くから有名なことでは、エヴェレスト、カンチェンジュンガに比肩する。ヒマラヤ登山史上、最も劇的な波瀾《はらん》を生んだ山で、七回の企ての後ついに登頂されたが、その間に実に三十一の人命を失った。一時は「魔の山」と呼ばれて、勇敢なシェルパさえその登山隊に加わることを躊躇《ちゅうちょ》したくらいであった。ドイツ隊（あるいはドイツ・オーストリア隊）はこの山に六回当たった。だからもしエヴェレストをイギリスの運命の山とすれば、ドイツのそれはナンガ・パルバットと言えよう。そしてその二つの峰が一九五三年相ついで、その二つの国の登山隊によってそれぞれ登頂されたのも、宜《むべ》なるかなである。

八〇〇〇メートル以上の山は、ネパールとカラコルムに占められている。唯一つ、ナンガ・パルバットだけがパンジャブ地方で孤高の気概を示している。インダス河の谷の上にそびえ立ったその山容の雄偉壮大なことは、ヒマラヤの第一流中の一流の山ということが出来よう。普通ヒマラヤの延長二五〇〇キロと言われているのは、西、インダス河から、東、ブラマプトラ河に至る大山脈のことであって、その西端に頑張っている大黒柱がナンガ・パルバットである。サンスクリットで「裸の山」の意だという。

この山に初めて登ろうとしたのは、イギリスの登山家のママリーで、一八九五年のことであった。果敢なクライマーとして知られていたママリーは、アルプスやコーカサスで幾多の冒険的な登山をした後、ヒマラヤへやってきた。彼は多年信頼の山友ヘースチングズおよびノーマン・コリとともに、ナンガ・パルバットに向かった。八〇〇〇メートルの山に挑んだのは、もちろんこれが世界で最初だった。しかしヒマラヤはアルプスやコーカサスとはスケールが違っていた。一行はまず南面の氷河を登ろうとしたが、その巨大な氷の壁には、さすがの闘志に燃えたママリーも打つ手がなかった。そこで主峰の西一〇キロにあるマゼノ峠を越えて、西面のディアミル谷へ廻った。そこにベース・キャンプをおき、主峰直下の険しい岩稜を採ることにした。ヘースチングズは食糧補給のため下の部落へ出かけ、コリは疲れてしまっていた。そこでママリーは二人のグルカ兵を連れて、その岩稜の難関を切り開きながら六一〇〇メートルの高さまで達した。が食糧が不足し、グルカ兵の一名が高山病になったため、その地点で引き返さねばならなかった。彼はもう一晩そこで夜を過ごすことが出来たら、翌日は頂上に立てるだろうと考えた。何という楽天主義！しかしそれはまだヒマラヤの高峰について、ほとんど前人の経験のなかった一八九五年のことである。今日の登山家なら、残る二〇〇〇メートルの登攀《とうはん》には少なくとも三日はかかり、前進キャンプの三つ四つは見積もるだろう。

この余儀ない退却に落胆したものの、ママリーの勇猛心は、さらに今度は北面からルートを探ってみることに決めた。彼の二人の友人とポーターたちは荷物を持って、下の方を迂回《うかい》して北面に出ることになったが、ママリー自身は優秀なグルカ兵二人とともに、西北稜の鞍部《あんぶ》（ディアマ・コル、六二〇〇メートル）を越えて、直接に北面へ出ようとした。八月二十四日、この三人の小さい隊は鞍部へ向かった。それが彼等の見納めだった。

迂回して北面のラキオト谷に達したヘースチングズとコリは、ママリーの一隊が越えてくるはずの鞍部を反対側から見上げて慄然《りつぜん》とした。それは絶対下降することの出来ない氷の絶壁になっていた。しかし友人たちはママリーの判断力や経験を信頼していた。いずれ彼は鞍部を断念して彼等のあとを追ってくるものと思っていた。ところが彼はやって来なかった。そこで二人の友は元の道を引き返した。そしてヘースチングズがママリーと別れた時のキャンプまで来て、すべてが元のまま残っているのを見て、はじめて彼の奇禍をさとった。捜索隊が組織され、ママリーの足跡を辿《たど》ろうとしたが、折しも降り始めた激しい雪のために万事休した。果たしてママリーと二人のグルカ兵は、どこにその果敢な生を終えたのであろうか。無論答えはない。ただ推測があるだけである。二人の友人は、地勢その他種々の点から考えあわせて、こう判断した。すなわち、ママリーが鞍部に登って行った時には、まだ降雪がなく、雪崩《なだれ》の危険が彼の念頭にはなかったのであろう。彼は勇敢にも雪崩の崩落路にあたるクーロワールを登って行った。そこへ突然雪と氷の塊《かたまり》が落ちてきて、彼等三人を埋めてしまったのであろう。おそらくそれは八月二十六日のことであろう、と。ナンガ・パルバットにおけるこのママリーの失踪は、登山家としてヒマラヤへ捧げた最初の犠牲であった。そしてそれは、エヴェレストにおけるマロリーの失踪とともに、ヒマラヤ登山に関心を持つ人々には永久に忘れ得ぬものとなった。

それ以来長い間ナンガ・パルバットは沈黙を続けた。第一次大戦後、ヒマラヤ登山がようやく活発になるにつけ、再びこの山に眼がつけられた。ママリーから三十七年後の一九三二年、ドイツのヴィリー・メルクルを隊長として、ドイツ・アメリカ混合のナンガ・パルバット登山隊が組織された。ヒマラヤ遠征で多くの人が一番困るのは資金の調達だが、アメリカ人と合同することによってその困難を解決したのである。隊長のほかに、ドイツ人六名、アメリカ人二名、その一人は報道のために加わったノールトン嬢であった。ほかにイギリスの一士官が輸送の任にあたった。

五月中旬、一行はカシミールの首府スリナガールに着いた。今日でこそ飛行機が発達して、インダス河上流の山に入る登山隊は一気に山麓まで飛んでしまうが、以前はカラコルムやナンガ・パルバットへ向かうには、すべてこの「ヒマラヤのヴェニス」と呼ばれた水の都スリナガールに集結して、ここで万端の準備をととのえてキャラヴァンに発足したものであった。まず、日本の北アルプスで言えば、松本のような位置であった。

ママリーの経験によって、ナンガ・パルバットをねらうには、その北面よりほかないことがわかっていた。その北面のラキオト氷河に達するには、スリナガールからインダス河沿いに進むのが易しい道であったが、その許可がおりなかったため、一行はナンガ・パルバット山塊の東側のアストール谷を経て行かねばならず、この方からラキオト谷へ入るには、道のない三つの尾根を横断しなければならなかった。一行はその途中でポーターの狩り集めや進路の偵察などに暇をくって、スリナガールからラキオト谷まで三〇〇キロの行程に、三十七日もかかってしまった。

一行が目ざす山の麓《ふもと》に到着して、ラキオト氷河の下部にベース・キャンプをおいたのは六月二十四日、ヒマラヤ登山としては時季がおくれていた。もうベンガル湾からモンスーンが押し寄せてくる時分であった。ただヒマラヤでも西部のここでは、そのモンスーンの到来がおそく、その勢いも東部ほど激しくないことが、心頼みであった。まず登路を見つけることであった。彼等の眼をつけたのは北東稜である。その山稜にさえ取りつけば、あとは稜線を辿って頂上に達しられそうにみえた。そこでその山稜へ向かってキャンプを進めた。

七月八日、ラキオト氷河の第二段丘の上に第四キャンプ（六一五〇メートル）を設営し、ここを前進根拠地とした。二人の隊員はここから山稜上のラキオト・ピーク（七〇七〇メートル）に初登頂した。七月十八日、全登攀隊員がその根拠地に集結して、攻撃準備をととのえたが、今までの晴天続きが崩れて、モンスーンは彼等の頭上に迫って来つつあった。二十三日、四人の隊員が出発し、重荷と新雪に悩まされながら、ラキオト・ピークの下を横にたどって、第五キャンプ（六二〇〇メートル）を作った。この第五から先が全行程中でもむずかしい個所であった。ルートは二つ考えられた。ラキオト・ピークの肩を越えて行くか、あるいはピークの下を巻いて「ムルデ」と呼ばれた氷の窪地を経て行くか、であった。彼等は後者を採った。ここは上から下まで一気に薙《な》ぎおろした中腹を横切って行くようになるので、雪崩の怖れはあったが、しかし前者のように高くまで登らずに山稜へ取りつくことが出来た。七月二十五日、隊長メルクルとベヒトールトはその窪地を横切って、その向こうにある小支稜に達し、そこに第六キャンプ（六六〇〇メートル）をおいた。そして四日後、メルクル他二人はついにラキオト・ピーク西側約六九五〇メートル地点で稜線に出た。今までその山稜に妨げられて見えなかったナンガ・パルバット主峰の雄姿が、ここで初めて彼等の眼を打った。ここからの山稜伝いは緩《ゆる》い傾斜である。もう技術的な困難は終わった。あと五、六日天気が続けば、勝利はわが手中にあるように思われた。彼等はそこに小さなテント（第七キャンプ）を張って翌日を待った。しかし翌朝、出発しようとするとまた雪が降り始めた。彼等は残念ながら退却せざるを得なくなった。その下降は苦難を極めた。それからずっと悪天候が続き、八月半ばになってようやく晴れたので、もう一度攻撃にかかったが、深い新雪のため辛《かろ》うじて第四キャンプに達し得ただけだった。

こうして一九三二年の登山は終わったが、しかし最初の北面の試登としてその成果は十分にあげた。ナンガ・パルバット登頂の道は開かれたのである。

一年おいて一九三四年、ヴィリー・メルクルは捲土《けんど》重来《ちょうらい》の意気ごみをもって、強力なドイツ隊を作った。彼のほか八人の隊員はいずれも優秀なクライマーであった。そのうちの二人は彼とともに前回のナンガ・パルバット隊に参加しており、他の二人は一九三〇年のカンチェンジュンガ隊の経験を持っていた。ほかに科学班が三人、それに連絡輸送の担当者としてイギリスの二士官が加わった。前回に懲《こ》りて今度はダージリンから三十五人のシェルパを呼んだ。サーダーは不屈をもって聞こえたレワであった。前回の失敗の一つは倹約して土地のポーターで済まそうとしたことで、彼等は輸送中に十個も装備の荷を盗んだばかりでなく、山にかかってからも自然の暴威に恐怖して登高を拒み、高所キャンプの荷はほとんど隊員の肩だけであげるという始末であった。そのため予定通り計画が進捗《しんちょく》しなかった。しかし今度はシェルパである。もうこの頃にはシェルパもヒマラヤ登山の経験を積んで、その精神においても、技術においても、優秀な者を大ぜい数えることが出来た。

一行は早くも五月二日にスリナガールを発った。五百人のポーターから成る大キャラヴァンが、今度はインダス河の渓谷ぞいに進んでいった。そして十七日後には、ラキオト氷河の下の「メルヘン・ヴィーゼ」(お伽の牧場)に着いた。ここから真正面にナンガ・パルバットの峻厳そのものの北壁が見上げられたが、それと対照的にそこは樹林に縁取られたおだやかな美しい草地だったので、そう名づけられたのである。ここで五百人の土地のポーターは解雇され、それから上の荷上げは、三十五人のシェルパと、新しく招集された二十人のバルティ人によって、果たされることになった。

ほぼ前回通りのルートで、第一、第二、第三、第四とキャンプが進められた。ところが思いがけない打撃が来た。隊員ドレクセルの急死である。先発隊が第三キャンプに達して、一同登頂の念に燃えている時、突然ドレクセルの工合が悪くなって、第二キャンプに下りてきた。第二にはベヒトールトがいた。ドレクセルの顔は青かったが、それでもまだ元気で、テントの中で友人と並んで寝ながらいろいろ話しあった。夜になって彼はひどく咳き始め、それが夜半まで続いた。翌朝病人はいくらか様子がよくなったので第一キャンプへおろそうとした。しかしその用意をしているうちに容態は急変して、十時頃から意識不明に陥った。ベヒトールトは彼の名を高く呼び、こめかみを雪で摩擦してやったが、その甲斐《かい》もなく、次第に衰弱していくばかりであった。夕方五時、呼びにやってあった隊員の医師が第一から上ってきた。診察の結果は急性肺炎、しかも重態である。すぐ医療用の酸素を取り寄せるため第一へ使いが出された。しかしその酸素が届く前に、ドレクセルの息が絶えた。六月八日夜九時二十分であった。

この不幸な報告は、第四キャンプまで登っていた前進隊に達し、攻撃は中止されて、隊員たちは友を葬るために下ってきた。すぐ葬儀の準備が始められた。ある者は花を集めて花輪を作り、ある者は木を削って簡素な十字架を作った。その間に他の者は、キャンプの上部のモレーンの丘の上に、墓穴を掘った。六月十一日の午後おそく、ドレクセルの遺骸は国旗で覆われ、友人たちの手で運ばれて丘の方へ向かった。その後にシェルパの長い行列が続いた。墓穴のそばで隊員メルクルが弔辞《ちょうじ》を述べた。亡友の勇気をたたえ、再びナンガ・パルバットに向かうことを誓った。黙禱《もくとう》が捧げられた後、墓穴の中に土や花や常緑の杜松《ねず》が投げこまれた。しゃがれた声で一同山の歌をうたった。きれいに晴れた夕明かりの中に、ナンガ・パルバットの偉容が永遠の氷雪に輝いていた。

友を葬って一と月後、その隊員たちの身にも悲惨な死がおとずれようとは、誰が予期しただろう。攻撃は開始され、登攀隊は再び前進基地の第四キャンプを占めた。ついで第五キャンプがラキオト・ピークの下六七〇〇メートルに設けられた。これから先は、一九三二年には「ムルデ」すなわち窪地を通って行ったが、この年は幅の広い氷壁がその入口をはばんでいたので、ラキオト・ピークの肩を越えて行くことになった。そこを越えて稜線に出、第六キャンプ（六九五〇メートル）を築いた。これは大たい一九三二年の第七キャンプと同位置であった。ここから先が初めて人の踏むルートである。道は山稜を伝って進み、行手に関門のように双峰（南東峰およびジルバー・ツァッケン）を立てたジルバー・ザッテル（銀鞍）がある。そこまで行く途中で雪を掘って第七キャンプ（七〇五〇メートル）を設けた。

七月六日、メルクル隊長以下五人の隊員と十一名のシェルパが、ジルバー・ザッテル目ざして登って行った。ザッテルに取りかかる急峻な斜面にはステップが刻まれた。ザッテルの上は平坦な雪のプラトーになっていた。そしてそこに第八キャンプ（七四八〇メートル）がおかれた。頂上まではもうあと四、五時間と思われた。誰も翌日の成功を疑うものはなかった。ところがその夜からひどい暴風雪になり、翌一日待ったが嵐はやまなかった。その翌日も依然として吹雪いて、登頂の見込みがないので、一まず退却することになった。悲劇はここから始まる。

七月八日朝、退却ときまって、隊員シュナイダーとアッシェンブレンナーの二人が、道をつけるために、シェルパ三名を連れて先発した。本隊はその後に続くことになっていた。ひどい嵐だった。一メートル先も見えない猛吹雪で、時々道を見失った。先発隊は第七キャンプの手前の易しい場所まで来た時、ザイルを解いた。第七キャンプは無人だった。二人の隊員は三人のシェルパにすぐあとについて来るように念を押して先へ進んだ。しかしとうとうシェルパたちは取り残されてしまった。先頭の二人の隊員は、どうせあとから本隊が来るのだから、取り残されたシェルパたちはそれに合流して来ればよいと考えてなおも先へ進んだ。第六キャンプは深く雪に埋もれたままやはり人がいなかった。二人はラキオト・ピークの肩を越え、胸までもぐる深雪を掻《か》きわけて、第五（やはり無人だが完全に建っていた）を経て、その日の午後おそくやっと第四キャンプにたどり着いた。第四には支援隊がいた。支援隊は幾度も上部キャンプへ応援に行こうとしたのだが、そのつど雪と強風のために追い返されたのである。第四キャンプではその夜一同の帰って来るのを今か今かと待った。しかし一人も戻って来なかった。

取り残された先発隊の三人のシェルパはどうしたのであろう。彼等は第六の近くの雪の中で一晩過ごした。翌日も一日中猛吹雪で、三人は雪の中を彷徨《ほうこう》しながら、遅々として足を運ぶのみであった。その夜もまた雪の中で寝た。翌十日、三人がラキオト・ピークの肩を越えて下っていると、思いがけずうしろから四人のシェルパが追いついてきた。後発の本隊のシェルパだった。彼等もやはり疲労の極に達していた。肩から下る急斜面でニマ・ドルジェ（先発隊の一人）とニマ・タシ（本隊の一人）が力尽きて倒れた。それから第五キャンプに着く一歩手前まできてピンツォ・ノルブ（先発隊の一人）が命を絶った。こうして残る四人が半死半生のていで第四キャンプに転げこんだ。彼等は手厚く迎えられ介抱されたが、夜半に至るまで一人として口の利《き》ける者がなかった。一人は雪盲になっていた。それまでに第四から何度も救援隊が出されたが、猛吹雪と深雪のため、第五までも達せられなかったのである。

それでは残った後続の本隊はどうしたのであろうか。メルクル以下三人の隊員と八人のシェルパから成る後発隊が第八キャンプを出たときはまだ一同元気だった。ところがジルバー・ザッテルを下った所で、もう先へ進めなくなってビヴァークになった。全員で寝袋は三つしかなかった。隊員のヴェルツェンバッハは寝袋なしに雪の上で寝た。その夜は炊事も出来なかった。シェルパのニマ・ノルブはそのビヴァーク中に死んだ。翌九日朝、シェルパの中の三人は、工合が悪いからもう一晩ここで待つと言って、そのビヴァークに残った。あとの四人のシェルパは先に立って、第七キャンプまで行って待っていると、あとから隊長のメルクルとヴェルツェンバッハがやってきた。しかしその時もう隊員のウリ・ヴィーラントは見えなかった。彼は第七キャンプに着く手前約三〇メートルあたりの、雪の小山のかげで倒れたのである。サーブたちはシェルパに、このテントは狭いから先に第六まで行っていた方がいいだろうと言った。そこで四人のシェルパは胸まで沈む雪の中を下って行ったが、嵐がひどいため第六まで達せられず、雪の中に穴を掘ってその夜を過ごした。翌十日、彼等がラキオト・ピークを下る途中、先発隊の三人のシェルパに追いつき、その合計七人のうち四人だけが辛うじて第四にたどり着いた事情は前に述べた。

では山稜上に残された者はどうなったか。ジルバー・ザッテルの下のビヴァークに残った三人のシェルパの中の一人ダクシーは、十日の晩そのビヴァークで息を引き取った。残りのアンツェリンとゲー・レーの二人は、十一日第七まで下ると、そこにメルクルとヴェルツェンバッハの両サーブがいた。テントの中の雪を掻きだして、四人はそこに寝た。もう食べるものも無くなったので、アンツェリンが翌朝一刻も早く下ろうとしたが、隊長は救援隊が来るだろうからそれまで待とうと言った。十二日から十三日にかけての夜、ヴェルツェンバッハは命をおとした。残る三人はその遺骸をテントの中に横たえ、翌朝第六に向かって下った。メルクルは二本のピッケルでようやく身を支えるほど弱っていて、山稜上の「モーレンコップ」（ムーア人の頭）と呼ばれる黒い岩峰にかかる軽い登りも不可能になった。そこでその手前の鞍部に穴を掘って泊まることにした。メルクルとゲー・レーとは共通にゴムのグラウンド・シートを敷き一枚の毛布をかぶるだけ、アンツェリンはシートはなく毛布だけだった。

翌十四日朝、アンツェリンは穴の外に出て、大声で助けを呼んだ。が下からは何の応えもなかった。そこで彼は隊長に、下へ救援を頼みにやらせて下さいとたのんだ。メルクルは承知した。アンツェリンが出立する時、メルクルもゲー・レーも衰弱しきって、穴から数歩しか送って出られなかった。勇敢で忠実なアンツェリンは嵐と雪の中を、ほとんど人間わざとも思えない頑張りで突きぬけ、その日の夕方、疲労こんぱい、ひどい凍傷を負って、第四キャンプに転げこんだ。ジルバー・ザッテル上の第八キャンプを出発してから一週間目である。第四ではもうあとの人は絶望とあきらめていたので、この不意の生還者を幽霊か幻ではないかとおどろいて見た。しかしアンツェリンの報告で、山上にはまだ二人の人間の生き残っていることがわかった。翌朝、山稜から風に乗って叫び声が聞こえた。第四にいたシュナイダーとアッシェンブレンナーは、見込みなしと知りつつも、その日もその翌日も、ありったけの力をしぼって救援に出かけた。やはり駄目だった。そして万事休した。

山稜上の雪の穴に残ったメルクルとゲー・レーは、最後の必死の声で救援を叫び、それから最後の力をふるい立てて「モーレンコップ」の岩峰まで辿りついた。そしてそこで一休みのつもりの休息が、ついに永遠の眠りとなったのであろう。メルクルの息が絶え、ついでゲー・レーがそのあとを追ったのであろう。……このゲー・レーの死はシェルパ精神の美しい発露としてほめたたえられた。彼はただの雇傭関係を無視してあくまでその主人のそばを離れなかった。主人を棄てて自分だけ助かろうと思えば、それも出来ただろう。しかし彼はそれをしなかった。そして主人と運命を共にしたのである。ゲー・レーのこの無私的な精神は、前に述べたK2におけるパサン・キクリの献身的勇気とともに、ヒマラヤ登山史を飾る二つのシェルパ美談となっている。

一九三四年はナンガ・パルバットの山稜上に十人の命を絶つという悲惨事に終わったが、もし天候さえよかったら、みごとに頂上を獲得して帰って来たであろう。彼等はほとんど成功の一歩手前まで近づいたのである。そこで一九三七年の登山隊は、こんどは、登頂を確信してドイツを発った。再び惨事を繰り返そうとは、誰が予期したろう。隊長はカール・ヴィーン、その指揮の下に六人の強力な登攀隊員が選ばれた。

第二キャンプまではすべて順調にいったが、そこで大きな雪崩の煽《あお》りを食ってテントが粉砕され、一時退却という事故があった後、再び攻撃に移って、六月七日までには第四キャンプ設営にこぎつけた。前進基地としてそこに物資が運ばれ、十一日には全登攀隊員がそのキャンプに集まっていた。カタストロフは六月十四日から十五日にかけての夜半に起こった。ラキオト・ピークの氷の割れ目から落ちてきた大雪崩は一挙にして全部を埋めてしまった。七人の登攀隊全員と九人のシェルパ、総計十六人が一人の生存者もなく、雪の下に眠ってしまったのである。

それが発見されたのは十八日だった。医者のルフトがベース・キャンプから登ってきた。第四キャンプの場所まで来てみたが跡形もない。眼の前に、長さ四〇〇メートル、幅一五〇メートルの大雪崩の流した巨大な氷の塊が散乱しているだけであった。……悲報はドイツに飛び、直ちに捜索隊が組織されて、飛行機でギルギットまで飛んできた。発掘作業は七月十日に始まった。この広大な地域のどこから掘り始めたらいいか、また雪は固く緊《し》まっていて三、四メートルの厚さを持っていたので、作業は容易ではなかった。しかし発掘を進めて行くうちに、まず二人の隊員のテントを見つけた。二人とも寝袋の中で平和に眠っているようであった。手も顔も静かで、恐怖に襲われたさまは少しも見当たらなかった。腕時計は十二時二十分を示していた。明らかに寒気のため針が止まったので、それをポケットに入れるとまたコチコチと動きだした。止まった針が遭難の時刻を示すものと推定された。続いて三人の隊員のテントも掘りあてられた。ただ残りの第三番目の二人のテントだけは、大きな氷塊の下になっていたので、掘り出すことが出来なかった。シェルパは最初に一人発見されたが、捜索隊のサーダーが、シェルパの死体はそのままにしておいてくれと言うので、その風習に従って掘り出さなかった。

この二回にわたる非運にもめげず、一九三八年ドイツは四たび登山隊をナンガ・パルバットに送った。二回の椿事《ちんじ》で優秀なクライマーを失ってしまったことは痛手であったが、今度はパウル・バウアー自ら陣頭に立った。彼は二回のカンチェンジュンガ隊の隊長であり、登山家としてドイツで最も重きをなした人物であった。登攀隊員としては、ナンガ・パルバットに経験のある二名と、新人五名が選ばれた。ヒマラヤ登山史上初めて飛行機が輸送に使われ、第四キャンプへ物資の投下が行われた。もっともその荷は全部回収は出来なかったが。

不運にもこの年はヒマラヤ全体非常に天気が悪かった。ほとんど絶え間なく雪が降った。六月二十四日第四キャンプが設けられたが、深雪のため攻撃は延期され、隊員たちはベースに帰って休養を取った。七月十五日再び第四に入り、その翌日第五キャンプを建てたが、また天気が悪くなり、ラキオト・ピークの氷壁を登ることが不可能になった。そこで今度はピークの肩へ登らずに、一九三二年の隊が採った「ムルデ」すなわち窪地をトラヴァースして、山稜へ取りつくことにした。二十二日バウアーは三人の隊員と四人のシェルパを率いて、このトラヴァースから山稜に達し、そこに第六キャンプをおいた。「モーレンコップ」の岩峰の近くで、一九三四年のメルクルとゲー・レーの遺体が発見された。

翌日からジルバー・ザッテル目ざして、再三の登高が試みられたが、いずれも悪天候のため成功しなかった。山稜上約七三〇〇メートルの地点に達したのが、この年の最高地点であった。七月二十六日、バウアーは一九三四年の轍《てつ》を踏むことを恐れ、全員下山の命を発した。各キャンプは撤収され、一同ベース・キャンプに下った。バウアーの処置は賢明であった。この年はヒマラヤを襲った稀《まれ》に見る多量の降雪のため、いつ不時の危険に曝《さら》されるかわからなかったのである。

七月の末、天候が回復したので、もう一度攻撃が試みられた。八月一日第四キャンプが再建され、二日後深い新雪を冒して第五まで登ったが、それ以上の前進は出来なかった。一行は退却を余儀なくされ、一九三八年の登攀は終わった。

一九三二年以来四回にわたるナンガ・パルバット登山隊は、すべてラキオト氷河を登っている。しかしこの道が果たして最良のものであるかどうかという疑いがおこった。このルートには技術的にむずかしいところはないが、危険である。その上、頂上までが非常に長い。ほかにルートはないか。そこで一八九五年ママリーがねらった西面からの登路を再検討してみることになった。このルートはディアミル氷河から直接主峰に登ろうとするもので、ラキオト氷河以上に危険であったが、距離が短いという利点があった。一九三九年のドイツ登山隊の任務はその「ママリー・ルート」の偵察にあった。

隊長アウフシュナイター以下四名、シェルパ三名、ポーター四十名というささやかな偵察隊が、六月一日ディアミル谷に根拠地をおいた。まず四十余年前ママリーの採った岩稜を登ってみた。しかしこのルートは実に大胆きわまるもので、それは主峰から薙《な》ぎおろした線にあたっており、いつ雪崩にやられるかわからなかった。五五〇〇メートルの高さまで登った時、彼等は長さ一尺ほどの木片を見つけた。それがママリーの残した唯一の痕跡であった。「ママリー・ルート」を断念した彼等は、その北東の岩稜を試みることにした。これは直接ナンガ・パルバット北峰の真下に導くものである。しかしいたるところに蒼氷が顔を出し、落石がはげしく、シェルパは第三キャンプから上の危険な前進を拒んだので、サーブたちだけで登らねばならなかった。苦しい登高の後、約六一〇〇メートルの地点に第四キャンプを張ったが、不気味な危険にさらされた一夜を過ごして、そこから退却した。もしこの岩稜を北峰まで登り得たとしても、北峰から主峰までの山稜伝いは長くて、容易なことではないように思われた。こうしてナンガ・パルバットの西北面も望みの薄いことが確かめられた。

一行四人が任務を終えて、八月の終わりカラチへ出、欧州へ帰る船を待っている間に、世界大戦の雲行は日増しに悪くなり、英独開戦とともに、完全な俘虜《ふりよ》となって、インドの収容所に入れられた。その後彼等は収容所を脱走し、アウフシュナイターとハーラーの二人は言語を絶した苦労を重ねてチベット山中を彷徨した末、首府ラサに乞食《こじき》のようになって辿りつき、それから一九五〇年中国軍の進入まで、ダライ・ラマの信任を得てそこに留まった。その数奇をきわめた運命は、ハーラーの『チベットの七年』という本に書かれている。

大戦が終わって、一九五〇年の秋の末、三人のイギリス人がナンガ・パルバットのラキオト氷河にやってきた。彼等はただ冬期の雪の状態や雪崩の調査をするつもりだったので、十分な登山の準備はしていなかった。一行は十一月十一日ベース・キャンプをおき、翌日第一キャンプへ進んだ。四人のシェルパを連れたが、その中には有名なテンジンもいた。テンジンは彼等の装備や行動を見て、登山中止を勧告したが、聞き入れられなかった。シェルパが荷上げを拒んだので、三人のイギリス人だけで登って行ったが、十八日一人だけが凍傷にやられて戻ってきた。あとの二人はついに帰らなかった。こうしてママリー以来ナンガ・パルバットに消えた生命は、総計三十一の多きに達した。

そのナンガ・パルバットもついに一九五三年ドイツ・オーストリア隊によって陥《おとしい》れられた。この登山隊の主唱者は、一九三四年山稜上で命を絶った隊長メルクルの義弟のヘルリッヒコッファーで、彼はこの隊を「ヴィリー・メルクル記念登山隊」と名づけた。登攀隊の指揮は、ナンガ・パルバットに二回の経験を持つアッシェンブレンナーが執った。その他の隊員はドイツとオーストリアの八名から成っていた。

一行がベース・キャンプに集結したのは、五月二十四日だった。何よりの痛手は、パキスタンが独立して以来シェルパの入国が許されなかったことだった。そのため彼等は高所に荷を上げることに苦労し、第一、第二とキャンプを進めるのに随分と暇を食った。そして今までの第三キャンプを省略して、新しい第三は、ほぼ元の第四キャンプの位置約六二〇〇メートルの地点にたてられた。そして以前の第五の位置が、新しい第四キャンプとなった。七月二日、山稜に取りつき「モーレンコップ」の西側の鞍部に、新しい第五キャンプが作られ、そこへ物資が運ばれた。

ナンガ・パルバットの登頂は、実にこのキャンプから一気になされたのである。今まではその間に二つの前進キャンプが必要とされたのに、オーストリア人のヘルマン・ブールは単独で、全く人間わざとは思えない登頂をやりとげたのである。

山稜上の第五キャンプには四人の隊員がいた。その中のヘルマン・ブールは、七月三日午前二時半、キャンプを出発した。三十分ほどおくれてケムプターがあとを追った。ブールは七時頃ジルバー・ザッテルに着いたが、ケムプターは追いつくことが出来ず、ザッテルで登攀を断念した。そのためブールはほとんど食糧を持たずに前進する羽目になった。彼は一人で雪のプラトーを経て、頂上めがけて進んで行った。前峰を越えて、バツィン・コルと呼ばれる鞍部へ下り着いたのは午後二時だった。そこから主峰の肩へ向かって困難な岩場を登りきり、ついに午後七時頂上に達した。彼はそこで、雪の中にピッケルを挿し、それにチロール山岳会の旗とパキスタンの国旗を結びつけ、幾枚か写真を撮った。それが彼の頂上に立ったことを立派に証するものであった。

下山の途中で日が暮れた。彼は急峻な岩壁に身を寄せかけたままの姿勢で、右手で岩をつかみ、左手にスキーのストックをかかえて、一夜を過ごした。寝袋もビヴァーク・ザックも、身を確保するザイルもなかった。八〇〇〇メートルの高度で、こんな状態で、無事に夜を過ごし得たのは、全く天佑的な奇蹟というほかないだろう。さすが不屈なブールも翌日の下山には、疲労の極に達してほとんど人心地がなかった。ほとんど食べていなかった。興奮剤を飲んでいたが、その作用のためか、幻覚に悩まされ、狂乱しそうだった。午後五時半頃やっとジルバー・ザッテルにたどり着いた。

第五キャンプに残った隊員は、その日一日ジルバー・ザッテルの方を見まもっていた。午後になってもヘルマン・ブールの姿は見えない。不安は濃くなった。出発以来四十時間近くもたっている。無事に帰って来そうには思われなかった。午後おそく隊員フラウエンベルガーはキャンプの背後の「モーレンコップ」の岩峰に嵌《は》めこむために、故国から携えてきた碑面を持って上った。碑面には一九三四年この山稜上で生命を絶った三人の名前、ヴィリー・メルクル、ヴィーラント、ヴェルツェンバッハの名が刻んであった。彼はそれを岩に取りつける仕事をしている間も、ジルバー・ザッテルから眼を離すことが出来なかった。その碑面にもう一人の名前をつけ足さねばならないのではないか、そう思わずにはいられなかった。突然、ザッテルを離れて氷の壁を下り始めた小さな一つの点を見つけた。

ヘルマン・ブールが戻ってきたのだ。おお、ヘルマン、君は頂上に達したか否か、それはどうでもいい、大事なのは君が生きて帰ってきたことだ！　フラウエンベルガーは喜びのあまり泣き笑いになった。合図によってヘルマンが登頂を果たしたことがわかった。彼は感動して、「モーレンコップ」に取りつけた碑面の三人の登山家に言った。君たちの犠牲は無駄ではなかった、ついに事は成された、と。

ヒマラヤでは八〇〇〇メートル峰が残り少なくなると、人々は標準を一段下げて七〇〇〇メートル峰を漁《あさ》った。それでも数が減ってきた。ことにネパールでは、その標準に固執すると、売れ残りで我慢しなければならないだろう。

売れ残りは、あまり見目がよくないか、不便な所にあるか、いずれかである。少なくともネパールでは隠れた美女はいなくなった。そこでこれからは次第に、高さよりも美しさかむずかしさの山を選ぶか、あるいは既登の名峰にヴァリエーション・ルートを求めるようになるだろう。

最も可能性のあるルートを辿ることで精いっぱいであったこれまでのヒマラヤ登山では、ヴァリエーションは問題にならなかった。そんな例はほとんどなかった。わずかにムスターグ・タワーが二つのルートによって登られたくらいである。ところがそれを敢行する隊が出てきた。しかも八〇〇〇メートル峰においてである。そして、それが成功した。すなわち一九六二年のナンガ・パルバットと一九六三年のエヴェレスト。アメリカ隊のエヴェレスト西稜初登攀についてはすでに書いた。ドイツ隊はナンガ・パルバットのディアミル壁を初登攀した。

ディアミル壁を最初にねらったのは一八九五年のママリーであった。しかしその壁は容易ではなかった。そこで北面に廻ろうとしてママリーは二人のグルカ兵とともに西北稜の鞍部へ向かったが、そのまま行方を絶った。それ以来西面のディアミル壁は不可能とされていたが、一九三九年になって四人のドイツ隊がもう一度その壁を試みた。やはり不成功に終わった。

しかしドイツ隊は望みを捨てなかった。一九六一年の春、カール・ヘルリッヒコッファー博士を隊長とする十名の登山隊がディアミル壁へ向かった。目的はその壁からナンガ・パルバット登攀のルート偵察、ルートが見出せたら頂上への攻撃、ディアミル氷河未知領域の地図作成、十六ミリのカラー撮影などであった。

船と飛行機に分かれてカラチに到着。ラワルピンディから飛行機で全隊員がギルギットに着いたのは五月十七日であった。そして十九日には十一台のジープに隊員、パキスタンのリエゾン・オフィサー、八人のフンザの高所ポーター、四トンの荷物を満載して出発した。

ブナール橋というのは、インダス河へブナール河が流れこむ処にあるが、そこでジープを捨てて、八十人のポーターを雇い、ブナール谷へ入った。道は河の左岸の山腹に上り下りを繰り返しながら登って行く。ガシュートという部落でブナール谷を離れ、一つの峠を越えて東方のディアミル谷へ下った。

その途中、隊員が寝ているうちに二個の荷物が盗まれるという事件があった。ポーターを全部集めて訊問《じんもん》した。盗んだことを名乗り出て荷物を返してくれた者には二十ルピーやると言ったが無駄だった。重い荷だから遠くへ運ばれるはずはない。しかしあたりを探したが何も見つからなかった。

翌日土地の警察の者が犯人を発見した。それはブナール谷の者がこっそりキャンプ場へ忍び込んで、夜のうちにその荷をガシュートに運んだのであった。隊員がみな眠っていたのは幸いであった。犯人達は小銃を持っていて、咎《とが》められたら射つところであった。彼等は数年間牢獄で暮らすことになるだろう。可哀そうなのは彼等で、もし見つからずに済んだところで、その荷は彼等が使用法を知らないトランジスター・ラジオであった。

ディアミル部落は人間の住んでいる最後のところであった。そこをあとにして谷を登りディアミル氷河に取りつく。そそり立つ岩壁の下にベース・キャンプを置いたのは五月二十四日であった。

予定はママリー稜の北側にある大きなバットレスを登路に選んでいたので、その偵察を始めた。バットレスの崖の下に、狭いが安全なキャンプ場があったので、そこを第一キャンプ（約五〇〇〇メートル）として荷上げをした。第一から上の崖は非常に険しくて、ポーターには無理だった。そこでバットレスの北面にはい上がっているアイス・クーロワールに道を拓《ひら》くことにした。このクーロワールは下部が約四〇度の傾斜を持ち、上部はさらに急になり、氷の壁を越えると岩の上に出た。そこはやっと一つのテントが張れるくらいの余地だった。高度五九〇〇メートル、鷲ノ巣と名付けた。

第一から鷲ノ巣まで、荷をかついだポーターは八時間もかかり、その途中に腰を下ろして休む場所が一つあるきり。危険を防ぐためにその全ルート二三〇〇メートルの鋼鉄の索と同じ長さのザイルを取り付けた。テントの前は一〇〇〇メートルの絶壁で、文字通り鷲ノ巣であった。

鷲ノ巣から第二キャンプ（六〇〇〇メートル）への登りは非常に険しく、二重のザイルで荷を引き上げたが、その暇のかかる仕事は二つの荷を上げるのに丸一日もかかった。この第二を設けたのは六月十二日。そこを頂上攻撃の基地にするつもりであった。

十六日、三人の登路偵察隊は第三キャンプ（六六〇〇メートル）への道を拓きに行った。困難が続いた。急峻なジャンダルムを越えると短い平らな稜線へ出た。それは次第に傾斜を増しながら粉雪を被《かぶ》った氷の斜面に続いていた。三人はその斜面をアイゼンの前爪だけで登って行ったが、ピトンなしではあまりに危険に思われたので、少し前方にある露岩に荷を下ろして、第二へ下った。その間にも第二への荷上げは続けられ、十八日の夕方までに十三個半の荷が貯えられた。

六月十九日の朝六時、キンショファー、レーウ、レーネの三人の登頂隊が第二を出発、その後に二人の高所ポーターが続き、ロストとアンデルルがサポート隊として殿《しんがり》を務めた。最初は快調に登った。しかし稜線への最後の登りがきわめて急峻で、雪と氷に被われていた。約四〇〇メートルの氷の斜面は固定ザイルを取り付けねばならず、そのために時間を食った。午後三時雪庇《せっぴ》の上に第三キャンプを設け、サポート隊は第二へ帰った。

登頂隊は翌朝早く頂上へ向かうつもりであったが、雪と風が吹き荒れた。昼頃下にいる隊長から無線電話で、すでにモンスーンがガルワール・ヒマラヤまで来ており、二、三日中に此方へ来るだろう、だからすぐ頂上へ向かうように通告してきた。そこでその日の午後三時過ぎ天候が回復したので、三人の登頂隊は北峰へ向かって登り始めた。最初の急峻な斜面はひどく骨が折れて二十歩にひと休み、後にはたった五歩でひと休みという有様だった。ときどき氷面が現れるとほっとした。氷の状態が良かったので比較的早く登れるようになった。

露岩でひと休みしたが天気が悪くなりそうなので、長く休んではおられなかった。彼等は左手の岩の上を辿った。その方が確保に好都合だったからである。傾斜は約五〇度になり、氷で被われていた。約七〇〇〇メートルまで登ったとき日が暮れはじめた。キンショファーは大きな岩の方へ向かって進み、洞窟があると言ったが、それは下へ傾いた棚に過ぎなかった。そこで三人体を寄せてすわり、夜を明かすことになった。湯を沸かしてからルックの中に足を入れた。下着のジャケットを着たが、レーネ隊員のチャックは閉まらなかった。「明日の三時には頂上にいるだろう」と彼等は考えた。ほとんど眠れなかった。夜中すぎ雲が上ってきて嵐と雪になった。明け方三人は雪達磨《だるま》の姿でビヴァーク地点から逃れ出た。引き返すよりほかなかった。

彼等は心は重かったが、こんな天気に頂上へ向かうことはナンセンスであった。下りは氷の上に二〇センチほどの新雪が積もっていたので前日より悪くなっていた。最後にいたキンショファーがまずスリップした。レーウが辛《かろ》うじて止めた。ついでレーウが三度も転び、キンショファーは二度目のスリップをした。レーネはアイゼンの片方を失くしたのでびっこを引かねばならなかった。ようやく三人は雪で埋まった第三に辿り着いた。

翌日三人は第二キャンプへ下り、アンデルルと二人の高所ポーターと一緒になった。彼等はそこで待機し、もし翌々日天気が良かったならばもう一度頂上攻撃をやるつもりだった。こんどはアンデルルとキンショファーが一組となり、レーネとレーウが他の一組を作ることになった。

しかしその後天気の回復する見込みはなかった。モンスーンはもう始まっていた。隊長は全隊員の後退を命じ、一九六一年のディアミル壁の偵察と登攀は頂上に迫りながら、モンスーンに妨げられて終わった。

その登攀は翌一九六二年に成し遂げられた。隊長は前年と同じくヘルリッヒコッファー博士で、こんどは登頂隊を増強するために、四人の新人が追加された（その一人マンハルトはキンショファーとともにアイガー北壁の最初の冬期登攀を遂げていた）。前年と同様のコースで、五月二十四日にはインダス河のブナール橋に約四トン半の荷とともに到着した。こんどはブナール谷から峠を越えてディアミル谷へ下りるかわりに、直接その谷へ入るために、放牧道を辿ってディアミライ部落へ向かった。その方が道が近かった。三日目にはディアミル谷の最上部のカルカ（放牧の石室）に到着し、四日目にはベース・キャンプに着いた。そこにはまだ雪があった。

ディアミル壁は前年の偵察で難しい個所はすべて解っていた。ベースに着いた翌日、もう第一キャンプへ荷上げを始めた。第一から上のクーロワールの中途に腰を下ろすだけのデポのあることは前に述べた。六月四日、そこまで鉄索をあげたが慎重を要する作業であった。クーロワールにはまだ雪がどっさりあって雪崩の危険があった。事実工作隊が第一へ戻って半時間後に、二つのかなり大きな雪崩がクーロワールを流れ落ちた。翌日、二三〇メートルの鉄索を取り付けた。翌六日の朝四時半デポにテントを張って寝ていた工作隊は大きな空気の震動で眼が覚めた。テントが潰《つぶ》れ大きな雪崩が第一の方へ響きを立てて落ちていった。工作隊員はテントのポールを握って確保しようとしたが、ポールはポキッと折れた。彼等は顔を見合わせたが、どうしようもなく、潰れたテントの下で再び寝入った。

ポーターが登ってくる声で眼がさめて、気がついて驚いたことには雪崩が彼等の上を掠《かす》めて落ちたのであった。危険を慮《おもんばか》って第一へ下った。

六月七日、再びクーロワールに入り、鷲ノ巣までの最後の部分に一八〇メートルの鉄索を取り付け、翌八日にはその上の崖に縄梯子《なわばしご》をかけて第二キャンプを設けた。位置は前年通りで、雪を掻《か》きわけると、去年残した食糧が出てきた。

六月九日、第二に巻揚機《ウインチ》を取り付け、翌日最初の荷は滞《とどこお》りなく巻き揚げたが、次の荷でウインチが動かなくなった。油を持ってくるのを忘れたので、ベーコンを焼いてその油を注ぐと再び動きだした。このウインチのおかげで一度に四五キロの荷上げが出来、前年のポーターによる荷上げに較べて格段の差であった。

第二から第三までは前年ルートを変更した。この前は第二から直ぐ上の氷の斜面を登ったが、こんどはその斜面を横切り、第三から下ってきている尾根に取り付くことにした。このトラヴァースは腰まで沈む粉雪のため容易ではなかったが、それでも前年の氷の斜面を登るよりはずっと安全であった。

六月十七日、大きな雪庇の上に第三が建設された。そこに去年のテントが潰れたまま残っていた。しかしその中のエアー・マットにはまだ空気が入っていて直ぐに使用出来た。雪を掘り返すと去年の罐詰類《かんづめ》も出てきた。

十九日はナンガ・パルバット全体に雲がかかって激しい風が吹いていたが、キンショフアーとレーウの二人は、北峰へ続く岩稜へ向かって、クラストした（固くなった）雪を踏み破りながら登って行った。約三〇〇メートルほどアイス・フォールを捲いて登り、それから右手へ方向を変え、バツィン窪（バッィン・コルの下の圏谷）の方へ進んだ。そしてそのトラヴァースに約一八〇メートルのザイルを取り付けて第三へ帰った。

六月二十日、ちょうど前年第三から出発した日である。この前はキンショファーとレーネとレーウの三人であったが、こんどは、その時のキンショファーとレーウのほかに、前日第三に登ってきた三人の隊員を加え、いずれも重いルックザックを背負って、朝の六時に出発した。

前年は北峰へ続く岩稜を登ったが、こんどはもっと近道をするために、バツィン・コル寄りの岩稜を採ることにした。氷のように寒い風が吹いて、青い空へ雪の羽毛をなびかせていた。岩稜のすぐ裏側のアイス・フォールに、ちょうど五人座れる余地を見出して、そこにテントを張った。幅五キロもあるバツィン窪の彼方にナンガ・パルバットが立っていた。左手には前峰（七九一〇メートル）が聳《そび》え、それはバツィン・コルによって主峰と繋《つな》がっていた。まだ頂上までは高さにして九〇〇メートルの距《へだ》たりがあった。

エアー・マットも寝袋もなく、ルックザックの上に蹲《うずくま》って過ごしたその夜のテントは楽ではなかった。彼らは翌朝頂上へ向かうつもりでいたが、明けた日（六月二十一日）はアタック向きの天候ではなかった。濃いガスが立ちこめ、午後には雷鳴さえ加わった。雪崩の響きが雷鳴と競うようであった。

二十二日の朝早く、寒い風が吹いていたが嵐はあがった。非常に寒かったが出発に決めた。アンデルル隊員は自分の体力を考えてテントに留まることになり、あとの四人が暗いうちにテントを出た。

シュトゥルム隊員は調子がよくなく、二時間後に、他の三人について行けないことが分かったので引き返すことにした。ちょうど満月で、その冷たい光が三人の登って行く道を照らした。四時頃バツィン・コルの上の東の空が明るくなり始めた。頂上の肩の下まで四時間で行くつもりであったが、それは誤算で、九時になってやっとバツィン・コルに着いた。そのコル（七八四八メートル）で三人は、一九五三年のヘルマン・ブールの登路と合したのである。彼等は六〇〇〇メートルの登りに八時間もかかった。その日に頂上に達して第三に帰ることは不可能となった。ビヴァークを覚悟しなければならなかった。ちょうどヘルマン・ブールがやったと同じく彼等も距離を誤算したのである。ヒマラヤのスケールはいつも予想より遙《はる》かに大きい。彼等はその日の夕方までに第四へ帰れると思っていたので、ビヴァークの用意も食糧も持っていなかった。ポケットの中にわずかの食物があるだけだった。

一時間半休んでから、肩へ向かって踏みだした。三人はザイルで結び、キンショファーが先頭に立ちレーウとマンハルトがそのあとに続いた。岩は凍っていて全く危険であった。

中途まで登って一つの岩塔を越えるところは、非常に険悪であったが、それを乗り越えて登り続けた。左手はナンガ・パルバットの巨大な南東壁で、ルパル谷まで四五〇〇メートルも落ちていた。その深さは全く想像を絶していた。

突然ザイルがグッと引き緊《し》まった。レーウが雪橋《スノー・ブリッジ》を踏み破ったのだが、マンハルトがそれを引き留めた。レーウは雪の上へ戻ったが、激しく咳《せき》をし、息を切らしていた。幸運にも助かったが、ピッケルを失った。稜線の状態は悪く、三人の登りは一人の時よりも暇がかかった。ヘルマン・ブールはこの稜線を四時間で登ったのに、この三人は七時間もかかった理由はそこにある。四時頃彼等は八〇七〇メートルの肩に着いた。頂上はずっと前から雲に包まれていた。ときどきディアミル谷またはルパル谷がチラリとのぞかれるだけであった。

そこから絶頂まで長い尾根を通って五五メートルの登りであった。彼等は稜線のディアミル側を辿った。そして午後五時疲れきって頂《いただき》に達した。頂上の氷帽の少し下に小さなケルンを見つけたが、それは一九五三年七月三日の夕方ヘルマン・ブールの建てたものであった。

彼等が第四キャンプを出てから十七時間もたっていた。お互いの写真を撮りあってから下りにかかった。もう肩を越えてテントまで帰る時間はなかった。そこで彼等は八〇八〇メートルもあった稜線の傍《かたわ》らの壁でビヴァークすることに決めた。防寒具は着たものだけ。

三人は岩に身を寄せて、少なくとも後ろと横だけは風から避けられるようにして蹲った。その露天のビヴァークの上には小止みもなく風が吹いていた。キンショファーとマンハルトは足の感覚を全く失っていた。彼らは眠らないように努力した。ときどきウトウトするがすぐ身震いで眼が覚めた。ほとんど何も言わなかった。ただ夜明けを待つばかりであった。

その夜の間にレーウは衰弱した。彼は寒気に苦しんだ。登る時彼は多量の興奮剤を摂《と》った。それは数時間は力づける効きめはあるが、次第に肉体を消耗させ、その結果知能も感覚も鈍《にぶ》らせるものであった。

朝が来て、彼等は数メートル上の稜線に出て最初の太陽の光を受けた。六時頃下りにつき、七時に肩に着いて岩塔まで下った。そこは非常に悪場だったので、彼等はためらった。そこでディアミル側に比較的易しいガリー(岩溝)がバツィン窪の上部まで下っているのを見つけて、そこを下ることにした。技術的にはさほど困難ではなく、その氷のガリーの上部は立ったまま下ることが出来た。少しでも早く行動出来るように三人はザイルを解いた。

強い風が疲れた三人の顔に絶えず吹きつけてきた。髯《ひげ》も眉毛も凍った。彼等はお互いに見失うまいと、時々見合った。レーウが見えなくなった。キンショファーが振り向いて叫ぶと二〇〇メートルほど上で「上って来てくれ」と叫ぶ声が聞こえた。キンショファーが五〇メートルも登らないうちに彼の横を掠めてレーウが落ちて行った。彼は仰向けに両手を拡げたままひと声も発せず自分を止めようともしなかった。ガリーの底で彼は出張りから投げ出されスキー・ジャンプのように飛んで行った。下の岩のコブの上に横たわり、致命傷を受けて意識を失った。あとの二人は彼の傍《そば》まで辿り着いたが、この瀕死《ひんし》の人をどうして救けおろすことが出来よう。そこでキンショファーが側に残り、マンハルトが救助を求めに下ることになった。

マンハルトは夕方六時第三へ着いて危急を報じた。しかし七時過ぎ、いつも快活であったレーウは友の腕の中でその輝かしい山の生涯を終わった。キンショファーは下りについたがピッケルを失い、片方のアイゼンがゆるみ、幻覚に悩まされながらその夜中第四の近くをさまよい歩いた。翌朝八時第三から彼の姿を認めた救援隊がようやく彼を連れ戻した。

こうして登頂の光栄のすぐ後に悲劇が続いてこの年の遠征は終わった。ナンガ・パルバットはあくまでもドイツ隊にとっては「運命の山」であった。

翌一九六三年の六月、四たびヘルリッヒコッファーが隊長となり、四人の小登山隊がナンガ・パルバットへ戻ってきた。その中には前年の登頂者で、凍傷のため足指を全部切断したキンショファーもまじっていた。しかしこの時は登頂が目的でなく、世界第一の絶壁と言われる南面のルパル壁を偵察するためであった。それは頂上から底まで約四五〇〇メートルを一気に落ちていた。彼等は雪崩に対して安全なルートを見つけた。

その冬、ドイツ隊はルパル壁を登るつもりであったが、気象の状態が悪いという理由で、計画を断念せねばならなかった。

そして翌一九六四年二月から四月にかけて、隊長ヘルリッヒコッファー以下九名がこの嶮絶なルパル壁に当たった。八〇〇〇メートル峰を冬期に登るのは、これが最初の試みであった。ヒマラヤ経験者の中には危惧の念を抱く人もあったが、全く何の困難もなしにナンガ・パルバット南南東面の壁の下にベース・キャンプ（三六〇〇メートル、約八〇センチの雪があった）に到着した。彼等が求めたルートは、南肩（八〇四二メートル）に向かって四五〇〇メートル以上の標高差をほとんど直登するものであった。

第一キャンプ（四六〇〇メートル）、ついで第二キャンプ（五三〇〇メートル）は懸垂《けんすい》氷河の上におかれた。最高到達地点は五八〇〇メートルの岩稜上であったが、そこから六〇〇〇メートルの第三キャンプ予定地へ達するのは、大してむずかしくなさそうだった。登攀隊が挫折したのは、悪天候、わけても降雪が続いたためで、雪崩の危険があり、事実四人の隊員が五〇〇メートルも流されたが、大した怪我《けが》はなかった。こういう物騒な降雪さえ無ければ、冬期登攀には何ら障害はなかった。現に快晴が三日も続いた時には、夏季よりも快適に登ることが出来た。とは言え、第一キャンプでは夜間の温度はマイナス二五度から三〇度であった。

それよりも彼等を頓挫《とんざ》させた第一の原因は、パキスタンのリエゾン・オフィサーで、あらゆる恥知らずのやりかたで隊員に対した。とうとう登山許可まで取りあげ、そのため、三週間延期して登攀をやりとげるつもりであった彼等の計画が不可能になった。

ツロブギン峠から見たアンナプルナI峰（撮影＝内田良平）

第10章

アンナプルナＩ峰

ANNAPURNA 1　8091m

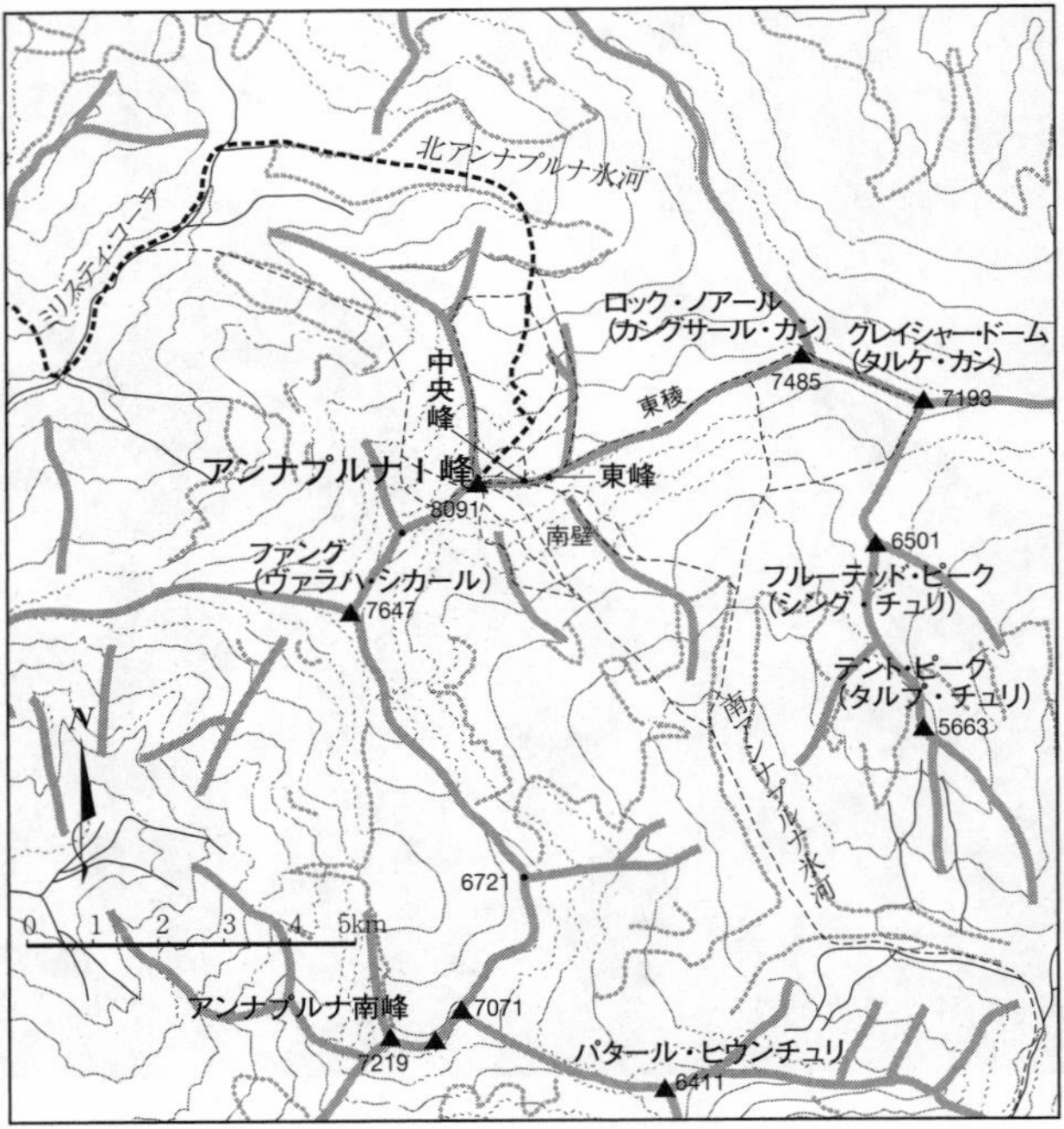

アンナプルナⅠ峰

1950年6月3日　フランス隊（モーリス・エルゾーグ隊長）のモーリス・エルゾーグとルイ・ラシュナルが北氷河〜鎌氷河〜北壁から初登頂

アンナプルナI　八〇九一m

ヒマラヤ八〇〇〇メートル峰、と喧《やかま》しく言われだしたのは、一九五〇年にフランス隊がアンナプルナに登頂して以来のことではないだろうか。いや、その隊長のエルゾーグが、はなはだ感動的な登山記を出版して以来ではないだろうか。私もその本をいち早く入手するや、数日間何もかも放ったらかして夢中で読んだ。たしかにおもしろかった。今までヒマラヤの登山記と言えば、正確ではあるが、裁判所の記録のように味の足りないイギリスの本か、観念過剰の大学生向きの感傷的なドイツの本に限っていたところへ、エルゾーグの著書は、登山家の性格やその行動が具体的にヴィヴィッドに描き出されていて、小説でも読むようにおもしろかった。世界的に広く読まれたことも納得できる。その後、エルゾーグ式なヒマラヤ登山記がつづいて出るようになった。"Annapurna" というその本の名の傍《かたわ》らに、premier 8000（最初の八〇〇〇メートル）と副題が添えてあった。これが八〇〇〇メートルという言葉をこんなにはやらせた因ではないかと思う。たしかにフランス隊はヒマラヤで最初に八〇〇〇メートル峰の一つを陥《おとしい》れた（しかし人間の到達した最高点をいうなら、一九二四年にすでにエヴェレストの八五七二メートルの地点まで登っている）。それまで八〇〇〇メートル峰への企てがたびたび行われながら、その一つも落ちなかったのだから、フランス隊が最初の八〇〇〇メートル峰を誇るのも無理はない。

だが、こうも八〇〇〇、八〇〇〇、と騒がれると、少しアマノジャクに、八〇〇〇メートルがどうした、と言いたくなる。ただ人間が便宜的に八〇〇〇といういきりのいい線を引いただけじゃないか。ヒマラヤには、ラカポシとか、ナンダ・デヴィとか、マッシャブルムとか、八〇〇〇には足りないが、ゆうにそれに匹敵する立派な山がいくつもある。山高きをもって貴からず、八〇〇〇以上でないと注目に値しないように思うのは、八頭身でなければ美人でないように思うのと同様、ばかげている。

だいたいフランスという国は、自然より人間に興味を持つ伝統の国柄のように私には思われる（もちろんルソーやスタンダールのような例外もある）。自国にモン・ブランのような高峰を持ちながら山岳会のできたのもヨーロッパ諸国では一番おそく、ヒマラヤの登山も活発ではなかった。フランスが最初に登山隊をヒマラヤへ送ったのは、一九三六年のヒドゥン・ピークで、アンナプルナは第二回で「最初の八〇〇〇メートル」を獲得したのだから、それを誇らしく思うのも当然であろう。しかしその後のフランス隊の活躍ぶりは目ざましい。第三回はナンダ・デヴィ双峰間の縦走を企て（一九五一年）、第四回はチャウカンバに初登頂した（一九五二年）。つづいてヌン・クン山塊のヌンに初登頂し（一九五三年）、そしてついに世界第五位のマカルーを陥れた。そのヒマラヤへの進出ぶりは、山岳後進国のフランスとしては、驚歎的である（追記。さらにその後一九六二年ジャヌーに初登頂した）。

エルゾーグを隊長とする一九五〇年のフランス隊は、フランス登山界の精鋭をすぐって、約三・五トンの装備とともに、三月三十日パリ郊外の空港を発って、デリーに向かった。そして四月五日には早くも、インドとネパールの国境、インド鉄道の終点ノータンワに到着した。ネパールの開国は一九四九年である。だからこのフランス隊は、イギリスのティルマン隊についで、最も早くネパールへ入った登山隊であろう。一行はクリシュナ（あるいはカリ）・ガンダキを溯《さかのぼ》って、四月二十一日、その上流の部落ツクチャに着き、そこを根拠地とした。このクリシュナ・ガンダキを境にして、東にアンナプルナ、西にダウラギリがそびえている。

一行がフランスを発つ時の計画では、このアンナプルナかダウラギリか、どちらかの八〇〇〇メートル峰に登ることであった。そこで根拠地に着くと早速、まず手近のダウラギリの偵察に取りかかったが、この嶮峻な山には登路が見つからなかった。一方アンナプルナの方にも、数隊に分かれて登路偵察に出た。いや、登路偵察どころではない、まだアンナプルナを見つけることさえできなかったので、まずその在りかを確かめ、次にそれに接近する道を探し出さねばならなかった。彼等の持ち得た唯一の地図はインド測量局のものであったが、それにはとんでもない誤りがあった。通過不可能なところに道がついていたり、重要な峠の位置が全く違っていたりした。だから地図はあてにならず、実際に歩いてみるよりほか、確かなことはわからなかった。

隊長エルゾーグも二人の隊員とともに、シェルパを連れ、十日分の食糧をたずさえて、アンナプルナ搜索に出かけた。彼等はアンナプルナの北面に達しようとして、クリシュナ・ガンダキの一支流を溯り、一つの峠を越えて、マルシャンディ谷の上流まで出た。しかし大きな長い障壁が立ちはだかっていて、彼等は目的の山に近づくことができなかった。この偵察旅行だけで五月七日から十四日までかかった。一行はツクチャヤに根拠をおいてから、もうひと月近くを偵察に費やしてしまった。しかもモンスーンの始まるまでに、あと二十日ほどしかない。

ツクチャから少し下流の所に、クリシュナ・ガンダキへ大きな支流が入っている。これはミリスティ・コーラと呼ばれ、アンナプルナの北面から流れ出るものであったが、最初の偵察では溯行《そこう》不可能とされていた。しかしもう一度この谷は検討する価値があった。それを他の三名の隊員の偵察隊がやった。彼等は山稜を横切って、ミリスティ・コーラの通過不可能部分の上部へ出ることに成功した。アンナプルナへ接近の道がこれで開けたのである。

五月十五日に、各偵察隊がツクチャに戻ってきて、三週間ぶりで全隊員が顔を合わせ、作戦会議の結果、ただちに全力をあげてアンナプルナを攻撃することになった。

インド気象台のラジオは、モンスーンの到来は六月八日ごろと通報してきた。もう一刻も無駄にできない。すぐに登攀隊員が出発。発見されたルートによって、四晩の野営の後、目ざすアンナプルナの西北稜の下に達し、そこにベース・キャンプを設けた。まずその西北稜に登路を探そうとして、山稜上の突起に取りついたが、そのコースはあまりに長く、しかも嶮峻な岩と氷の連続だったので、ついにその試みを放棄した。そのため貴重な数日が消え去ったが、しかしこの山稜上から初めてアンナプルナ北面の壁を観取することができた。刻を失せずベース・キャンプは北面の氷河の下に移され、続いて第一キャンプ（五一〇〇メートル）、第二キャンプ（五九〇〇メートル）が建てられた。今や何妨《さまた》げるものもなく、彼等の眼前に二〇〇〇メートル以上の氷壁がそそり立っている。その氷の壁にルートを検討しながら、「アンナプルナはついにわが手に」の確信を固めた。そのうち下から後続隊が莫大な装備や食糧をかついで到着した。今や攻撃態勢はととのった。それから約十日間にわたる困難を極めた登攀《とうはん》こそ、この遠征のクライマックスであった。

ヒマラヤの八〇〇〇メートルの高峰で、それまでに、いきなりぶつかって、それで成功したためしは一つもなかった。たいてい初めに偵察隊を派遣して登路を探らせ、そして翌年本隊を出すのが普通である。エヴェレストでもマカルーでもマナスルでも皆そうであった。そうでなくても前に行った登山隊の跡をふんで、次の隊が登頂に成功するといったふうである。ただ一回で登頂した例は全くなかった。ところがアンナプルナだけは例外で、偵察と同時に登頂もやってのけた。しかもその登頂はいわゆるラッシュ・アタックという奴である。ラッシュ・アタックはアルプスの戦法かもしれないが、ヒマラヤでは不向きとされていた。ヒマラヤのようなスケールの大きい高い山では、キャンプを前進させるのにゆっくり暇をかけ、その間に隊員は高所順応し、気ながに攻めるのが普通である。ヒマラヤではベース・キャンプから頂上までひと月もかかった例はザラにある。ところがこのフランス隊はそれを十日あまりでやってしまった。これが彼等の言う「ヒマラヤ登攀のプランに、アルプス的登山を移行する」作戦であったのだろうか。もっともモンスーンが迫っていたので、そうせざるを得なかったのかもしれない。

それにもう一つ、彼等にそういう迅速《じんそく》な攻撃を許したのは、その軽量の装備であった。それが「軽登山隊」とか「ナイロン部隊」とかいわれたゆえんで、彼等は最新の装備でよそおわれていた。今でこそ日本の山でもナイロンや軽ジュラルミンの装備は珍しくないが、私が初めてエルゾーグの本を読んだ時、そのスマートな装備には全くおどろいたものだ。たとえば「高所用一セット」という包みの中には、二人用ナイロンのテント一張り、寝袋二個、空気マット二個、アルコール・コンロ一個、食器一揃《ひとそろ》いが入っているが、その総量が一〇キロだという。私は学生時代に帆布《はんぷ》のゴワゴワした重いテントを担《かつ》いで山へ行ったことを思いだして、何という相違だろうと歎じた。現代技術の粋《すい》を集めた新装備は、大戦後のヒマラヤ登山の大進歩だが、それを最初にヒマラヤに用いたのは、このアンナプルナ隊であった。

第三キャンプ（六四〇〇メートル）は、技術的にも非常にむずかしい登攀の後に、粉雪で充《み》たされたクレヴァスの中に張られ、第四キャンプ（六九〇〇メートル）は「鎌」と呼ばれた急峻な鎌形の断崖の下に設けられた。六月一日、エルゾーグとラシュナルの二人は、シェルパのアンタルケーとサルキーを連れて、第四を出発し、「鎌」の壁の上に第四bキャンプを作った。翌二日は最高キャンプ第五（七四〇〇メートル）を設けることに費やされた。雪崩《なだれ》の危険のある斜面を通り抜け、氷壁にステップを刻み、非常な苦労の末、ついにわずかの平らな地を作ってそこにテントを張った。シェルパたちはそこから第四に下り、エルゾーグとラシュナルだけがそこに残った。その間に、他の隊員たちもそれぞれ第三、第四キャンプに入って支援の態勢をととのえた。今や最後のアタックを待つばかりである。

六月三日、勝利の日である。吹雪の中のテントで辛《つら》い一夜を送ったエルゾーグとラシュナルの二人は、六時ごろザイルをつけないで出発した。「鎌」の上の頂上に続く広い雪原は、急峻ではあったがクレヴァスもなく、ザイルの用もなかった。天気はよかったが非常に寒かった。一歩一歩と頂上めざして登りつづけ、ついに午後二時ごろ彼等はその上に立った。

しかしその勝利がやがて惨烈な悲劇に変わる。下降中、濃霧に襲われて二人ははぐれた。

早朝から苦闘の連続で彼等は疲れ切っていた。だいたい頂上に着くころから二人の精神状態は普通でなかったようである。エルゾーグは、それを天啓的な一種の恍惚状態だったと言っているが、ある批評家は、それは彼等が興奮剤マキシトンを大量に飲み過ぎたせいに帰している。ようやくテレイとレビュファの待っている第五キャンプに辿《たど》りついたエルゾーグは、手袋をはめることも忘れて片手は素手であった。おくれて第五へ救い入れられたラシュナルも、全く平静心を失っていた。

その夜の第五キャンプは地獄のようなみじめさだった。嵐が吹きすさび、絶え間なく雪が降り積もった。翌朝その吹雪の中へ四人は出たが、一メートル先も見えない。体の調子の悪いエルゾーグとラシュナルを連れて、この荒天に、危険な場所を下って行くのは尋常のことではなかった。第四キャンプに着けば、隊員が待機していてくれるのだが、そのテントがどうしても見当たらない。一日雪の中を彷徨《ほうこう》して、そのあげくクレヴァスの中でビヴァークという悲惨な立場になった。苦痛に充ちたその長い夜が明けようとした時、雪崩が落ちてきて、全部を暗闇の中に閉じこめた。必死の勇をふるってようやく体を脱けだし、雪の下から素手で装具を探しだした。明けたその日は快晴であったが、それぞれひどい凍傷にかかり、雪盲になり、疲労の極に達した。ほとんど死の一歩手前であった。

第四キャンプはすぐまぢかにあったのだが、隠れた位置にあったため見出せなかったのである。第四にいた隊員はその朝支援に出かけようとして、このみじめな一隊を見つけた。

見るも無惨な姿になった仲間を、第二キャンプまでおろすのは容易なわざではなかった。第二には医者のウドーがいた。次々と助けおろされてくる遭難者を迎えて、第二キャンプは俄然《がぜん》野戦病院のような観を呈した。

ついにモンスーンがやってきた。その中を負傷者を担いで大遁走《だいとんそう》が始まる。エルゾーグはほとんど半死の状態にあった。彼はシェルパの背に負われ、担架に載せられて、しのつく雨の中を下っていった。ツクチャから下の十五日間の帰途中、湿気をふくんだ暑さは、ことに病人にはこたえた。時々四一度の熱が出た。医者ウドーは道々エルゾーグの手足の指、ラシュナルの足の指を少しずつ切断していった。エルゾーグが生還し得たのは、奇跡というほかなかった。

（追記）モーリス・エルゾーグは手足の指を失いながらその後も岳界に活動し、フランス山岳会名誉会長と探検家協会会長を兼ね、フランス青少年スポーツ担当国務相もつとめた。彼とともに初登頂したルイ・ラシュナルは一九五五年十一月スキーでアルプスのヴァレー・ブランシュを偵察中、クレヴァスに落ちて亡くなった。

ガッシャブルムBC付近から見たガッシャブルムI峰（撮影＝佐藤孝三）

第11章
ガッシャブルムI峰（ヒドゥン・ピーク）

GASHERBRUM 1　8080m（旧標高8068m）

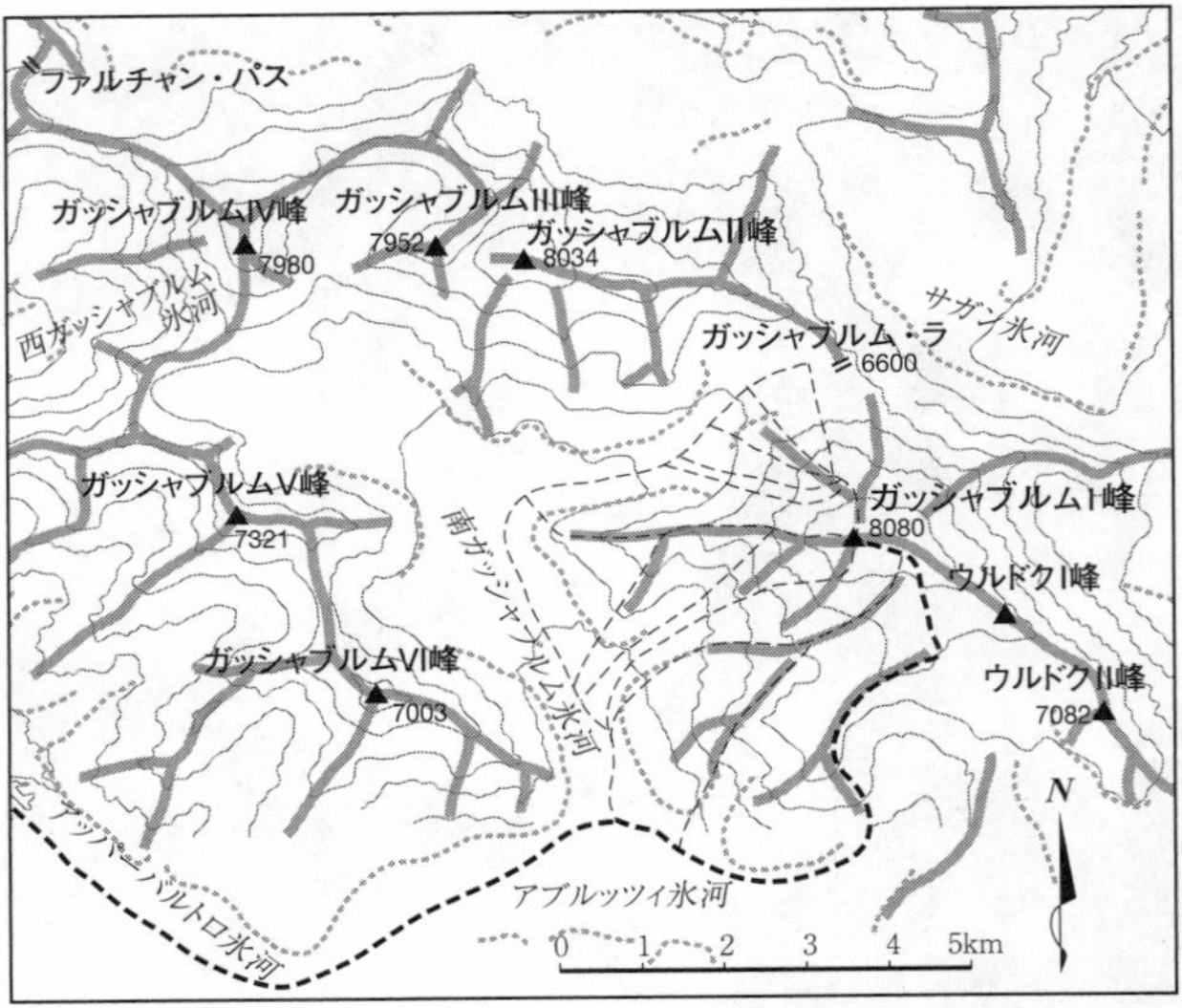

ガッシャブルムⅠ峰（ヒドゥン・ピーク）

1958年7月5日　アメリカ隊（ニコラス・クリンチ隊長）のピーター・シェーニングとアンディ・カウフマンが初登頂

ヒドゥン・ピーク　八〇六八m（現標高八〇八〇m）

ヒドゥン・ピークはガッシャブルム山群の主峰である。ガッシャブルムⅠとも呼ばれて、ガッシャブルムⅠとⅡの間は深く落ちこんでいて、Ⅰは全く独立した山容を示している。Hidden Peakは「隠れた峰」の意、この英語名は、一八九二年コンウェーがカラコルム探検をした時つけた。この壮麗な山は隣接の諸峰に隠されていて、バルトロ氷河をずっと溯《さかのぼ》って行かなければ見えないところから、そう名づけられたのである。

この山にはじめて登ろうと志したのは、一九三四年のG・O・ディーレンフルト隊であった。彼は一九三〇年にカンチェンジュンガに向かって国際隊を組織したが、今度もまた、イギリス、ドイツ、イタリアの各国人から成る登山隊を作った。ディーレンフルトはドイツの大金持の息子に生まれて、若くして博士となり、大学の地質学の先生となった。小さい時から山登りが好きで、大きな美しい庭園のあるお城で贅沢《ぜいたく》に暮らしながら、登山および科学の対象として、ヒマラヤの研究に耽《ふけ》っていた。第一次世界大戦でドイツが負けて、マルクの価値が下落し、必然的に彼は財産の大部分を失った。ヒットラーが政権を握って数週間後、彼は大学教授の職を放棄して、中立国スイスに移住し、その後国籍をスイスに移した。彼のような立場になったら、わずかに残った財産を大切に守って、老後の安楽な備えにするのが普通だが、彼はそんなことをせず、ヒマラヤ登山計画を実行に移すために、いさぎよくそれを使った。

一九三〇年、一九三四年の両回とも彼の個人的な企画だったので、費用の面で非常な苦労をした。一九三四年のカラコルム遠征隊は、資金を得るために映画会社と結んだ。劇映画を氷雪の高山で撮ろうというのが会社の計画で、俳優まで一緒に出かけた。ところがその年の六月末、経済界の大パニックが来て、映画会社は破産してしまった。すでに進行中であったエクスペディションを彼は遂行したが、そのため最後の一銭まで懐中をはたかねばならなかった。この時の遠征記録は"Dämon Himalaya"という題で出版されたが、彼にとっては全くヒマラヤの悪魔的な遠征であった。そんな不幸はあったが、彼の引率する登山隊は七〇〇〇メートル以上のシア・カンリに初登頂という功績を挙げた。

ヒドゥン・ピークが試登されたのも、この遠征中である。ディーレンフルトの計画に従って、隊員のアンドレ・ロックとハンス・エルトルの二人は六月二十六日、南麓のアブルッチ氷河のキャンプを出発し、主稜へ続く支尾根を登って行った。彼等は六二〇〇メートルまで登って引き返したが、このルートからヒドゥン・ピークの頂上に達し得る見込みをつけた。この年の遠征は費用節約のため、シェルパを雇わなかったが、もし高所に慣れた優秀なシェルパを同伴していたら、あえて頂上まで登ろうと試みたであろう。

その次にヒドゥン・ピークを志したのは、一九三六年のフランス隊であった。フランスとしては最初のヒマラヤ遠征であったこの行は、すでに一九三三年から計画されていた。ヒマラヤ委員会が作られ、ヒドゥン・ピークが目標の山として選ばれるまでに、長い間の綿密な検討があった。ヨーロッパ各国よりも遅れてヒマラヤに馳《は》せ参じたフランスとしては、登頂確実な七〇〇〇メートル級の山を選んで、幸先《さいさき》よきデビューをしようという意見もあったが、国際的に遜色《そんしょく》のない登山としては、やはり八〇〇〇メートル級であるべきだという主張が勝った。そこで八〇〇〇メートルの十四座が検討されたが、エヴェレスト、カンチェンジュンガ、ナンガ・パルバットは、すでに他の国が先鞭《せんべん》をつけていたので遠慮せねばならず、その他の目ぼしい八〇〇〇メートル峰はネパールにあるため、入国許可を得るのがむずかしいので断念、K2は極端に登攀困難なので除外し、結局カラコルムで第二位のヒドゥン・ピークに決まった。

つぎに起こったのは財政問題である。いったい各国の戦前のヒマラヤ登山隊の莫大な費用は、どうして捻出《ねんしゅつ》されたか。それは各国の登山に対する関心をよく反映している。イギリスでは、エヴェレスト登山は国民全体の支持を受けて、費用調達に苦心はなかった。海外遠征に長い伝統を持つこの国では山岳会と王立地学協会の会員から多大の寄付が集まり、残額は本や写真の著作権、講演会や映画会の収入で賄《まかな》えた。ドイツのナンガ・パルバット隊は、国鉄体育会から大部分の補助を得た。イタリアでは、学術遠征隊に対して盛んな国民的協力があった。ところがフランスでは、その当時まだ大部分の国民は、この種の計画に興味を持つほど、登山に関心がなかった。彼等は拳闘やラグビーには夢中になるが、海外遠征には無関心であり、時には嘲笑さえ浮かべた。だから資金の調達には非常に困難をなめた。ヒマラヤ登山などは、行きたい者が自分の金を出して勝手に行けばよい、と思っている人々が多かった。最初の隊の出発予定日の四ヵ月前になっても、予算の三分の一も集まらず、前年の十一月頃まで装備の註文も出来ない始末であった。隊長アンリ・ド・セゴーニュはその遠征記録のなかで、登山費用の調達の苦心ぶりをつぶさに述べている。しかし、そのフランスも、戦後いち早く第二回目の登山隊をアンナプルナに送って成功して以来、ヒマラヤにおける活躍が盛んになり、各国に劣らぬみごとな成果をあげている。

一九三六年のヒドゥン・ピーク隊は、どのくらいの費用を使ったか？　その費用総額は約八十二万フランであった。そのうちの約三分の一の二十七万フランは政府が補助を出した。十三万フランは各山岳会から出た。残りは寄付その他であった。われわれがちょうどその頃フランスの安本を買うと、一フラン約八銭足らずだったと記憶するが、その率で日本金に換算すると約七万円ほどになる。これを物価騰貴《とうき》の現代貨幣価値に直せば、当時の遠征費がおおよそ想像できる。

戦後のヒマラヤ遠征隊はどのくらいの費用を要するか？　日本のマナスル隊は一九五三

年の第一次隊（隊員十三名）は総額二千二百三十万円を要した。登頂に成功した一九五六年隊は、それを上廻る額であったろう。一九五三年の京大学士隊のアンナプルナ遠征費（隊員七名）は八百八十四万円であった。外国の例では、一九五三年のアメリカのK2登山隊（隊員八名）の総費用は約三万一千ドルを使った。ヒマラヤ遠征費は、その目標とする山、隊員数、所要日数等により一概には言えないが、以上の例ではだいたい一人当たり百三、四十万円の割になっている。しかしこれは八〇〇〇メートル峰をねらう大登山隊の例であって、もっと小さな隊ならばまだまだ安く行けそうである。一九五〇年、イギリスの気の合った登山家四人が、切り詰めた予算で約四ヵ月ガルワール・ヒマラヤへ行った時は、準備費も含めて一切の費用が一人当たり三百六十九ポンド五シリング一ペンスであった。わが国の約三十七万円である。マス・コミュニケーションの発達した現代では、八〇〇〇メートル峰を争うような注目的な登山隊には、新聞や放送が援助を惜しまない。その登山記やフィルムの発表でモトが取れるからである。しかし、われわれが小さな隊でヒマラヤ登山を楽しみに行こうとするには、もっと費用のかからぬ方法を考え出さねばならない。

ヒドゥン・ピークに返ろう。隊長はセゴーニュ、それに続く六人の登攀隊員はいずれもフランス選《え》り抜きの登山家、その他にベース・キャンプ管理が一名、医者一名、写真家一名、都合十名の隊であった。リエゾン・オフィサーとしてN・R・ストリートフィールド大尉が加わった。シェルパは三十五名、装備・食糧は一三トン、これを運ぶのに六百名以上のポーターという、おそらくヒマラヤ遠征でも稀《まれ》な大がかりな登山隊となった。

こんな強力な隊ではあったが、ただフランスとしては最初の企てで、ヒマラヤに経験がなく、あまりに計画に念を入れすぎて、いささか道具倒れの感がないでもなかった。一行は、戦前のすべてのカラコルム隊の辿《たど》ったコース、すなわちスリナガールを出発して、ゾージ・ラを越え、スカルドを経てアスコーレに到着したが、それに四月十七日から五月十七日までまるひと月も費やした。それからバルトロ氷河を溯《さかのぼ》り、ちょうどアブルッチ氷河にさしかかろうという地点、高度四九五〇メートルにベース・キャンプを設けたのは、五月二十六日であった。

ヒドゥン・ピークは嶮峻な山だが、それでも衝《つ》かれる弱点はあった。それは傾斜のゆるい南東稜で、その上は雪で覆われたプラトー状をなしている。そこにさえ取りつけば頂上まで大した困難はないように思われた。そこへ取りつくには二つのルートが考えられた。すなわち南東稜からアブルッチ氷河の方に下っている二つの支稜であって、その一つは（六七〇三メートル峰のある支稜）一九三四年ディーレンフルト隊によって試登されたもの。もう一つは（七〇六九メートル峰のある支稜。フランス隊はこの峰を南ヒドゥン・ピークと名づけた）それより北西にあるもので、フランス隊はこの後者を採ることになった。

ベース・キャンプに着いて二日休養の後、第一キャンプを南稜（七〇六九メートル峰から南に下っている稜）の下に置いた。そこからいよいよ高所キャンプを前進させる困難な仕事が始まった。この南稜ルートはなかなか手ごわく、ときにはむずかしすぎる個所もあって、ポーターのために、多くのピトンを打ちこみ、固定ザイルをつけねばならなかった。第二キャンプは五六〇〇メートルの岩場のテラスに、第三キャンプは六一〇〇メートルの狭い岩棚に作った。第四キャンプを築きにかかったが、天候がくずれたために、一まずベース・キャンプに下り、晴天を待って再び攻撃が開始された。六六〇〇メートルに第四キャンプを築いたが、またしても降雪のため四日間遅滞した。こんな風に悪天候にわざわいされて、第五キャンプ（六八〇〇メートル）が設けられた時は、すでに六月十九日になっていた。

一九三六年は例外的にモンスーンが早く来た年であった。同じ年エヴェレストへ向かったイギリス隊も、多量の降雪に悩まされて、ノース・コルに達しただけで退却しなければならなかった。その報を六月二十一日、ベース・キャンプにいた隊長セゴーニュはラジオできいた。カラコルムへそのモンスーンのおしよせて来るのも間もあるまい。いや、それの前触れはすでに来ていた。高所キャンプにいた隊員は、六月二十二日、七〇六九メートル峰（南ヒドゥン・ピーク）付近の氷のクレヴァスに第六キャンプ予定地を見つけ、そこに荷をおいて引き返した。もう南稜の岩場の難関は乗りこえ、頂上までの道はあきらかであった。それにしてもまだ高度にして一〇〇〇メートルも登らねばならず、なお数日が必要であった。ところがこの勝利を前にして、大雪が降りだした。烈風が吹きまくり、キャンプは雪に埋まり、温度はマイナス二〇度に下がった。隊長は下山命令を発したが、高所キャンプにいて、天候回復を待って頂上をねらおうとする元気な隊員は、それを受けつけなかった。しかし天候は日ましに悪化していくばかり、ついに頑張っていた隊員も、七月一日、下降を開始した。南稜の攻撃を始めてからひと月もたっていた。下山の途中、第二キャンプの上で一人のシェルパがスリップし、もう一人のシェルパを引きずって、雪崩《なだれ》をおこしながら七〇〇メートルも落ちて行った。もう死んだものと思われた。それが奇蹟的に助かった。七月二日、南稜上の四つのキャンプの撤収も終わり、登攀隊員は無事第一キャンプに帰って、隊長に迎えられた。五日、一行は負傷した二人のシェルパを運んで、ベース・キャンプをあとにした。

ヒドゥン・ピークは一九五八年七月五日、アメリカ隊によってついに登頂された。この年までに、ヒマラヤの八〇〇〇メートル峰十四座のうち十一座はすでに攻略されて、残ったのはヒドゥン・ピークとダウラギリとゴザインタンの三峰しかなかった。アメリカ隊としては、K2に三度も挑んで頂上近くまで達しながら登頂に成功せず、このまま終わったら八〇〇〇メートル峰獲得の栄を失ってしまうかもしれなかった。そこで是非ともヒドゥン・ピークに登頂して、世界一流国と登山において肩を並べたい気持が強かった。

ニック・クリンチが原動力となって、ヒマラヤ遠征にはつきものの手数のかかる準備を始めた。一九五七年十一月の末パキスタンから登山許可が来て以来次第に忙しくなり、二月の中ごろには、二人のパキスタン軍人を加えた総勢十名の隊員も決定した。スポンサーはアメリカ山岳会であった。

三月二十八日、欧州廻りの船で荷物がニューヨークから送り出された。途中船を代えて、イギリス、フランスの最新式の装備を積みこんだ。先発した隊長ニックは欧州に立ち寄って委細を処理し、一行より二週間前にカラチに到着、諸般の手続を済ました。そのおかげで事がスラスラと運び、五月十六日には、事情のためおくれて発つ二名を除いて、全アメリカ隊員はラワルピンディに集合した。そこで二人のパキスタン隊員と初めて顔を合わせた。

この年バルトロへ入ったのは、アメリカ隊の他に、ガッシャブルムⅣを目ざすイタリア隊、チョゴリザへ向かう京大学士山岳会隊があって、三隊とも初登頂に成功した。アメリカ隊がラワルピンディに着いた時は、まだ日本隊は来ておらずイタリア隊と会見した。

スカルドまで飛行機。ここからキャラヴァンが始まるのである。ベース・キャンプまで荷を運ぶ百十二名のポーターを雇い、登山前歴証明書を持ったバルティ人の中から六名の高所ポーターを選んだ。もっとも証明書は彼等の間で売買されるのでアテにならず、それに何が書いてあるかは本人も知らなかった。

五月二十一日スカルドを出発、バルトロへの途についた。最後の部落アスコーレでポーターの大部分を取り換え、ここでポーターの食糧を仕入れた。バルトロ氷河へ入り、泊り場ウルドカスで、常例のポーターのストライキがおこった。彼等はここで今後五日分のチャパティを用意するため一日の休暇を要求した。翌朝の出発をおくらせることで妥結したが、その時刻になるまで不穏は去らなかった。

コンコルディアを過ぎると寒気は強くなって、ポーターたちはみじめだった。そこでベース・キャンプまでまだ一日の行程があったが、装備のよい二十名を残してあとのポーターを帰し、その地点からリレーで荷を運ぶことにした。それからの二、三日は偵察やリレーで過ごし、ようやくアブルッチ氷河の北西岸にベース・キャンプを定めた。ちょうど北から流れてくる南ガッシャブルム氷河と、南東から流れてくるアブルッチ氷河との合流点で、そこから北東にあたってヒドゥン・ピークが立っていた。

こんなに間近く目標の八〇〇〇メートル峰を仰いで、一同は感激に打たれた。すべてのヒマラヤ登山隊はベース・キャンプに落ちついた時、それまでの長い苦労を振り返って感無量になるものだが、アメリカ隊もそれを免れなかった。いよいよ真の登山が始まるのだ。

ガッシャブルム山群にはIからVIまであって、それが馬蹄型《ばてい》に取りかこんだ中を、南ガッシャブルム氷河が流れている。ヒドゥン・ピークから主脈は南東に延びてシア・カンリ山群となり、さらに西へ向かってバルトロ・カンリ山群に続く。これらもまた馬蹄型を作って、その間を流れるのがアブルッチ氷河である。

南ガッシャブルム氷河とアブルッチ氷河とを偵察の結果、ヒドゥン・ピークには四つのルートが考えられた。西稜は頂上からただちに南ガッシャブルム氷河へ下っているが、その上部約六〇〇メートルは嶮しく、ロック・クライミングを必要とするのは明らかだった。南西面はルートとして最も近かったが、懸垂《けんすい》氷河で雪崩の危険があった。一九三六年のフランス隊は、前述の通り、七〇六九メートル峰を含む南西稜を選んだ。この稜線はヒドゥン・ピークの南峰へつながるもので、嶮峻な岩や氷のバットレスの困難を冒さねばならない。

そこでアメリカ隊が最後に決めた第四のルートは、一九三四年ディーレンフルト隊のハンス・エルトルとアンドレ・ロックが試みた稜線であった。六七〇三メートル峰を収めたこの稜線は、ヒドゥン・ピークから南東へ延びた巨大な雪原に続いていた。距離は長いが、一番可能性のあるルートに思われた。アメリカ隊はアンドレ・ロックの名にちなんで、これを「ロック稜」と呼んだ。

そこでまず第一キャンプをアブルッチ氷河の上部、ロック稜の下に設けた。ネヴィスンとシェーニングの二人は、第一から上の雪の斜面に固定ザイルを取りつけ、六月十五日、ニック、アンディ、マックは三人の高所ポーターを連れて、第二キャンプ（六三四〇メートル）を建てた。それから数日天候はおちつかなかったが、その間にも、ベースから第二への荷上げが繰り返され、第三キャンプへ向かうルートの偵察が行われた。

六月二十一日、アンディとシェーニングは、第三キャンプ予定地の、稜線上六七〇三メートル峰に達した。そこから眺めると、雪庇《せっぴ》の出た主稜線上（ヒドゥン・ピークとシア・カンリをつなぐもの）の雪のプラトーまで続いている。それから先頂上までが長い。この距離の遠さが難事だった。もしプラトーで大雪に降られでもしたらどんな目にあうかもしれない。まず第三キャンプを充実してから、アタック隊を出すことになった。肝要なのは、補給線を確保して、好天を逃さず迅速に行動することだった。

第三への荷上げに、サーブもポーターも懸命に働いた。数日に一度は悪天候で動けない日もあったが、それは休息日となった。雪崩を避けるために日の早いうちに行動する。四時間から六時間の登りが適当なアルバイトであったが、第一と第二の間では八時間から十二時間も稼ぐ日が多かった。高所ポーターに支障が生じた。一人は足を痛め、もう一人は病気になって、登山早期にベース・キャンプから動けなくなった。後になって三人目も高山病になった。

隊員たちは元気だった。身体の不調を訴える者もあったが、大したことなく済んだ。トム・ネヴィソン博士が酸素とペニシリンを持ってきていたのが、大きな助けだった。新しく前進キャンプを設ける毎に、この医療品が用いられた。

六月二十八日までに第三の荷上げが終わったので、その夜皆が集まって最後の計画を立てた。この先さらに二つの前進キャンプを置くことになり、投票で三組のアタック隊を決めた。

二十九日、隊員たちは三人の高所ポーターを連れ、プラトーを目ざして、第四キャンプを立てるために出発した。第二組のマックとリズヴィ大尉の二人は工合が悪くなって途中で引き返さざるを得なくなった。他の者は登りを続け、プラトーへ達するために、稜線を外れて左手ヘルートを採った。固定ザイルを取りつけ、それを雪庇に垂らして、尾根から下った。そこに第四キャンプを建てて、ボッブ、トム、ニック、アンディ、シェーニングの五人が入った。次は第五キャンプの建設であったが、天気が悪くなり、ラッシュ・アタックの望みは薄くなった。

天候が回復した時に予定の計画を続行するには、さしあたり二つの条件が必要だった。二人の高所ポーターは悪天の中でも第三から第四への荷上げを続ける。そうすることによって、隊員たちは第三へ引き返すことなく、みすみす好天を徒費することはなくなるだろう。次に、第二アタック隊のニック、トム、ボッブの三人は、第一アタック隊の二人のために、プラトーの道を開く。第五キャンプへの半途まで雪を踏んでおけば、たとえ新雪と風がその跡を消すことがあっても、未踏の雪の上を行くよりは、ずっと助かるからである。

それが実行された。そして七月四日、五人の隊員は第五建設に出発した。それは主峰と南峰との間のコル（七三一五メートル）に築くつもりであった。しかしそうはかばかしくは進めなかった。順番に先頭を代わった。先頭は軽い荷で酸素を使った。

結局、コルの半マイル手前、コルの下約一五〇メートルの所、大きなクレヴァスの脇に第五を設けることになった。ニック、トム、ボッブの三人は、そこへ荷をおろすと、サポート隊となるために第四へ下って行った。残されたシェーニングとアンディは、その夜、次の日の登頂の準備を整え、睡眠を得るために一晩中少量の酸素を吸い続けた。

翌七月五日、アタック隊の二人は、出発準備に二時間かかった後、五時ちょっと過ぎにテントを離れてコルへ向かった。輪カン代用に食糧箱の小さな側板をアイゼンに取りつけていて、これは大いに役に立ったが、雪が急峻になると駄目になった。コルのすぐ下に雪庇の破れた個所を見つけ、そこを通ってコルまで難なく達した。九時、コルの上は吹き払われた岩で、そこでしばらく休んでから、頂上の方へ前進を続けた。数分ごとに先頭を交代した。雪面は次第に急峻さを増し、やがて雪と氷に覆われた岩になり、ついで岩だけになった。正午、二番目の酸素に取り替え、流出量を増した。

頂上の東面に雪のクーロワールがあってそれが頂稜へ達する廊下を提供していた。このクーロワールは雪の表面がウインド・クラストしていて、アイゼンの下で破れそうなのでひどく心許なかったが、とうとう頂稜へ出た。身を切るような風で、気温がグンと下がった。頂稜は頂上までずっと雪続きであった。

三時、二人は頂上に立った。雲もなく、素晴らしい眺めだった。約一八マイル彼方のK2までの間に、ガッシャブルムII、ブロード・ピークの二つの八〇〇〇メートル峰が立ち、サルトロ・カンリ、マッシャブルム、チョゴリザ、ムスターグ・タワー等、果てしもなく山が続いていた。眼下には深く南ガッシャブルム氷河が流れていて、ガッシャブルムIVをねらっているイタリア隊の道の跡が美しい線を引いていた。それらの景色を眺め、写真を撮って、一時間の休息も足りないくらいであった。

下山につき、コルのところで酸素ボンベを棄てて軽くなった。覚醒剤を飲み、第五キャンプへ着いたのは暗くなった九時であった。

翌日、第四から次のアタック隊の登ってくるのが見えたので、二人はテントをそのままにして下り始めた。途中、トム、ニック、ボッブの組に出あった。その頃頂上には雲が渦巻き出したので、第二アタック隊は登頂を断念して後退にきめた。

八〇〇〇メートル峰で未登で残った三つのうちの一つは、こうしてアメリカ隊にその栄冠を譲った。帰途、ニックとシェーニングの二人は脇道をしてK2の麓《ふもと》まで行った。そしてかつてその山で生命を失ったアメリカ隊員に手向けをした。一九五三年のK2隊員ギルキーは彼等の山友であったのだ。

それよりおくれてチョゴリザ登頂に成功した京大学士山岳会の隊長桑原武夫君は、自ら「花嫁の峰の貧乏隊長」と名乗ったが、アメリカ隊はそれよりも貧乏だったらしい。イタリア隊は裕福であった。それに反し、「アメリカ隊は九百万円、日本隊とさして変わらないが、物価高を考慮に入れると、はるかに貧しいことになる」と桑原君は書いている。

最初に述べたように、アメリカ隊員の二人は職務の都合で出発がおくれ、スカルドから八人のポーターをつれて日本隊と同行した。好青年だが金払いがよろしくなかった。渡河するところで三ルピーしか置かないので、船頭が憤慨してポーターの一人を人質に取ったという。彼等のふところの寂しさが察しられる。

コンコルディアから見たブロード・ピーク（撮影＝佐藤孝三）

第12章
ブロード・ピーク

BROAD PEAK　8051m（旧標高8047m）

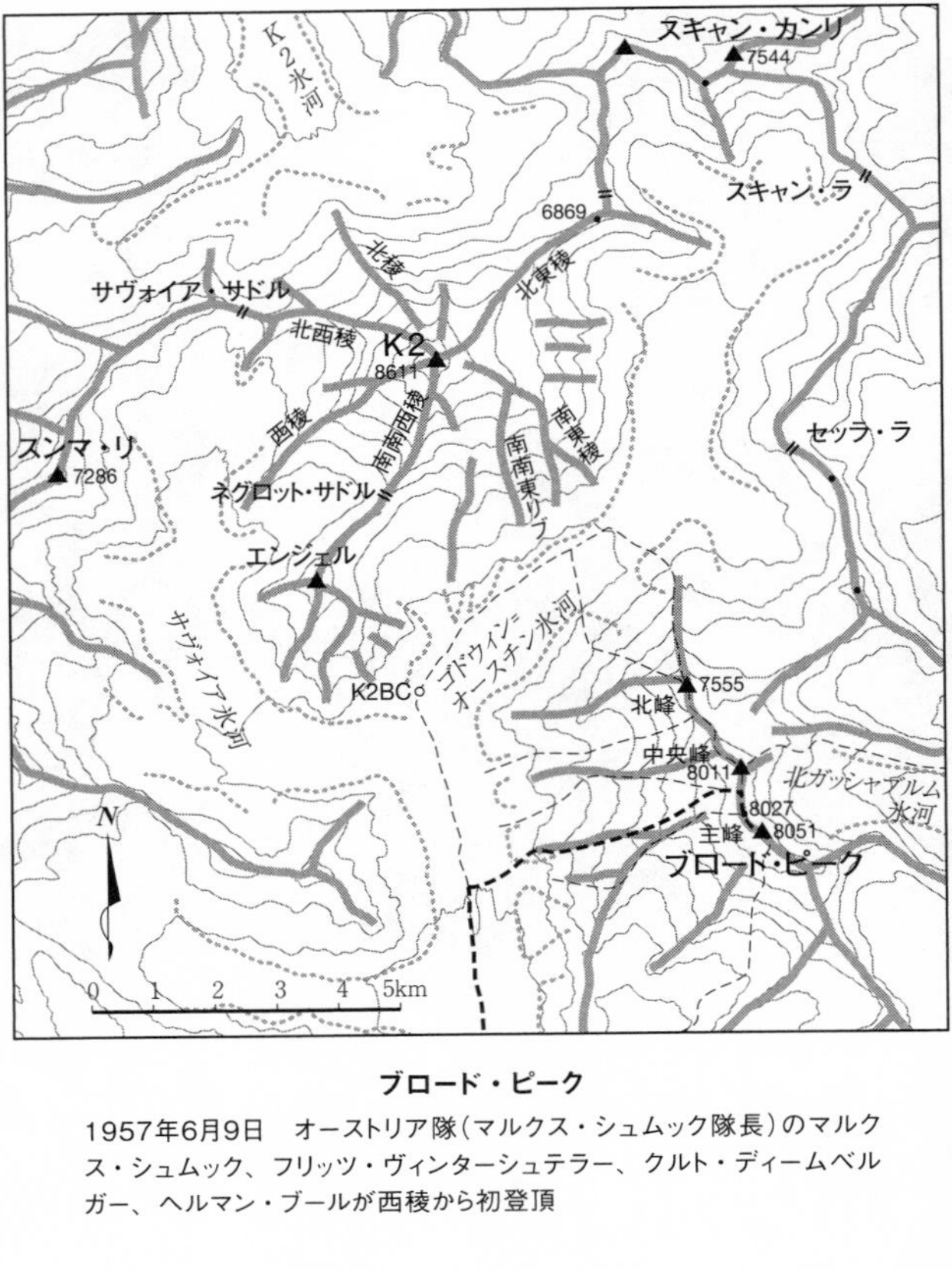

ブロード・ピーク

1957年6月9日　オーストリア隊（マルクス・シュムック隊長）のマルクス・シュムック、フリッツ・ヴィンターシュテラー、クルト・ディームベルガー、ヘルマン・ブールが西稜から初登頂

ブロード・ピーク　八〇四七m（現標高八〇五一m）

謹賀新年。『岳人』連載の「ヒマラヤの高峰」も八回目の新年を迎える。もし高校入学の時から私の記事を読んでいて下さる人があったとしたら、その人はもう大学を卒業していることになる。初めて『岳人』に「机上ヒマラヤ小話」という副題で書き始めたのは一九五三年だから、それから十三年たっている。その頃小学校へ入って間もない人が、今は大学生のはずである。

読者はどんどん成長して行くが、私にはヒマラヤの記録にウツツを抜かして夢のように過ぎた時期に思われる。私の裡《うち》に何が育っただろうか。本だけは溜まった。『岳人』に最初に「怖ろしい雪男」というのを書いたのは、疎開先の金沢に住んでいた時で、身辺にはごく限られたヒマラヤの本しか持っていなかった。それが年々ふえた。置く場所に困って、五年前狭い裏の空地に小さな小屋を建てて、ヒマラヤ関係の本をそこへ移した。その粗末な本小屋に出来すぎのものは「九山山房」の懸額で、その文字を槇《まき》さんに書いていただき、それを木目の正しい古代杉に彫って下さったのは、佐藤久一朗さんであった。

この本小屋で私は多くの若い友人たちとヒマラヤについて語りあった。狭いから膝をすり合わせて、地図を拡げ写真に見入り、夜の更《ふ》けるのも忘れた。しかしその小屋ももう本でいっぱいで、辛《かろ》うじて一人座れる余地しかなくなった。

本を蒐《あつ》めるのに好機会でもあった。新刊は広告やブック・レヴューに注意しておればいいが、古書は手に入れるのがむずかしい。それだけに楽しみが多いが、時間と金がかかる。戦後の混乱で、蔵書家の所有が古書店に流れ出た一時期があった。ああ私にもっとおあしがあったらと、幾度歎いたかしれない。それでも私は他のすべてを節約して、古本に向けた。一番多く買ったのはイギリスからである。インド独立後そこにあった本がロンドンの古本屋へ移ったらしい。

ケネス・メースンの『ヒマラヤ』の巻末に、ヒマラヤ文献として重要なものが八十冊あまり挙げられているが、その大方を九山山房に蔵めることが出来た。一八八五年以前の紀行および探検記十四冊が、初めは絶望的に思われたが、コケの一念で次第に手に入れ、今はあますところ二冊だけになった。

メースンの表以外にもヒマラヤの本はおびただしい。薬師義美君はヒマラヤおよび中央アジア高地に関する文献をリスト・アップしているが、それによると学術書を除いた単行本だけで、三千冊はあろうという。ヒマラヤの探検や登山記はほぼ蒐めつくしたので、今の私の関心はもっぱら中央アジアの高地にある。ここの旅行記は実に多い。

『山日記の栞』1965年版に、山の蒐書家として聞こえた小林義正さんの「ヒマラヤ言始」という文章が載っている。小林さんは最近まで私の近所に住んでおられたので、お互いに訪ねあってはよもやまの山の本の話に耽《ふけ》った親しい間柄である。「ヒマラヤという言葉を、いったい日本人はいつ頃から耳にし、あるいは活字として読むようになったのだろうか」という詮索《せんさく》がその文の骨子である。

小林さんの検《しら》べによると、日本で出た本でヒマラヤ（喜馬拉山）という文字が最初に現れたのは、万延元年（一八六〇年）に新刻された『地球説略』だそうで、これは外国の地理書の翻訳である。小林さんの喜馬拉《ひまらや》追究は大へん興味あったが、その最後にこうつけ加えておられる。「序《つい》でに、ヒマラヤという文字が洋書に現われる経過もせんさくしたいのだが、これはどうやら深田久弥さんにお任せした方がよさそうだ」

そこで私も何とかカタをつけないわけにはいかない。それはずっと以前から私の一つの問題であった。絶えずそれに注意していた。私の見つけた一番古いヒマラヤは、本ではなく地図であった。

ヒマラヤ探検に大きく貢献をしたインド測量局の初代長官はジェームス・レネル少佐。インド地理学の父と言われるレネルは、一七七七年退官後、あらゆる資料を集めて、「ヒンドゥスタン地図」(map of Hindoostan) を作った。これはダンヴィルの「インド地図」（一七五三年）よりさらに大きな進歩を示したものとして有名だが、私はその地図を愛蔵している。ヒマラヤの文字を発見したのはその地図上であった。ネパールとブータンの北辺の山脈に小さな字で Himmaleh Mountains と記入されている。

ジョン・ウィリアムは一七八三年カルカッタ高等裁判所の判事として赴任した。彼は学者で文筆家で、サンスクリットを勉強したいためにその役を引き受けたのである。ベンガル州のアジア協会を作り、インド北方の遠くの山に興味を持った。一七八四年に書いた彼の文章の中に the Mountains of Himola という文字が出てくる。土着民が「雪」を意味する言葉から、そう名づけられたと言っている。

それまでは単に Snowy Mountains とか High Range とか呼ばれていた山々が、幾らかヒマラヤという呼称に近づいてきたのは十八世紀の後半になってからと思われる。

フランシス・ハミルトンは一八〇二年から三年にかけて十四ヵ月もカマトンズに住み、一八一四年にはガンジス河を溯《さかのぼ》る旅行を果たした人で、一八一九年に“An Account of the Kingdom of Nepal” と題する本を著した。稀書の一つで私は大切に保存しているが、その中にヒマラヤが出てくる。インドの大平原の北を限る山々は Himadri, Himachul, Himalichul or Himaliya と呼ばれると書いてある。おそらくこれが本に現れたヒマラヤの最初であろう。そしてその本に付せられた地図にも、パンジャブからブータンに続く山脈に、Himadra or Himaliya Mountains と記入してある。

れっきと Himalaya と書かれた最初は、一八一八年のアレクサンダー・ジェラード大尉の旅日記の中かもしれない。Himalaya range という文字が出てくる。ジェラード兄弟（アレクサンダーとジェームズ）はヒマラヤの初期探検家として見逃すことの出来ない存在で、その旅日記を含んだ本が、一八四〇年と一八四一年に出た。私はその両方とも所持しているが、これもヒマラヤ文献では稀書に属する。

本の標題にヒマラヤという言葉の使われた最初は James Baillie Fraser の "Journal of a Tour through Part of the Snowy Range of the Himālā Mountains" であって、これは一八二〇年の出版。大判で五四八ページもある立派な本である。続いて一八三一年には J. Gould の "A Century Birds from the Himalayan Mountains" という本が出ている。それ以後は数え切れない。近年はヒマラヤにあまり関係のない本でも、標題に Himalaya という文字を入れているのは、その方が売れ行きがよいからであろう。表紙にヒマラヤの文字がありさえすれば、どんな本でも買おうとする愚か者は私だけではあるまい。

Himalaya をどう発音するかについてはメースンの『ヒマラヤ』にも、ディーレンフルトの『第三の極地』にも言及されている。一番詳しい説明は『ヒマラヤン・ジャーナル』第一巻に載っているジェフリ・コーベットの "The word Himalaya" であろう。各地で呼ばれている諸種の発音をあげ、語原のサンスクリットに最も近いものは、

Hi- as in "him"
-ma- as in "father"

-la
-ya } as in "fur" or French "le"

としている。わが国の片カナで書けばヒマーラヤが一番近く、木暮理太郎氏などは常にヒマァラヤと書かれた。しかしヒマラヤがこんなに一般的になってしまっては、訂正は困難である。

ヒンディその他の近代インド語では、Himālaya の最後の a は発音されず Himālay となる。ネパールでは雪に覆われた山を Himāla あるいは Himal と呼んでいるが、これは Himalaya の短縮した形だという。ウルドゥ語を使う地域や南インドでは、ヒマーリヤと呼ぶ。今世紀の初め頃、通人をもって任ずる人たちは、ヒマラヤでなくヒマーリヤと言ったらしい。一八九八年に出たランドアの『禁じられた国にて』という奇書の序文で、著者は次のように述べている。「本書の地名のスペリングは、王立地学協会で妥当と認めたものを採ることにした。すなわち、現地の発音に最も忠実なものを採った。しかし私はあえてヒマーリヤと呼ぶことにした。この雄大で詩的な名前は、英語ではヒマーラヤという非音楽的で非ロマンチックな名前にゆがめられている」

私が岩波新書で『ヒマラヤ登攀《とうはん》史』を出したのは一九五七年で、それを書いた時にはまだブロード・ピークは登頂されていなかった。一九五四年のドイツ隊の試登で筆を擱《お》かねばならなかった。

登頂されたのは一九五七年六月で、その功績はオーストリア登山隊であった。オーストリアとしては、これが八〇〇〇メートル峰獲得の四番目で、それ以前に、ナンガ・パルバット、チョ・オユー、ガッシャブルムⅡに凱歌をあげていた。この四峰とも酸素は使わず、他の国の八〇〇〇メートル峰登山隊に比べると、つつましい準備でその目的を果たした。ヘルマン・ブールはたった一人でナンガ・パルバットの頂上に立ったし、チョ・オユーを落としたヘルベルト・ティッチー隊は、隊員がわずか三名だった。しぜんに「オーストリア遠征様式」と言葉が出来たが、何も特別の様式を作り出そうとしたのではなく、むしろ乏しい資金がおもな原因であった。

八〇〇〇メートル峰登山隊の中で、ブロード・ピーク隊は異数と言っていい。隊員わずか四人、高所ポーターの力を全く借りず、四人で全部の荷上げをし、しかも四人とも頂上に立ったのである。もしアクシデントでもおこしたら、日本なら当然カミカゼ登山と非難されそうなオーストリア隊であった。

しかし彼等には自信があった。隊長マルクス・シュムックは三人の子供を持つ三十二歳のアルピニスト、彼は言う、「ベース・キャンプから隊員だけで頂上攻撃を行い、それに成功したのは、私たちの隊が最初で、現在まではたった一つの隊である。私たちはヨーロッパの山々で作りあげた登山様式をカラコルムで実行した」。

隊員でヒマラヤの経験のあるのは、ナンガ・パルバットの勇者ヘルマン・ブールだけ、彼も三人の子の父であった。電気技師のフリッツ・ヴィンターシュテラーは三十一歳。四人目はまだ学業中にある二十四歳のクルト・ディームベルガー、アルプスの壁でその腕前を買われていた。

大きな目標を持つこの小さな登山隊は、資力にもつつましかった。その経費は、三年前のK2登頂のイタリア隊の二十分の一にしかあたらなかった。高所ポーターを使わなかったのも、費用節約のためであった。酸素使用は初めから問題にしなかった。いや、むしろ絶対に反対であった。それは彼等の様式にそむいた。

フリッツとクルトは荷物とともに船で出発、マルクスとヘルマンは飛行機であとを追った。四人がカラチで合流したのは四月三日、ラワルピンディでリエゾン・オフィサーとしてクァダー・サイト中尉をあてがわれた。二十四歳の立派な体格の青年であった。が、まだ一度も山登りをしたことがなく、雪というものを見たことがないという。しかしリエゾン・オフィサーとしては非常に優秀であることがあとで分かった。

カラコルムへの道はきまっている。スカルドまで飛行機、そこからキャラヴァンをおこす。いわゆるバルトロ街道を進んで、ベース・キャンプまでは六十五名の人夫を必要とした。実際は彼等は目的地まで行かなかった。おきまりのストライキをおこし、ベース・キャンプから一二キロも手前で一五〇〇キロの荷物をおいたまま、引き返してしまった。ただ二人だけが残ったが、それはポスト・ランナーとして使うことになった。「逃亡者のキャンプ」からベース・キャンプまでの荷運びは隊員たちでやらねばならなかった。その往復に六日を要したが、これがトレーニングとして非常に貴重なものになった。ベース・キャンプはゴドウィン・オースティン氷河の中央モレーン上四九〇〇メートルの地点。ブロード・ピークの西稜を正面に望む位置であった。

登路はすでに図面や写真によって決定していた。一九三九年の国際カラコルム登山隊の隊長ディーレンフルトが推薦したルート、すなわち「西稜は確実に望みがある。雪崩《なだれ》の危険がなく、下部の急嶮な壁をまっすぐ登って行けば、大きな雪の棚に達することが出来よう」に拠《よ》ることにした。

作戦は、ベース・キャンプから頂上まで約三一五〇メートルの高度に、三つの前進キャンプをおき、その第三キャンプから一気に頂上をおとしいれる。その最終キャンプを七〇〇〇メートル以上にあげないことにしたのは、高度の身体に及ぼす影響を案じたからである。すると最後の段階は一一〇〇メートルも突破しなければならないことになる。しかしそれは彼等には自信があった。

五月十三日が行動の最初だった。その日彼等は、傾斜の急な、雪のつまったリンネ（岩溝）によって稜線に達し、約五八〇〇メートルの高さにある台地にテントを張って、ベースへ戻った。これが第一キャンプで、すぐ横に牙《きば》のような岩峰があったので「牙のキャンプ」と名づけた。一日で九〇〇メートルの登り下りが大して苦痛でなかったのは、ベース・キャンプまでの荷運びでトレーニングが出来ていたからであろう。

十六日にはもう一一〇キロの装備と食糧が第一に荷上げされていた。その日フリッツとヘルマンはそこに泊まり、それから先の登路を偵察することにした。翌日この二人は深い新雪をラッセルしながら急斜面を登り、垂直のむずかしい氷壁をトラヴァースして、六四〇〇メートルの高度のプラトーの際《きわ》に達した。そしてそこの大きな雪庇《せっぴ》の下に第二キャンプの場所を作って第一へ帰った。その間にあとの二人、マルクスとクルトは第一への荷上げに従事した。

十九日、マルクスとクルトは第一に、ヘルマンとフリッツは初めて第二に泊まった。翌日から第二への荷上げと、第二から先の偵察が始まった。偵察隊のヘルマンとフリッツが上へ登って行くと、彼等が「氷の殿堂」と名付けた凄い氷壁のところでザイルのぶら下がっているのに出会った。これは三年前のドイツ隊が残したもので、完全に壁の中に凍りついていた。それを掘り出して役に立てた。そのお蔭でむずかしい蒼氷《そうひょう》の壁を乗り越え、六六〇〇メートルに達すると、こんどは「氷で冷やされた」食糧や一本の酸素ボンベの残っているテントを発見した。二人は六七五〇メートルまで登って引き返した。

天候が変わって、長期の荒天期間の始まったことが分かったので、一まず前進を打ち切ってベース・キャンプに下り、新鮮な体力を養うための休養を取った。

五月二十五日、天気好転の兆《きざ》しが見え始めた。頂上へ向かって出発。四時間で九〇〇メートルを登り「牙のキャンプ」に到着、それからさらに「雪庇キャンプ」まで六〇〇メートルを登りきった。重い荷を担《かつ》いで一日に一五〇〇メートルの標高差を克服したとは何という頑張りであろう！　彼等のやり方はこれまでの「古典的ヒマラヤ登山法」を問題にせず、自分達の考えによって行動した。普通ならばおよそ六五〇〇メートル辺りに前進基地を置いて、そこで高度順応のため八日から十日ほど停滞するのだが、酸素を持たぬ彼等は最初からそれを計算に入れなかった。

それからこれまでの登山隊が普通とした睡眠薬も一度も使わなかった。その代わりオーソドックス派から非難されるかも知れないが、罐詰ビールを使った。それによって実によく眠ることが出来たという。

こんどはヘルマンとクルトが先に立った。これも変則であるが、第二から先の非常にむずかしい登路をザイル無しで行動した。その方がずっと迅速に進めたからである。危険な個所には確保用のザイルを固定しただけであった。

第三キャンプは六九五〇メートルの「氷の殿堂」に置かれた。ここから一気に頂上へ肉薄しようというのである。五月二十九日、四人の最初の攻撃が始まった。前日第三を強化したばかりなのに、休養の日も置かず朝五時に出発したのは好天を無駄にしたくないためであった。寒気は厳しかった。中央峰と主峰との間の鞍部に達する最後の二五〇メートルがもっともむずかしい所であった。氷結した急峻な岩場には八〇メートルの固定ザイルが取り付けられた。

約七八〇〇メートルの鞍部《あんぶ》に到達した時、すでに五時を過ぎ、天気が悪くなってきた。にもかかわらず先に立ったフリッツとクルトの組は北稜上の前峰（約八〇三〇メートル）まで登った。もう六時三十分になった上に、霧と降雪に妨げられた。後退のほかない。危険な下降の後、第三に全員無事に帰り着いたのは九時三十分。翌日英気を養うためにベース・キャンプへ下った。

六月八日、再び第三キャンプが占められた。こんどは午後早く着いたので、翌日の最後の攻撃のために一同休息と準備に備えることができた。九日は聖霊降臨節の日曜だった。朝の三時半に出発、厳しい寒気は四人を悩ました。ことにヘルマンはナンガ・パルバットで凍傷を受けて切断した足指が痛んだ。この前に達した前峰に零時四十五分に着いた時には、くたくたに疲れていた。もう九時間も戦い続けであった。そこよりわずかに高い主峰までは、上り下りの多い約八〇〇メートルの稜線で、別にむずかしい所はなかったが言語に絶する苦しさだった。鉄の意志力で最後の巨大な雪庇を乗り切って、午後五時五分ついに先頭のマルクスとフリッツの二人が頂上に立った。

常には勇敢なヘルマンはこの日は元気がなく、鞍部の上部でたっぷり一時間休まねばならなかった。クルトは傍《そば》に付いていた。二人はゆっくり登り始めた。クルトは調子がよかった。ヘルマンは若い山友が一人でも登りたがっているのを察して、彼は残ることに決めた。彼の足はもう感覚を失っていた。

クルトは先の二人と頂上の下で出会った。そして彼は単独で頂上に立った。完全な展望で彼方チベットまで見渡すことができた。彼の撮影した一八〇度のパノラマは地理学上の大切な資料となった。

マルクスとフリッツは下降の途中でヘルマンと行き会った。彼は抑えがたい闘志を取り返して、頂上へ向かってゆっくり足を運んでいた。文句も言わずフリッツは再びヘルマンについて頂上へ引き返した。二人は午後七時頂上に立った。すでに谷からは夜が忍び上がってきて、この高峰だけが真っ赤な夕陽に輝いていた。彼等の立っている高峰の三角形の影が地平線まで届いていた。言うに言われぬ瞬間であった。かくしてヘルマン・ブールは二つ目の八〇〇〇メートル峰を獲得した。

驚くことには、彼等の登山はそれで終わらなかった。「お次」があった。ブロード・ピークの頂上へ立ってから十日とたたない六月十八日、マルクスとフリッツはサヴォイア山群の最高峰スキル・ブルム（七四二〇メートル）に初登頂した。ヘルマンとクルトはチョゴリザに向かった。そしてヘルマンはその山で命を落とした。

南面BCから見たガッシャブルムII峰（撮影=内田良平）

第13章
ガッシャブルムII峰

GASHERBRUM 2　8034m（旧標高8035m）

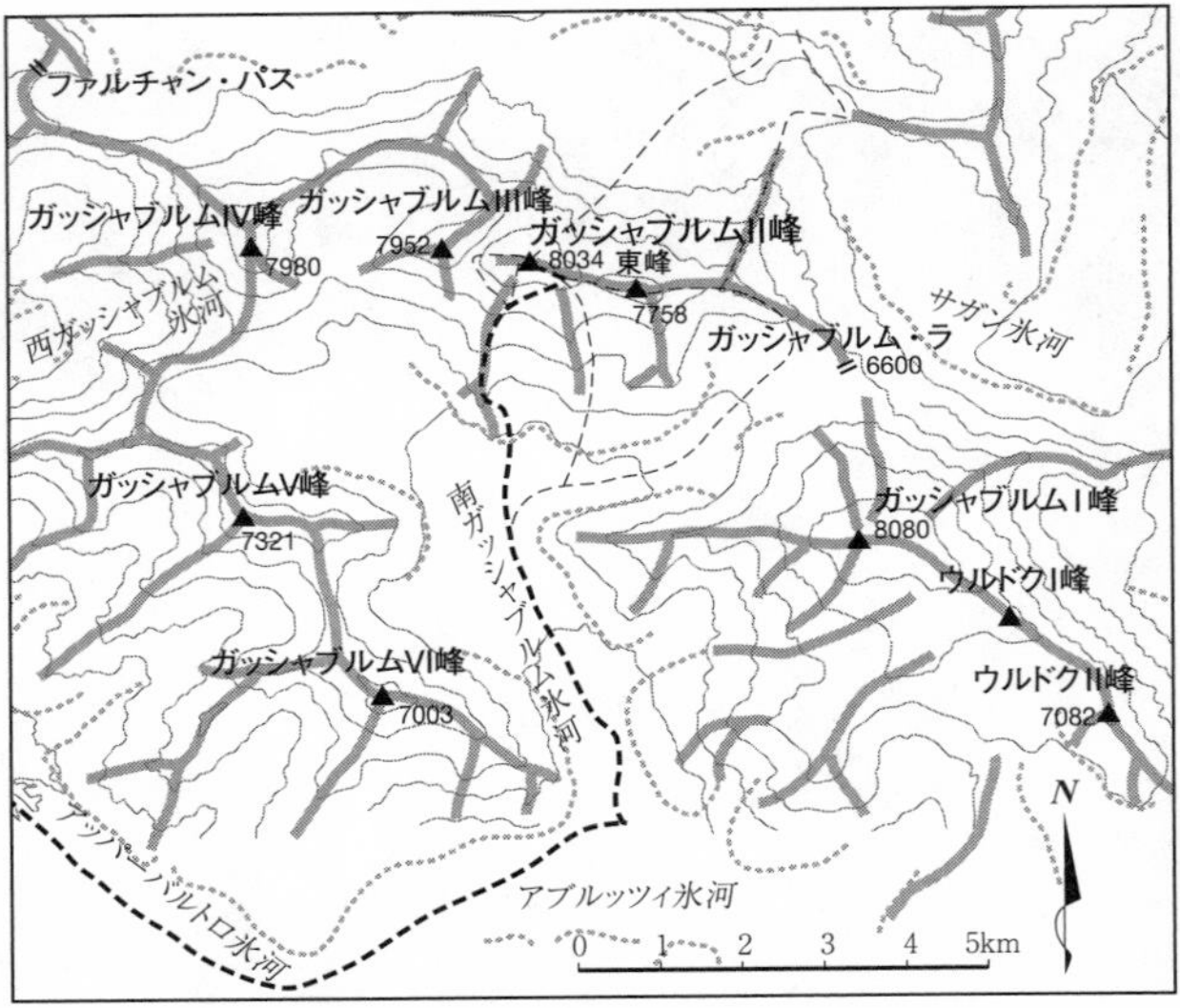

ガッシャブルムII峰

1956年7月7日　オーストリア隊（フリッツ・モラヴェク隊長）のフリッツ・モラヴェク、ヨーゼフ・ラルヒ、ヨハン・ヴィーレンパルトが南西稜～東稜から初登頂

ガッシャブルムⅡ　八〇三五m（現標高八〇三四m）

八〇〇〇メートル峰十四座の順位は、第二位K2がカラコルムで孤高を示したあと、ずっとネパールで占められ、第十一位になってやっと再びカラコルムに戻ってくる。すなわち、第十一位ヒドゥン・ピーク（ガッシャブルムⅠ）、第十二位ブロード・ピーク、第十三位ガッシャブルムⅡ。この三峰は順位こそついているが、その高さの差はわずかである。ガッシャブルムと名のつく峰は、ⅠからⅥまであるが、そのうち高いのはⅠからⅣまでで、Ⅰは最高（八〇六八メートル）で通称ヒドゥン・ピーク、Ⅱはそれより三三メートル低いだけの八〇三五メートル、Ⅲは七九二五メートル、Ⅳは七九八〇メートル。つまり高度差一〇〇メートル前後の四峰が立っているわけである。私はこの八〇〇〇メートル前後の俊秀な四峰に、こんな番号などつけるのは不服である。これらの四峰は決して稜線上にコブのように並んでいるのではなく、それぞれ独立した山の姿勢を持っている。ⅠとⅡの距離は、槍と穂高ほど離れており、しかもその間が深く落ちくぼんでいる。ⅡとⅢは峰つづきだが、ⅢとⅣの間がまた低いコルをなしている。南ガッシャブルム氷河からこの山群を撮った写真を見ると、これらの山はみな一城の主《あるじ》の堂々さで、少しも連峰といった感じがない。

ガッシャブルムⅠ、Ⅱ、Ⅲ、Ⅳ、なんて通し番号がついていると、とかく十把一《じゆつぱひと》からげに見られやすい。それが残念である。番号などやめて、それぞれ独立した名前を与えた方がいい。ガッシャブルムの語源ははっきりわからないが、バルティ語(チベット語の一方言)で「輝く壁」という意で、それはもともとガッシャブルムⅣにつけられた名前だった。バルトロ氷河のコンコルディアから仰ぐと、このⅣ峰の氷壁が、あたかも輝く壁のように見えたからである。だからガッシャブルムという名はⅣ峰だけを指すことにすればいい。最高のⅠ峰は在来のヒドゥン・ピークとし、残るⅡ峰およびⅢ峰に何か適当な名前をつけて、ⅡをⅠその東峰、Ⅲをその西峰とする。私ごとき東洋の一机上ヒマラヤニストがこんな提言をしたところで、何の反響もあるまいが、しかし私は八〇〇〇メートル前後のすばらしい山々が、ただ通し番号で軽んじられるのが残念なのである。登山家というロマンチストはとかく山の名に愛着を感じる。ガッシャブルムⅡが、何かもっとほかの独立したよい名前を持っていたら、八〇〇〇メートルの一巨峰として、もっと多くの視聴を引いたであろう。

カラコルムの山がネパールの山ほど数多く登られていないのは、遠隔の地にあるのと、大きな費用がかかるのと、良質のポーターを集めにくいのと、いろいろ理由があろう。ことにパキスタンが独立して以来、シェルパの入国を禁じたので、高所で役に立つポーターが得られなくなったのは痛手である。その代用に、わりあい山に慣れたフンザ人が使われているが、シェルパのような技術・精神ともに優秀なものに訓練するまでには、まだ年月を要するようである。

ガッシャブルムⅡは、一九五六年、オーストリア隊によって登頂された。それまでにこの山に試登したものすらなかった。ただ一九三四年にディーレンフルト隊がこの山の南面を探り、「ガッシャブルムⅡは鋭い稜線を持ったピラミッド形のピークで、決してやさしい山ではない。しかし登頂不可能とは思われない。比較的確実に登れそうな気がする」という見当をつけた。オーストリア隊もこの観察に希望を持ったのであろう。

オーストリア隊は、隊員六名と科学班二名から成り、隊長は三十三歳のフリッツ・モラヴェクであった。カラチから鉄道でラワルピンディへ、そこから空路スカルドに着いたのは四月二十七日。スカルドはバルティ地方の一番大きな町である。以前はカラコルムへ入るには、スリナガールからスカルドまでキャラヴァンを組んで歩いた。現在では一気にスカルドまで飛んでしまう。アプローチの短くなったことは、わが国の山ばかりではない。スカルドからアスコーレまで徒歩旅行。アスコーレで食糧を補充し、ポーターの数を二百七十人にふやして、いよいよバルトロ氷河に入った。

バルトロ氷河は毎年のように登山隊や探検家に歩かれたので、おのずから一日の行程やキャンプ場がきまっている。終戦の年までに十八組がバルトロに入っている。その後も毎年一組や二組は数えられようから、俗な言葉で言えば、バルトロ氷河はカラコルム銀座かもしれない。一九五五年の京大学士隊もここを通ったが、その話によると、きまったキャンプ場に着くと、そこには以前の隊の跡がむざんに残っていて、ある泊まり場のごときは、トイレット・ペーパーが落花のように舞っていたそうである。

もう一つバルトロの名物（？）は、ポーターのストライキである。氷河を溯《さかのぼ》って行く途中で、ポーターが賃上げストライキをやる。これを蒙らずにすんだ隊はほとんどない。オーストリア隊も例に洩れなかった。やっと連絡将校（すべての登山隊には必ずその土地の政府から連絡将校が一人つけられる。彼は通訳、物資の購入、その他土着民と隊との間の交渉にあたる）のあっせんでストライキは解決し、前進を続けて、氷河の突き当たりのコンコルディアに到着、ここで大部分のポーターを解雇した。コンコルディアで氷河は左右二つに分かれ、左に行くものはK２に向かうゴドウィン・オースティン氷河であり、右に行くのはバルトロの本流で、その上流はアブルッチ氷河となる。オーストリア隊は右を取って溯り、アブルッチ氷河と南ガッシャブルム氷河が合流する地点にベース・キャンプ（五三〇〇メートル）をおいた。

十日の高所順応期間の後、ズタズタに切れた南ガッシャブルム氷河に入りこみ、目ざす山の麓《ふもと》までルートを開いた。ガッシャブルムⅡは南へ向かって二つの支尾根を延ばしている。彼等はその南西稜を選んで、その下に第一キャンプ（六〇〇〇メートル）を設けた。六月十一日から一週間、そのキャンプへの荷上げに費やされた。それから十日あまり悪天候で雪が降り続き、隊員たちはベース・キャンプに釘づけになった。

六月三十日、彼等が再び第一キャンプに登ってびっくり仰天した。留守の間に大きな雪崩《なだれ》がおそって、そこに置いておいた全部の荷を埋めてしまっていた。彼等はキャンプ場として平地を選び、背後の斜面の上はテラスになっていたから、大丈夫だと思っていたのだ。しかしヒマラヤの雪崩は平地といえども安心できない。雪崩があった時、彼等がテントにいなかったことは、もっけの幸いであった。

大事な装備や食糧の大部分は、五メートルから十メートルの雪の下になっていた。それを掘り出そうとしてまる二日もかかったが、結局は徒労に終わった。さあ、どうする？もしこのまま退くのが嫌なら、計画をたて直し、ラッシュ・アタックを取らねばならない。行動はすぐおこされた。七月二日、第一キャンプから上の氷の尾根に、ステップが刻まれ、固定ザイルが取りつけられ、第二キャンプ（六七〇〇メートル）が築かれた。四日には、尾根の肩の第三キャンプ（七一〇〇メートル）までの道がつけられた。

七月六日、ラルヒ、モラヴェク、ヴィレンバルトの三隊員が、ザイルを結んで、頂上へ向かって第三キャンプを出発した。装具や食糧を各自背負ったので、荷は重たかった。本来の予定では、途中にもう一つキャンプを設けるつもりであったが、時日がそれを許さなかったので、三人はその代わりにビヴァークすることにしたのである。南西稜を離れて、頂上ピラミッドの下の氷の急斜面をトラヴァースしながら登って行くのだが、氷の上に敷いた新雪が確保を困難にしたので、三人はお互いに他に危険をおよぼさないように、ザイルを解いた。この日は四〇〇メートルしか登れなかった。そしてピラミッドの下の約七五〇〇メートルの地点で、岩塊のかげに一夜を過ごすことになった。彼等は寝袋にもぐりこんだが、その夜はおそろしく寒くて眠れなかった。ラルヒとモラヴェクは軽い凍傷を受けた。

翌七日の朝があけた。天気はよかった。南東稜の上部を横切って登る時には、大へん苦労したが、九時ちょっと前、主稜（東稜）に達した。

頂上までまだ高さにして三〇〇メートル以上あった。その急峻な雪の壁は、朝の光線で軟らかくなっていて、登って行くのに非常に骨が折れた。その上空気稀薄になって息が苦しかった。二、三歩行っては休みながら、あらん限りの気力を絞り出して、少しずつ登って行った。そしてついに午後一時半、ガッシャブルムの頂《いただき》に足を置いた。

そこは小さな雪の台地で、傍《そば》に人の背丈ほどの尖った岩が二つ立っていた。疲れ果てた三人は雪の中に座り込んだ。しばらくしてようやく彼等は、すべてのヒマラヤ登頂者がなすこと、すなわちオーストリアとパキスタンの国旗を結びつけたピッケルを雪に立てて、頂上の写真とパノラマを撮った。それからフィルムの空罐《あきかん》に登頂の日付と聖母のメダルを入れて、それをオーストリアの国旗で包み雪の中に埋めた。そしてその上にケルンを建てた。空は美しく輝き、ずっと遠くの方まではっきりと見えた。ウィンドヤッケを脱ぐほど暖かった。彼等は一時間も頂上にいて、下降の途についた。

トン・ラから見たシシャ・パンマ（撮影＝内田良平）

第14章
シシャ・パンマ（ゴザインタン）

SHISHA PANGMA　8027m（旧標高8013m）

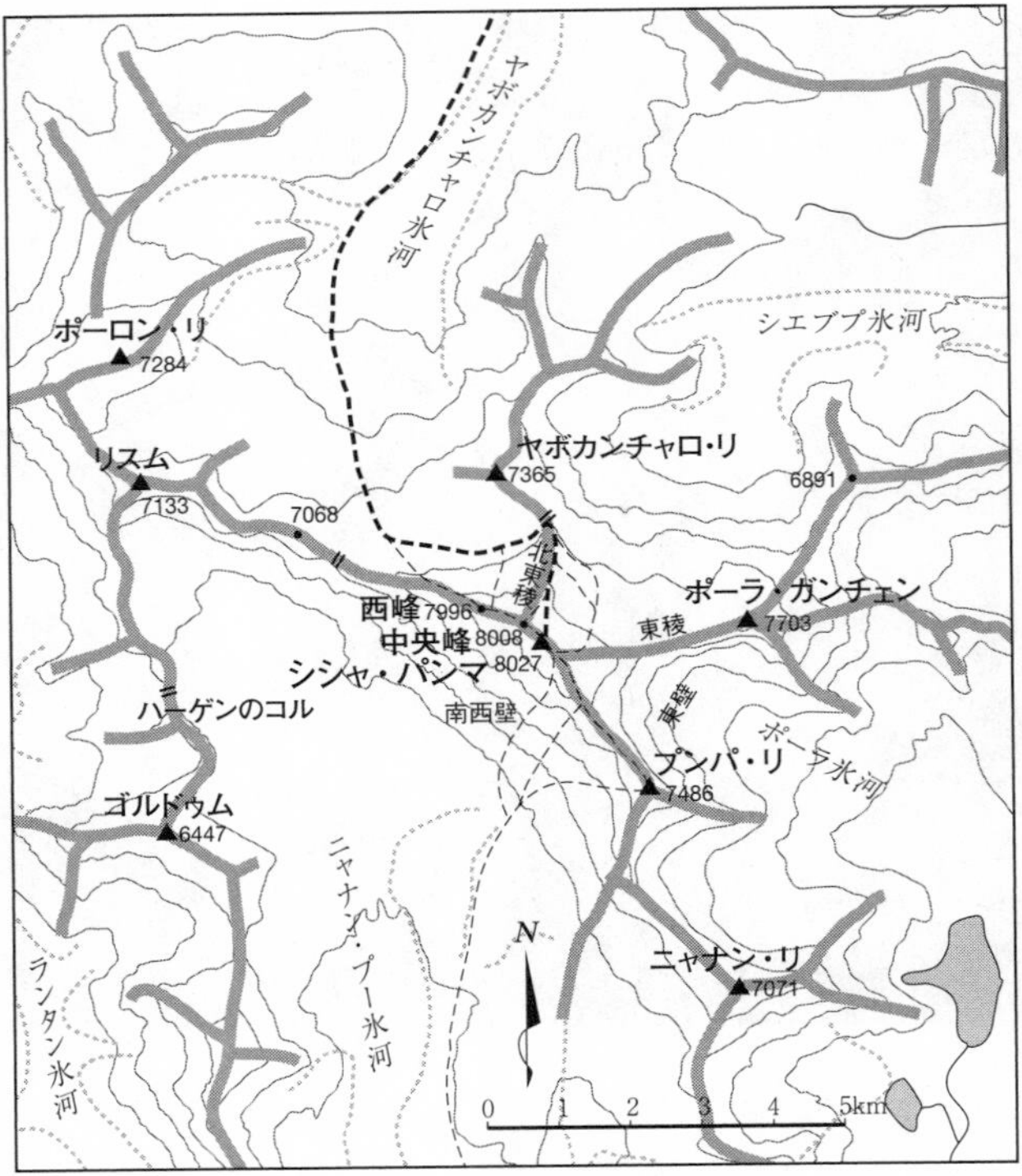

シシャ・パンマ（ゴザインタン）

1964年5月2日　中国隊（許競隊長）の許競、張俊岩、王富洲、鄔宗嶽、陳三、成天亮、ソドナム・ドルジ、ミマ・ザシ、ドルジ、ユンデンらが北面〜北東稜から初登頂

ゴザインタン　八〇一三m（現標高八〇二七m）

私が『ヒマラヤ登攀《とうはん》史』を出した年（一九五七年）秋のある夜のことであった。慶応山岳部先輩の谷口現吉氏から電話がかかり、次のような質問があった。すなわち、その本の中のゴザインタンの章に、「今までの地図では、この山はチベットとネパールの国境より約十六キロ北方のチベット領内に記されていた。ところが最近それはちゃんと国境山稜上にあることが発見された」と書いてあるが、それは本当であるか、と。さらに谷口さんはつけ加えて、いま塾の山岳部の若い連中が集まり、気勢があがっている最中で、もしゴザインタンが国境上にあることが事実なら、これを放っておく手はないという意見がもち上がっている、云々。

私はすぐしらべて返事した。それはエルゾーグ監修の『ラ・モンターニュ』の中に、「ゴザインタンは最近ちゃんと国境山稜上にあることが発見された」とハッキリ書いてある。ただその記述が、どの文献に基づいたものかわからない。

私が岩波新書の『ヒマラヤ登攀史』を書いた時、一番困ったのはゴザインタンであった。

参考文献が少ないからである。ディーレンフルトの『第三の極地』にもメースンの『ヒマラヤ』にも、ゴザインタンに関してはあまり詳しく書いてない。バラードの『スケッチ』を見ても大して得るところがなかった。結局、実際にゴザインタンに近づこうとしたティルマンの『ネパール・ヒマラヤ』と、トニー・ハーゲンの『ネパール山脈』とを頼りにするほかなかった。

さて、以上のどの本にも、「ゴザインタンは国境山稜上にある」とは書いてない。すると『ラ・モンターニュ』の中の確言はどこからきたのだろう。それを突きとめないことには、ただそれだけを引用したのでは、私の責任になる。

谷口現吉さんの電話から数日後、慶応山岳部O・Bの塚越雅則、神戸常雄の両君が拙宅に見え、三人でゴザインタンの詮議《せんぎ》をはじめた。しかし、ハッキリしたことは分からなかった。その後も時々両君は、両君のしらべた結果をたずさえて来訪、そのため私も益することが多かった。翌年のヒマラヤ行で、私がジュガール・ヒマールおよびランタン・ヒマールを選んだのにも、このゴザインタンの所在を確かめたいという気持が多分にあった。

バラードの『スケッチ』"A Sketch of the Geography and Geology of the Himalayan Mountains and Tibet"には、前に述べた通り、ゴザインタンの地形について、現在の私たちの参考になることはほとんど書いてない。この本からは山の名称についての記述だけを借りよう。ゴザインタンとは古いサンスクリットであるが、現在のヒンズー語の綴りは、その古サンスクリットの正確な発音ではない。ゴザインは聖者、タンは場所という意で、つまり「聖者の居所」ということになる。ジュガール・ヒマールやランタン・ヒマールの山麓には、ゴンパタン、テンパタン、ボータンなどという「タン」のつく部落がいくつかあった。シェルパに訊くと、「タン」は beautiful place の意だといった。ティルマンの本には「ランタンのランはチベット語で牛やヤクの意、タンは、より正確にいえばダンであって、それは従うの意」と記されているが、私はランタンのタンはやはり place の意味だと思う。

木暮理太郎説によると、古代日本人は初めは山そのものを信仰し、その後、信仰の具体的シンボルとしてその山に祠《ほこら》を祀《まつ》るようになったそうであるが、ヒマラヤではまず祠を祀り、その祠の名前を近くの峰にあてた。そして、その山が祠へお詣《まい》りに行く巡礼者たちの目じるしになった、とバラードは書いている。

ゴザインタンという名前は百年前のブライアン・ホジスンの報告にも出ている。ホジスンは一八四〇年代すでにネパールに住んでいたイギリス人で、その長い滞在の間に、ヒマラヤの地理を土着民から聞き取った。その報告は八十年後の測量に照らし合わせても正確なものであった。もちろん河の名前などは現在のものとは符合していないが、ヒマラヤでは一つの河でも場所によってさまざまの名前があるのだから無理もない。ホジスンの一八四八年の略図では、ゴザインタンは国境のヒマラヤ主軸よりネパール領側に入っている。

このゴザインタンの位置は今のゴザインクンドに相当している。ホジスンはこの両峰を混同したか、あるいはその当時はゴザインクンドもゴザインタンと呼ばれていたのかも知れない。聖地ゴザインクンドと高峰ゴザインタンとの間には何か関係があるのかも知れない。ランタンの谷へ入るのに、ゴザインクンドを越えて行く道がある。ランタンの谷筋の道にはチョルテンやメンドーがたくさんあって、巡礼道路を思わせる。その谷を突き詰めて行けばゴザインタンの近くに出る。こんな点からおして、ゴザインタンはゴザインクンドの奥の院のような対象ではないかと思って見るが、もちろんこれは私のはかない仮説に過ぎない。

チベットではゴザインタンのことをシシャ・パンマと呼んでいる。チベット語でシシャ（またはチサ）は峰の意、パンは草地あるいは牧地の意、マは女性の語尾、つまり「草地のある山」ということになる。この山のチベット側の麓《ふもと》に大きな牧草地があるのかも知れない。

ディーレンフルトの『第三の極地』"Zum dritten Pol"にも、ゴザインタンについてはただ一ページである。その後の増訂版でいくらか詳しくなった。初版には、一九五〇年ハーゲンが飛行機の上から六〇キロ離れて撮ったというゴザインタンの写真が出ている。ややピンボケだが、これがそれまでに手にし得た唯一のゴザインタンの写真だとことわってある。増訂版には、一九五二年秋やはりハーゲンがランタン谷上部のツンガ・プー氷河左岸上のコル（ハーゲン・コル）から間近に撮った写真が載っている。ゴザインタンの近景はこれがあるきりだった。

私たちがランタン谷に入るためにガンジャ・ラを越えるとき、私の期待はその峠の上からゴザインタンを望むことであった。空はよく晴れていた。私の前にはランタン・ヒマールの山々が現れた。そこからゴザインタンが見えるに違いなかったが、あまりたくさんの山々が重なっているので、どこにゴザインタンがあるのか分からなかった。私のヒマラヤ紀行『雲の上の道』の中で、私はガンジャ・ラからの展望のすばらしさを述べて「中でも日本の薬師岳のようなデンとした厖大《ぼうだい》な山が眼を引いた」と書いた。ヒマラヤから帰ってだいぶたってから、古原和美君が大発見を私に知らせてくれた。古原君がガンジャ・ラから撮った展望写真を整理中、私が薬師のような山と見た、それこそゴザインタンに他ならぬことを発見したのであった。

これまでヒマラヤの地図といえばインド測量局の四分の一インチ図（約二十五万分の一）が使用されているし、私たちもその地図を持って行った。No.71.HとNo.72.Eの二図が私たちに必要な分であって、その二図の中にジュガール・ヒマールもランタン・ヒマールもゴザインタンもゴザインクンドもカトマンズも収まっている。この地図は、部落のあるところまでは正確であるが、山になるとあまり頼りにならなかった。ゴザインタンが国境から約一六キロも北、チベット領内に記入してある。ゴザインタンがチベットにあると言い触らされてきたのは、みなこの地図のせいであった。

一九五五年に、メースンの『ヒマラヤ』"Abode of Snow" が出版された。この本もゴザインタンにはわずかしか触れていないが、挿入の略図が私を注目させた。何とそれにはゴザインタンがちゃんと国境上に記入されているではないか。まさに画期的である。おそらく『ラ・モンターニュ』に出ていた例の確言も、この地図によったものかもしれない。どうしてメースンはこんな地図を作ったのだろう。

本文を読むことによって、私にはそのわけが推測できた。メースンは一九四九年のティルマンのランタン・ヒマール探検の報告を信じたのである。彼は書いている、「ティルマンの探検によって、ランタン谷はおそらくゴザインタンから直接流下する大氷河によって育まれていること、そして分水嶺山脈とチベット・ネパール国境とは、ともに予想よりははるかに北に寄っていることがわかった」。この想定によってさきの画期的な地図ができたものに相違ない。しかし、これはメースンのミステークではなかろうか。

ティルマンは一九四九年ネパールが開国するや、最初の登山家としてランタン・ヒマールに入った。ゴザインタンの位置を確かめたいことが、彼の意図の中にあった。それ以前にゴザインタンに近づいたのは、一九二一年のイギリスの最初のエヴェレスト隊であった。同隊科学班のA・F・R・ウォラストンとH・T・モーズヘッドがチベットのティングリ(Tingri) からタン・ラを越えてポー・チューの源流に出、河に沿ってニェナム（報告書にはNyenyam となっている）に下った。下る途中、西方三〇マイル彼方に二つの頂上を持ったゴザインタンを眺めた。ニェナムはゴザインタン南東麓にあって、同峰南面の氷河から流れてくるプー・チューが、ポー・チューに合流する所にある。しかし彼等のゴザインタンに関する記述はごく簡単で、スケッチも写真もない。一九二四年のエヴェレスト隊もチベット高原をキャラヴァン中、パン・ラから遠くゴザインタンを眺めているが、ただそれだけのことであった。

『チベットの七年』のハインリッヒ・ハーラーとペーター・アウフシュナイターの二人がチベットのラサへ向かって逃亡の途中、一九四五年から四六年にかけてキーロンに滞在中、アウフシュナイターはゴザインタンをスケッチしたというが、詳しいことは発表されていない。インド測量局の三角測量は一九二五年になされているが、ゴザインタンの位置の不正確なことは前に述べた通りである。以上がチベット側におけるこれまでのゴザインタンの認識であった。

ティルマンは初めてネパール側からゴザインタンを認識しようとした人であった。その探検報告は、彼の『ネパール・ヒマラヤ』に詳しい。彼はまず、ゴザインタンはトリスリ河とコシ河系との中間の分水嶺山脈上にあるのではないかと考えた。ランタン・ヒマール探検中、彼の念頭にはいつもゴザインタンがあった。彼はいくつかのコルに登った。しかし悪天候はいつもゴザインタンを彼の視界から隠した。ただ一度だけ、北東にあたって、入り乱れた峰々の奥に、一つの山が盛り上がっているのを見た。それは長い平らな頂《いただき》と、雪より岩の目立つ西壁を持っていた。四分の一インチ地図によればゴザインタンは一二マイル彼方になっている。今見える山をゴザインタンと決めるには十分の高さも持っていないように思われた。それっきりこの山を二度と見なかった。ティルマンと同行したロイドの測量のデータの示すところによれば、それこそ、まさしくゴザインタンであった。ヒマラヤのヴェテランのティルマンでさえこれだ。私たちがガンジャ・ラの上からゴザインタンを指摘できなかったのは恥ずかしいことでもあるまい。

終戦後も故国へ帰らず、ネパールにふみ止まっていたアウフシュナイターは、一九五一年十月、ゴザインタンの東方一〇キロ以内に近づき、コン・チョ湖畔の高地からこっそり写真を撮りスケッチをしたそうだが、それは公にされなかった。ゴザインタンは依然として闇の中にあった。

それを明るみに出したのは一九五二年秋のハーゲン博士のランタン・ヒマール探検であった。簡単な記事であるから、その主要部分を全部次に掲げよう。

「著者の旅は一九五二年秋になされたもので、ゴザインタンの写真と略図が初めて世に発表された点で貴重な収穫であった。また著者にとって六〇〇〇メートル以上の高所にテントを張った初めての経験でもあった。カトマンズからランタン谷までは、景色の美しい巡礼道路をゴザインクンド山脈を越えて行った。ツンガ・プー氷河の南端（ランタン谷上部の主氷河）で三九〇〇メートルにベース・キャンプを設けた。カトマンズからの人夫は高所生活に堪えられなくなったので、ここで返し、それから先はシェルパのアイラと二人で、クレヴァスの多いツンガ・プー氷河を苦労して登り、三日目の夕方ニェナム・プー氷河への分かれ目から少し下で雪の中に最高キャンプを張った。翌日は晴れてわれわれの苦労は報いられた。目前にゴザインタンが立っている。真っ正面に位置して写真を撮りスケッチをした」

この記事と一緒にランタン・ヒマールおよびゴザインタンの位置を示した地図が載っている。その地図によると、ゴザインタンはヒマラヤ主軸山脈上にあることに間違いはないが、国境はジュガール・ヒマールの方へ南下しているので、ゴザインタンはやはりチベット領内にあることになる。

『シシャ・パンマ』（ゴザインタンのチベット名）という本が出たことを知って、早速取り寄せてみた。一九五三年、オーストリアの若い地質学徒ハインツ・クルパルツがネパールからボテ・コシの谷を溯《さかのぼ》り、国境を越えてチベットのニェナム（彼の本ではNyelam）に達した。そこから新雪に輝く八〇〇〇メートルの高峰を眺めた。彼はその峰にコンパスを合わせ、地図と照らし合わせて、それがゴザインタンに相違ないことを確かめた。そんな間近くからこの山を眺めた白人は、今までになかったと彼は信じた。ゴザインタンはそこから約二〇キロ距《へだ》てているだけで、その山へ登るにはこのニェナムは理想的なベース・キャンプ地と思われた。クルパルツは、その山の近くまで行ったことがあるという土着のチベット人と、自分のポーターとの三人で、ニェナム・ゾンを発って山へ向かった。二、三日進んだ時、彼は野生の動物を見つけ、それを捕えようとして、岩で足を踏み滑らして大怪我《おおけが》をした。そのためせっかく目標の近くまで達しながら、ついにその目的を果たすことが出来なかった。しかしこの本には美しい写真はたくさん入っているのに、肝心のシシャ・パンマに関する記事や、その山らしい写真の一枚もないことは、私にとってははなはだ残念であった。

以上が一九五八年春私たちがヒマラヤに出発するまでに、私の知り得たゴザインタンのすべてであった。そして、おそらくこれ以上のことは何人も知る由がなかったと思う。それからランタン・ヒマールとジュガール・ヒマールとのつながりはどの地図にもはっきりしていなかった。私たちはでき得れば、それをはっきりさせたかったが、非力、無学でその希望を果たせなかった。

私たちはガンジャ・ラを越えてランタン谷に入った。その谷を溯ってどこか氷河の脇のコルに立ち、ゴザインタンを間近に眺めたかったのだが、時日と金が足りなくなって、それも果たせなかった。せめて少しでもランタン谷の奥に近づきたく、私はポーター一人を連れて、ランシサという地点まで行ってみた。その途中チーズ作りのスイス人に出会ったことは、紀行にも書いた。そしてそのスイス人から見せてもらった地図が、アウフシュナイター製作（未定稿）のもので、ハーゲンの地図以上に詳しかった。ゴザインタンの位置はハーゲンのものと同様であった。

私たちより以前にジュガール・ヒマールに入ったイギリス婦人隊は、ジュガール最北のギャルツェン・ピークに登頂した。そこからゴザインタンが見えなかったであろうか。ヒンズークシへ行った本多勝一君も私と同様の疑問を持ち、婦人隊の一人エリザベス・スタークに問い合わせの手紙を出したところ、次のような返事がきたと私に見せてくれた。

「……私たちの登りましたギャルツェン・ピークは、ジュガール・ヒマールの一番チベットの方へ突出した峰ではありましたが隣接のランタン・ヒマールの山々がさらに北まで延びていましたので、この山々がゴザインタンを私たちの視界から隠していたのだと思います。事実は私たちの真北にチベット領内に一つのすばらしい峰がありました。それはかなり高く、他の山々から孤立していました。まだ名前もなく地図にも出ていないようでした。しかし、これがゴザインタンであるとは思いませんでした。それはティルマンの言及したゴザインタンと照合すると、あまり東に偏しているように思われました。……」

ゴザインタン周辺はまだ十分にハッキリしたとはいえない。

以上の記事を書いたのは一九五九年であった。それから五年たつ間にゴザインタンは私たちの前にハッキリとしてきた。まずそれは一九六〇年伊藤久行隊長のジュガール・ヒマール隊がもたらした写真である。主脈山稜上の無名峰（マディア・ピークと命名）から二エナム・プー氷河を距てて真向かいにそびえるゴザインタンの姿であった。こんな間近に、こんなに鮮明な写真はもちろん世界最初で、それは『山岳』五十六号（一九六一年）の巻頭を飾った。続いてジュガール・ヒマールへおもむいた一九六一年の梶本徳次郎隊、一九六二年高橋照隊、いずれも見事なゴザインタンの写真を撮って帰った。ことにビッグ・ホワイト・ピークに初登頂した高橋隊の、同峰頂上から撮ったゴザインタンは圧巻である。それはもう手を伸ばせば届きそうな所にあって、岩や氷の微細な点まで現れている。もしチベット入国の許可さえあれば、登頂のルートはほぼ確かめられている。

それから私がランタンの谷でチーズ作りのスイス人から見せて貰った地図も公表された。それによってゴザインタンの位置もハッキリしてきた。南麓の氷河へ出るには、ランタン谷の奥のハーゲン・コルを越えるか、あるいはニェナム部落からプー・チューを溯ればいい。もちろんいずれもチベットに入国可能の場合である。

それからトニー・ハーゲンの豪華な著書『ネパール』が一九六〇年に出版された。その中にカトマンズから遠望したパノラマ写真が載っているが、それにはゴザインタンが写っている。あれほど探索された山が首都からハッキリと指すことが出来たのである。いやそれよりも早く、同様の写真があった。一九四九年ティルマンと前後してアメリカの生物学者ディロン・リプレーがネパールへ入った。彼がカトマンズから北方の国境山脈を望んだ写真が、“National Geographic Magazine”一九五〇年一月号に載っていた。私はそれを見た時おどろいた。そのパノラマの中に傲然《ごうぜん》と立っている山にゴザインタンと指名してあるではないか。神秘の山ゴザインタンがカトマンズからこれほど近くハッキリ見えるとは、私には初めは信じられなかった。しかし今ではもうカトマンズからゴザインタンの見えることは常識になった。

最後に残った唯一の八〇〇〇メートル峰、しかもその登路もほぼ見当がついている。問題はその山が国境から北にそれてチベット領にあるという政治的事情だけである。その頂上に初めて立つのは、どの国の登山隊であろうか。

その登山隊は案の通り中国隊であった。

五月二日（一九六四年）の夜半、私は電話のベルでおこされた。そんなにおそくかかってくるのはたいてい、その時刻に外電の入る新聞社からで、用件はきまっている。慣れっこの家内は、

「それ、またヒマラヤですよ」

電話に出ると、果たして中国隊のゴザインタン登頂の報であった。その夜は続けさまに次々と新聞社から電話があって、寝入りばなを挫《くじ》かれ、夜明けまで眠れなかったが、嬉しいニュースだから私に不平はない。

登頂は五月二日午前十時二十分（北京時間）、その報が私へ伝わったのは二日の夜半で

どろくべきスピードである。それをゴザインタンの頂上から私の許までわずか一日で勝報が来るとは、おが常である。ナーを走らせ、そこから海外電報を打つ段取りになっているから、十日か二週間かかるのある。たいていのヒマラヤ初登頂の通知は、ベース・キャンプから都市までポスト・ラン

それというのも、中国隊はこの前のエヴェレスト登山同様非常に大規模で、隊員百九十五名（もちろんポーターをも隊員と見なしているのであろう）、ベース・キャンプはさながら「登山都市」の観を呈し、そこには空高くアンテナが立ち、その下の通信連絡所では北京と緊密に通信を交わす設備があったというから、そのスピードも不思議ではなかった。

そういうことを知ったのは、それから一ヵ月後に登山報告を読んでからである。地図もなく、地形のことも詳しく出ていないので、私たちのもっとも知りたいルートについては漠然としているが、その登山隊にはいかにも中国のお国柄が現れていて興味があった。非常に国威発揚的で、登頂隊員がベース・キャンプを出発の時は、国歌斉唱の中に五星紅旗の前に立って党へ宣誓を行い、頂上では毛沢東主席の彫像を安置した。こうなると山登りはもう個人の自由な楽しみではなくなって、一種の国家事業である。

中国がエヴェレストをジョモ・ルンマと呼んだようにゴザインタンをシシャ・パンマとチベット語で呼ぶのは当然であろう。シシャ・パンマを私は前に「草地のある山」の意だと書いたが、中国隊の報告によると「牛や羊も死に絶え、麦も枯れる地方」の意だという。

つまりそれほど人間社会から隔絶した荒涼たる山ということらしい。どちらの意味が正しいのか、私にはわからない。チベット領内にある唯一の八〇〇〇メートル峰であり、しかも世界の登山家が注目していた最後の八〇〇〇メートルであったから、これを中国隊が放っておくはずはない。

偵察は前年（一九六三年）の秋から行われた。第一次調査隊は山麓をめぐって地元の牧畜民や狩猟民から訊《き》き尋ね、おおよその山の観察をした。続く第二次調査隊は六五五〇メートルの地点まで登り、そこから登頂ルートを発見した。そのルートを最終的に確認したのが第三次調査隊で、冬の悪天候が始まったにもかかわらず七一六〇メートルまで達した。

その偵察によって確信を得た本隊が、シシャ・パンマの山麓に着いたのは三月（一九六四年）であった。ベース・キャンプを設営し、それから天候の回復を待って、高所順応を兼ねた荷上げに着手した。報告には地図がついていないから、ルートははっきりわからないが、北面のエボカンジャロ氷河というのを辿《たど》った。まず第一輸送隊は、五三〇〇メートルに第一キャンプ、五八〇〇メートルに第二キャンプ、それから地形の複雑な氷河を越えて、六三〇〇メートルの雪のテラスに第三キャンプ、さらに六九〇〇メートルまで登って第四キャンプを設けた。

続いて、第二キャンプにいた四十人の輸送隊が前進を開始し、四つの前進キャンプを経て全員七五〇〇メートルまで達して、そこに第五キャンプをおいた。そのうちの八人の隊員はさらに最後のアタック・キャンプを作るために七七〇〇メートルまで登った。

　輸送隊は歓呼に迎えられてベース・キャンプへ戻った。態勢は整った。かくて四月二十五日、アタック隊はシシャ・パンマに向かってベース・キャンプを出発した。労働者の国らしく五月一日《メーデー》が登頂予定の日であった。ここで隊員を紹介しておこう。隊長は許競（三十七歳）、エヴェレスト登山の副隊長であった。副隊長は張俊岩（三十四歳）、副政治委員として王富洲（二十九歳）、エヴェレスト登頂者の一人。隊員百九十五人のうち五十三人まで七五〇〇メートル以上へ登ったが、頂上へ立った十隊員は、いま挙げた三人のほかに鄔宗嶽（三十一歳）、陳三（二十九歳）、ソドナム・ドルジ（二十八歳）、成天亮（二十四歳）、ミマル・トラシ（二十八歳）、ドルジ（二十八歳）、ヨンタン（二十七歳）、の七人。以上全員、エヴェレスト隊に参加の経験を持っていた。

　最初アタック隊員は十三人（漢族六人、チベット族七人）であった。彼等はエボカンジャロ氷河を越え、三日間で第三キャンプに到着、翌日第四の雪に埋もれたテントを掘りおこし、悪天候のためそこで一日停滞した。翌四月三十日、氷の斜面をジグザグに登って第五（七五〇〇メートル）に達し、ここでもテントを雪から掘り出した。そして五月一日、七七〇〇メートルのアタック・キャンプを占めた。

　許競隊長はテントの中で突撃隊党支部委拡大会議を開いて、頂上アタックの段取りを討議し決定した。高山病にかかった三人のチベット族隊員をここに残して、あとの十人が三パーティにわかれて登ることになった。

五月二日、未明に出発した。満天の星の上天気だった。鄔宗嶽が先頭に立って、ヒザまでもぐる雪の中に道を開いた。夜が白んできて、寒気はきびしかった。傾斜五〇度の大きな氷の斜面が眼前に現れた。わずか二〇メートルほどのこの急傾斜のトラヴァースに三十分も要したが、最後にいた王富洲がスリップして二十数メートル落ちた。しかし沈着な態度で事なきを得た。

ここで初めて酸素マスクをつけたが、それは交代で使った。彼等は軽装でアタックするために、キャンプには十分の酸素が備えてあったにもかかわらず、登高にはわずかのボンベしか携行しなかった。

それから大きなアイス・フォールを越えると、約四五度の斜面へ出た。副隊長張俊岩が先に立ってその斜面を喘ぎながら登った。その左上方は頂稜に続いていた。彼等はその頂稜に達した。頂上まであと一〇メートルくらいだが、体力の消耗がひどかったので、そこで一休息した。

頂上へ達したのは北京時間で十時二十分。五平方メートルほどの平らな三角形の地面であった。隊長は「中国登山隊許競ら十名、シシャ・パンマを征服す、一九六四年五月二日」と紙に書いて、それを頂上の雪の中へ埋めた。毛主席の彫像を据え、記念撮影をして、十一時下山を開始した。

解説

池田常道（元『岩と雪』編集長）

深田久弥さんの「ヒマラヤの高峰」は、一九五九年から山岳雑誌『岳人』に連載され、十年間続いた。これに先立って「机上ヒマラヤ小話」（一九五三年〜）と、それを引き継いだ「ヒマラヤ七千メートルの山々」（一九五六年〜）があったから、深田さんのヒマラヤに関する論考は、長年にわたって日本人のヒマラヤ志向を鼓舞しつづけたと言えるだろう。

おりから、一九五〇年のアンナプルナを皮切りとして、八千メートル級の高峰十四座が次々に登られ、日本隊のマナスルも、一九五二年の偵察・試登から二回の挫折を経て五六年に初登頂に成功した。マナスル以後、大学山岳部や社会人山岳会がヒマラヤに出向いてそれぞれ成果を挙げた。日本の読者にとってヒマラヤ登山が夢ではなく、手の届くところにあるのだと認識させた時代だった。

深田さんの功績は、ヒマラヤ登山が一部エリートのものではなく、一般の登山者の目標たり得ることをおりにふれては力説、「ヒマラヤ登山三〇万円」説をとなえたことだろう。実践面でも一九五八年に古原和美（医師）、風見武秀（写真家）、山川勇一郎（画家）の三氏とジュガール・ヒマールからランタン・ヒマールをめぐった。この遠征のため連載は半年間休載したが、帰国後、四氏はそれぞれの専門分野で一書を著した。『雲の上の道』（深田）、『ヒマラヤの旅』（古原）、『ジュガール・ヒマール』（風見）、『ヒマラヤ画集』（山川）である。このときの見聞が、のちに全日本山岳連盟隊のビッグ・ホワイト・ピーク（現レンポ・ガン）初登頂につながった。

連載を再開した深田さんは一層精力的に筆を振るい、「ヒマラヤの高峰」の後は「世界百名山」の連載を開始したが、七一年に茅ヶ岳で不慮の死を遂げ、四九座で絶筆となった。ヒマラヤ登山史としては、ケニス・メイスンの『ヒマラヤ』、G・O・ディーレンフルトの『第三の極地』、マルセル・クルツの『ヒマラヤ編年誌』と並ぶ「ヒマラヤの高峰」は、一九六四年から翌年にかけて雪華社から五巻本として出版された。その第一巻の後記にはこう記されている。

山岳雑誌『岳人』にヒマラヤの話を載せ始めたのは、一九五三年イギリス隊がエヴェレストに初登頂する少し前であった。それ以来十二年間、殆ど毎月欠かすことなく書き続けてきた。最初は「机上ヒマラヤ小話」という題で二十六回連載し、その分をまとめて『ヒマラヤ――山と人』（一九五六年中央公論社）を出版した。
引続き「七千メートルの山々」を二十三回、「ヒマラヤの高峰」を今日まで六十七回書き、なお長く将来に及ぼうとしている。（中略）

一九五〇年フランス隊が八〇〇〇メートル峰の最初アンナプルナに初登頂して以来、今年一九六四年中共隊が八〇〇〇メートル峰の最後ゴザインタンに初登頂するまでの、この十五年間は、ヒマラヤ登山史で最も輝かしい時代であった。その期間ヒマラヤに憑かれていたのは、私の幸福であった。その上、一九五八年にはささやかな登山隊を組んでジュガール・ヒマールとランタン・ヒマールに見参した。

ヒマラヤに関する私の努力を、いささか広告がましく右に列挙したのは、私のヒマラヤへの傾倒を知っていただきたいためである。そして今『ヒマラヤの高峰』全五巻（あるいはそれ以上）を出版しようとする。これこそ著作においての私のヒマラヤの総決算である。多くのご支援を願ってやまない。

この仕事には私は自負するところがある、とあえていいたい。文献の渉猟と精読と、それには才能を必要としないかもしれないが、十五年間の根気が必要であった。私は一つも孫引きはしなかった。全部当事者の実際の記録によって書いた。ヒマラヤ文献は「九山山房」と呼ぶ私の狭い本小屋に溢れた。（後略）

しかし、雪華社版は当初予定したとおり五巻分六一座で終わり、連載終了までに書かれた七一座は収録されずに終わった。連載で取り上げたものすべてを収録した完全版の刊行は、著者の死後二年を経て実現することになる。

なお本書は、『ヒマラヤの高峰』という書名こそ同じでも雪華社版のそれとは異なる。それまでに連載されたなかから八千メートル峰十四座を選んで編集されたもので、朝日新聞社の「深田久彌・山の文学全集」、一部は岩波新書『ヒマラヤ登攀史 第二版』を底本としている。

ところで、筆者が『岳人』の連載に接したのは、一九六四年以降のことだった。それ以前の記事はもっぱら古書店でバックナンバーを買い求め（当時は一冊五〇円程度で手に入った）、毎号切り取ってはスクラップしていった。大学に入ったばかりの身では、将来ヒマラヤに行こうという大望を抱いていたわけではなかったが、山に登る者なら教養として読んでおかねばならぬという程度のことは意識していたから、古い話でもおおいに興味を以って読んだのである。しかし、深田さんの原稿は山座ごとの記述なので、登山史の流れを体系的に理解するにはこちらの知識が不足していた。その後に読んだ他の文献で、ようやく全体像が把握できるようになったのである。

一九七一年、新たに「世界百名山」を『岳人』に執筆していた深田さんは茅ヶ岳登山中に急逝され、新しい連載はなかばで終わった。没後二年、「ヒマラヤの高峰」は、収録山座を全一三八にふやして三巻に収めた「決定版」が白水社から刊行された。深田さんが書けなかった脚注と補遺は編集に当たった望月達夫、諏訪多栄蔵、雁部貞夫の三氏によって加えられ、各巻ごとに索引まで付いている。

一九八三年には、この決定版のなかから当時遠征可能な山、登山史上欠かせない山を中心に各巻一三ないし一五座を選んで五巻本とした、いわゆる「普及版」も白水社から刊行された。このとき雑誌『岩と雪』で「現代ヒマラヤ登攀史」を連載しはじめていた筆者に声がかかったのが、深田さん以後に行なわれた各山座の登攀史を補遺として付け加えるという作業だった。

深田さん以後といっても、初出時から年数を経ている山も多く、けっこう膨大な分量になったが、気前よくページがもらえたのと、カラコルムとヒンドゥー・クシュの二巻を雁部さんが担当してくれたおかげでなんとか仕上げることができた。『岩と雪』では一九七〇年代から毎年『山岳年鑑』を出していたので、情報の蓄積は充分にあったのである。『岩と雪』に連載した「現代ヒマラヤ登攀史」は、九八号（一九八三年十月）から一一二号（八五年十二月）までの一二回で終了した。雑誌では誌面も大きかったし、ページを割く余裕もあったので、地図・写真に加えて登山隊や登頂者、遭難死などのデータに表組をまじえて使うことができたのだが、ヤマケイ新書（二〇一五年三月）となるとそうもいかず、窮屈な構成になるのは避けられなかった。ただ、深田さん以後のヒマラヤ登山史をきちんと整理しておかなければという使命感で上梓した。

「私は一つも掻引きはしなかった」「全部当事者の実際の記録によって書いた」と深田さんは書いたが、いまは玉石混淆。当事者の記録さえチェックが必要な事例が多すぎる。最近もマナスルの頂上について、最高点まで達していない例がたくさんあると指摘されている。シェルパが張った固定ロープの終わったところで記念写真を撮ればＯＫ、ネパール政府は登頂証明書を出してきた。公募隊業界ではここを「認定ピーク」と呼ぶ。今回ドローンを飛ばして初めて撮影された頂上付近のショットには、前衛峰手前の雪稜にたむろする多数の登山者がはっきり写っていた。

日本隊の初登頂以来、今日まで延べ２２００名を超えるマナスル登頂者のうち、何人が本当の頂上に立ったのか、今や当事者の記録さえ信用できない時代になってしまった。深田さんが本書で描いた時代には、そんな心配はほとんどしないで済んだ。登山者たちは真摯に山と向き合い、その報告に虚偽も粉飾もなかった。

ヒマラヤの高峰に挑むことは冒険と同義であり、それだけ崇高なものと認められていたのである。

初出一覧

ヒマラヤ概観　『岳人』昭和31年1月号
エヴェレスト　『ヒマラヤ登攀史』（岩波新書）
ケー・トゥー　『ヒマラヤ登攀史』
カンチェンジュンガ　『ヒマラヤ登攀史』
ローツェ　『ヒマラヤ登攀史』＊
マカルー　『ヒマラヤ登攀史第二版』（岩波新書）・『岳人』昭和42年5月号
チョ・オユー　『ヒマラヤ登攀史』＊
ダウラギリI　『岳人』昭和39年12月号
マナスル　初出不明（雪華社版『ヒマラヤの高峰』のための書き下ろしか？）
ナンガ・パルバット　『ヒマラヤ登攀史』・『岳人』昭和39年10月号
アンナプルナI　『ヒマラヤ登攀史』
ヒドゥン・ピーク　『ヒマラヤ登攀史』・『岳人』昭和39年11月号
ブロード・ピーク　『岳人』昭和41年1月号
ガッシャブルムII　『ヒマラヤ登攀史』＊
ゴザインタン　『岳人』昭和34年1月号・同誌昭和39年7月号